LINKAGE, INC.'S BEST ... NG

어떤 조직이든 장기적 관점에서 ~~핵심 ~~ ... ~~~~의 필수적 요소이다. 그러나 효과적인 석세션플래닝 시스템을 조직 내에 정착시키는 ~~것은~~ ... 은 과정이다.

이 책은 조직이 리더십 잠재력을 검토하고 리더십 격차를 줄이는 데 필요한 단계들을 결정할 수 있게 하는 석세션플래닝 수립에 요구되는 사례연구, 전략, 검증된 도구를 제공한다. 또한, 브라이트 호라이즌, 시그나, 허니웰, 록히드 마틴, 퓨리나, 유니레버 등의 기업이 석세션을 계획하고 인재를 양성하는 데 어떤 일을 했는지에 대한 우수한 사례도 소개한다. 아울러 석세션플래닝, 리더십 발전 전략, 혁신적인 도구를 위한 새로운 방법론을 포함하며 관련된 여러 가지 자료도 소개한다.

이 책은 Linkage, Inc.의 방대한 자료를 바탕으로 한 실질적인 안내서의 역할을 하며, 조직이 다음과 같은 목적을 효율적으로 수행해 나갈 수 있도록 도움을 준다.

핵심인재의 채용, 육성 및 유지

석세션 후보별 적정한 미래 역할의 부여

석세션플래닝과 전사적 비즈니스 모델 및 HR 모델과의 연계

'벤치의 힘(Bench Strength)'즉, 석세션 후보군의 능력 분석

석세션플래닝 체계의 설계

석세션플래닝 체계의 실행

석세션플래닝 성과의 평가

Linkage, Inc.
세계적인 리더십 컨설팅 전문 기업. 전 세계의 고객에게 컨설팅, 교육, 평가, 코칭, 벤치마크 조사 등을 통합한 특화된 리더십 개발과 전략적 변화 솔루션을 제공하고 있다. 또한, 리더십, 경영, HR, OD 에 관한 콘퍼런스, 전문 교육, 워크숍, 원격 교육 프로그램 등을 제공하고 있다.

Succession Planning

석 · 세 · 션 · 플 · 래 · 닝

프리렉

석세션플래닝 Succession Planning

초판 1쇄 발행일 · 2010년 2월 25일

저자 | 마크 소볼 · 필 하킨스 · 테렌스 콘리
옮김 | 딜로이트 컨설팅 리더십 그룹
기획 | 안동현
구성 | 이대범

발행 | 주식회사 프리렉
주소 | 경기도 부천시 원미구 상동 532-12 나루빌딩 401호
전화 | 032-326-7282(代)
팩스 | 032-326-5866
등록 | 2000년 3월 7일   제 13-634호

www.freelec.co.kr

값 18,000원

ISBN 978-89-89345-05-3

파본은 구입하신 곳에서 교환하여 드립니다.

Succession Planning

위대한 리더는
만들어지는 것이다

이론 · 사례 연구 · 모델 · 방법론

마크 소볼 · 필 하킨스 · 테렌스 콘리 | 지음
딜로이트 컨설팅 리더십 그룹 | 옮김

차례

표

그림

예시

역자 서문

역자는 수많은 기업의 리더십 진단 작업을 해오면서 리더의 성공적 양성과 관리야말로 기업이 성공하는 데 필요한 가장 중요한 요소임을 몸소 느끼고 있다. 다시 말해 "Successful한 Successor 양성이 곧 Success이다." 이와 같은 생각은 기업의 CEO와 리더십과 관련한 많은 얘기를 나누는 과정에서 자연스럽게 싹트게 되었다.

다양한 산업 내 수많은 기업의 조직/인사 컨설팅 업무를 수행해 오면서 CEO에게서 가장 많이 듣는 말 중의 하나가 "어떻게 하면 핵심인재를 효과적으로 관리하고 훌륭한 리더를 양성할 수 있을 것인가?"이다. 특히 이 같은 문제의식은 선진기업일수록 자주 당면하게 되는 핵심사안이다. 선진기업일수록 사업적 측면에서 기업이 성장하는 것 못지않게 중요한 화두로 떠오르는 것이 내부적 관점에서의 리더 관리, 다시 말해 석세션플래닝이기 때문이다.

하지만, 대다수 기업은 석세션플래닝의 중요성을 인식하고 관리방안을 수립하기는 하나 정작 이를 효과적으로 실행하는 데는 어려움을 겪는 것이 사실이다. 따라서, 기업의 성장에 따라 확보된 경쟁우위를 지속적으로 유지하려면 석세션플래닝 방안의 수립에서 그치지 않고 효과적인 실행 방안을 설계하는 것에 더욱 주안점을 두어야 한다.

이 같은 맥락에서, Part 1에서는 석세션플래닝의 전반적 개념뿐만 아니라, 사업적 성공을 위해 석세션플래닝이 왜 중요한지에 대한 이해, 그리고 선진기업들이 석세션플래닝을 활용하여 효과적으로 실행하는 노하우를 소개하고 있다. 특히, 석세션플래닝과 관련한 고전적인 논쟁, 석세션플래닝 프로세스 및 Q&A를 통하여 석세션플래닝의 새로운 방법론을 제시하고 있다.

이어서 Part 2에서는 석세션플래닝이 선진기업에서 실제로 적용된 사례를 종합함으로써 석세션플래닝의 구체적인 맥락을 보다 심도 있게 이해하는 데 도움을 주고 있다. 브라이트 호라이즌, 시그나, 얼라이드시그널, 록히드마틴, 랄스톤퓨리나 애완동물 사료 회사, 유니레버 등 선진기업이 당면한 이슈를 해결하기 위해 어떻게 석세션플래닝을 실행했는지를 설명하고 있다. 그리고 각 사례에서 교훈을 도출함으로써 석세션플래닝의 실제 적용에 도움을 주도록 하였다.

아울러 Part 3에서는 석세션플래닝에 필요한 다양한 도구, 즉 진단, 육성 및 평가 도구를 소개함으로써 개별 산업별로 산업 특성에 맞는 정보를 제시하고 있다. 이를 통해 독자는 이론적인 이해뿐만 아니라 석세션플래닝의 단계별로 필요한 도구를 습득함으로써 석세션플래닝을 개별 사례에 실제 적용할 수 있도록 하였다.

끝으로 Part 4에서는 석세션과 관련한 가이드를 제공함으로써 독자가 앞으로 석세션플래닝 관련 작업을 수행할 때 필요한 자료를 쉽게 탐색할 수 있도록 하였다. 이뿐만 아니라 각 Part 내에는 석세션플래닝뿐만 아니라 HR과 관련된 표, 그림 및 예시를 다양한 형태로 구성함으로써 독자가 석세션플래닝에 대해 구조화된 이해를 할 수 있도록 하였다.

최근 딜로이트 컨설팅이 미주, 아시아태평양, 유럽, 중동 및 아프리카 지역 319개 기업을 대상으로 벌인 '경제 회복기 인재관리(Managing Talent in a Turbulent Economy)' 조사에 의하면 석세션플래닝을 효과적으로 수행하지 못하여 인재가 이탈할 경우 들어가는 비용은 업무경험 및 숙련도, 신규 인력 채용 비용 등을 고려할 때 기존 직원 연봉의 2~3배에 달하는 것으로 분석되었다. 서두에서 언급하였듯이, 이제 기업은 사업적 성장 못지않게, 아니 그보다 더 중요한 과제라는 관점에서 석세션플래닝에 대해 접근해야 한다. 역자는 이 책을 통해 CEO뿐만 아니라 조직 내 리더, 인사 담당자 등에게 소중한 메시지를 전달할 수 있기를 바란다.

이 책은 여러 분의 도움과 노력 없이는 세상의 빛을 보기 어려웠을 것이다. 우선, 이 책이 출판되는 과정에서 물심양면으로 조언과 격려를 아끼지 않으신 딜로이트 컨설팅 김병전 파트너께 감사의 말씀을 올리지 않을 수 없다. 그리고 본업으로 바쁜 와중에도 어렵게 시간을 내어 번역작업을 함께해 준 이종해 부장과 송한상 Senior Consultant께 진심으로 깊은 감사의 말씀을 드린다.

딜로이트 컨설팅
HC 그룹 상무 김성훈

저자 서문

저자의 연구 결과에 따르면 기업이 당면하고 있는 핵심 이슈 중 하나는 '석세션을 어떻게 할 것인가?' 즉, '석세션플래닝(succession planning)' 문제이다. 기업이 지속적으로 경쟁우위를 확보하기 위해서는 '석세션플래닝'과 이를 위한 핵심 인재의 채용 및 육성이 무엇보다 중요하다. 기업 대부분이 석세션플래닝의 필요성을 인식하고는 있지만, 장기적인 성과를 가져올 수 있는 체계를 제대로 수립하지 못하고 있는 실정이다. 효과적인 석세션플래닝 체계를 수립해야만 보다 정확하게 리더십 역량을 측정할 수 있고, 부족한 부분을 향상시키기 위한 면밀한 계획을 세울 수 있게 된다.

이 책은 현장에서 일어난 실제 사례를 살펴봄으로써, 석세션플래닝을 개발하고 운영하는데 참고할 수 있는 노하우를 정리하기 위해 집필되었다. 또한, 기업이 석세션플래닝과 인재 육성을 통해 어떠한 것들을 얻을 수 있는지 연구하였다. 석세션(succession), 경력진행(progression) 및 육성(development)과 관련한 새로운 방법론과 사례 연구, 혁신적 도구 및 석세션 관련 다양한 자료를 확인할 수 있을 것이다.

누구나 즐겁고 편하게 읽을 수 있도록 기획하였지만, 학문적인 문체나 방대한 데이터로 인하여 특정 독자, 특히 최고인사책임자(Chief Human Resource Officer)나 리더십 육성 관련 임원, 인사 실무자, 석세션 담당 컨설턴트, 학교 교수 또는 대학원생 등에게 보다 편하게 다가갈지도 모르겠다. 그리고 제시된 실제 사례 연구는 오늘날 기업들이 당면한 이슈들을 보다 효율적으로 수행해 나갈 수 있도록 도움을 주고자 하는 목적으로 작성되었다.

핵심 인재의 채용, 육성 및 유지

석세션 후보별 적정한 미래 역할의 부여

석세션플래닝과 전사적 비즈니스 모델 및 HR 모델과의 연계

'벤치의 힘(Bench Strength) ' 즉, 석세션 후보군이 양적 · 질적으로 얼마나 우수한지에 대한 분석

석세션플래닝 체계의 설계

석세션플래닝 체계의 실행

석세션플래닝의 성과 평가

이 책의 구성

Part 1 석세션플래닝 소개

첫 번째 파트에서는 석세션플래닝에 관한 전반적인 개념을 소개한다. '석세션플래닝이란 무엇인가?', '비즈니스의 성공을 위하여 석세션플래닝이 얼마나 중요한가?', '석세션플래닝은 어떻게 활용될 수 있는가?'에 대한 답을 확인할 수 있다.

이어서 링키지(Linkage)의 사례를 통해, 잠재력이 높은 인재의 관리, 요구되는 역량과 보유 역량 간 갭(gap)의 측정 및 부족한 역량의 개발, 리더십 육성 방법, 직원 정보의 수집 등에 대해 알아본다. 또한, Q&A와 효과적인 석세션플래닝의 7단계를 살펴봄으로써 독자들의 이해를 도울 수 있도록 구성하였다.

Part 2 석세션플래닝 베스트 프렉티스

주요 기업의 사례로 구성된 두 번째 파트가 이 책의 핵심이라고 할 수 있다. 브라이트 호라이즌(Bright Horizons), 시그나(CIGNA), 얼라이드시그널(AlliedSignal), 록히드마틴(Lockheed Martin), 랄스톤퓨리나 애완 동물 사료 회

사(Ralston Purina Petcare Company), 유니레버(Unilever)의 순서로 조직별 당면 이슈 및 사업에 대한 간략한 소개, 시사점과 각 장에 대한 요약이 소개된다. 사별 석세션플래닝의 배경과 각 기업이 사용한 구체적인 석세션플래닝 프로세스 그리고 그 성과를 중심으로 구성하였다. 각 장의 마지막 부분에는 사례에서 얻을 수 있는 시사점을 요약하여 사례 연구의 의의를 쉽게 파악할 수 있도록 하였다.

Part 3 석세션플래닝을 위한 도구

회사 또는 산업의 성격과 관계없이 획일적으로 적용될 수 있는 석세션플래닝이란 있을 수 없다. 한 회사가 성공하기 위해서는 그 회사 고유의 사업 니즈(needs)를 충족시킬 수 있는 차별화된 계획이 구체적으로 마련되어야 한다. 세 번째 파트에서 소개되는 석세션플래닝을 위한 도구는 특정 산업에 국한된 예시에 집중하기보다는 석세션플래닝에 대해 일반적인 이해 수준을 높일 수 있는 모델을 제시하는 데 목적을 두었으므로, 독자 스스로 해당 산업의 특성에 맞게 응용할 수 있을 것이다.

이 파트는 석세션 관리를 '진단(assessment) 단계', '육성(development) 단계', '평가(evaluation) 단계'의 3단계로 구분하는 '석세션플래닝 사이클'로 불리는 구체적인 방법론에 토대를 두고 있다. 이를 골자로 단계별 다양한 모델을 제시함으로써 독자가 원하는 내용을 쉽게 찾을 수 있도록 구성하였다.

Part 4 석세션 관련 자료 가이드

집필 시 참고한 다양한 정보를 독자가 쉽게 찾아볼 수 있도록 연구 자료를 체계적으로 정리하였다. 만약 석세션플래닝에 대한 연구를 진행하고 있거나 독자적으로 석세션 체계를 설계하고자 하는 기업이 있다면 네 번째 파트를 참고하여 다량의 연구 자료를 쉽게 찾을 수 있을 것이다. 자료 형태별로 파트를 구성하였으며 도서, 기사, 웹사이트, 멀티미디어 자료 등이 포함되어 있다.

저자 소개

마크 R. 소볼(Mark R. Sobol)

과학 및 공학 분야의 글로벌 기업과 함께 일하면서 국제적 명성을 쌓아왔다. 고객사의 전략 수립 및 리더십의 결정 등 파급 효과가 큰 의사 결정을 지원하는 핵심적 역할을 담당하고 있으며 남아메리카, 북아메리카, 카리브 해 지역, 유럽 및 아시아 지역 등 40여 개국이 넘는 다국적 기업에서 25년 이상의 컨설팅 및 임원 코칭 경력을 쌓아 왔다.

그는 '글로벌 리더십 개발 연구소(Global Institute for Leadership Development)'의 임원이자 '국제 리더십 전략 연구소(Leadership Strategies International)'의 창립자이며, '세계 비즈니스 코치 협회(Worldwide Association of Business Coaches)'의 고문으로 활약 중이다.

연구 실적

'글로벌 인력 관리의 베스트 프렉티스(*Best Practices in Leading the Global Workforce*)' 공저, Jossey Bass, 2005

'비저너리 리더(*The Visionary Leader*)' (1992) 및 최종판: '미션 기반의 조직(*The Mission Driven Organization*)', Prima & Random House 출판, 1999

'온라인 교육 핸드북: 고등교육과 기업 교육훈련의 혁신(*The Handbook of Online Learning: Innovations in High Educations and Corporate Training*)', Sage, 2004

필 하킨스(Phil Harkins)

1988년에 그가 설립한 링키지의 최고경영자이자 이사회 의장이다.

하킨스는 조직 개발, 리더십, 커뮤니케이션 및 임원 코칭 분야에서 국제적 명성을 떨치고 있다. 그의 주요 고객으로는 푸르덴셜(Prudential), 크래프트(Kraft), 랄스톤퓨리나(Ralston Purina), 모건스탠리(Morgan Stanley), 아메리칸익스프레스(American Express), 인텔(Intel), 마이크로소프트(Microsoft), 미국항공우주국(NASA), 제록스(Xerox), 센던트(Cendant), 메케슨(McKesson), US스틸(US Steel)을 비롯한 그 외 포천(Fortune) 500 기업을 들 수 있다. 또한, 아시아, 북아메리카, 남아메리카, 유럽 및 중동 지역의 25여 개국의 경영진 및 이사회와 함께 일을 했으며, 리더십 전문가이자 링키지 이사회 소속인 워렌 베니스(Warren Bennis)와 함께 글로벌 리더십 개발 연구소(Global Institute for Leadership Development)를 이끌며 전세계의 4,000여 명의 리더를 육성해 왔다.

하킨스는 '누구나 승리할 수 있다: 세계 최대 부동산 회사 리맥스(RE · MAX)의 사례와 교훈(*Everybody Wins: The Story and Lessons behind RE · MAX, the World's Largest Real Estate Company (John Wiley & Sons, 2004)*)', '리더십 코칭 기술과 사례(*The Art and Practice of Leadership Coaching (John Wiley & Sons, 2004)*)', '파워 있는 대화법: 영향력 큰 리더가 커뮤니케이션 하는 법(*Powerful Conversations: How High Impact Leaders Communicate (McGraw-Hill, 1999)*)' 등을 집필하였다. 그는 1995년 이래 400회 이상의 강연을 하는 등 세계적인 컨퍼런스 및 세미나의 연사로도 활약 중이다.

1988년 링키지 설립 이전에는 킨(Keane)과 레이시온(Raytheon)의 경영진으로서 활동하였고, 보스톤 대학의 학장을 역임하였으며, 현재는 킨의 이사로 활동 중이다. 메리맥 칼리지를 졸업한 후 하버드 대학에서 3개의 석 · 박사 학위를 취득했으며, 현재 매사추세츠 주 콩코드에 거주하고 있다.

테렌스 P. 콘리(Terence P. Conley)

테리 콘리(Terry Conley)는 쎈던트여행유통서비스(Cendant Travel Distribution Services)를 전신으로 하는 트레블포트(Travelport)의 최고관리책임자(Chief Administrative Officer)로 활동 중이다.

콘리는 쎈던트(Cendant Corporation)에서 인사부문 및 기업 서비스 부문의 부사장으로 활동을 했었고, 20여 년간 글로벌 HR, 시설 관리, 기업 부동산, 이벤트 마케팅, 보안 부문 등 다양한 영역을 경험하였다. 또한 9만여 명의 쎈던트 직원의 몰입도와 조직역량을 향상시켜 쎈던트가 '최고의 직장(Employer of Choice)'으로 거듭나는 데 일조한 경험이 있다. 콘리는 소매업, 제조업, 외식산업, 금융업, 부동산, 여행 및 소비재 산업 등에서 광범위한 전략 및 HR 운영 경험을 보유하고 있다.쎈던트에 입사하기 전에는 10여 년간 펩시(PepsiCo)에 재임하면서 HR 리더십 과제를 수행하였으며, HR 부문 부사장까지 역임하며 펩시콜라와 유통 조직의 분사에 따른 보틀링 조직의 설계를 주도하였다. 부사장직을 맡기 전에는 펩시 프리토레이(PepsiCo Frito Lay) 부문, 펩시 본사 및 펩시 KFC 부문의 최고인사책임자로 재직하였으며, RH 메이시 앤 컴퍼니(RH Macy & Company)에서 HR을 담당하기도 하였다. 콘리는 뉴욕 대학에서 경영 및 마케팅 학사를 취득하였다.

Part

Introduction to
Succession Planning

석세션플래닝 소개

1

새로운 방법론

A NEW METHODOLOGY

석세션 – 경력진행 – 육성

이 장에서는 석세션 관리(succession management)의 복잡한 이슈에 대해 짚어봄으로써, 독자들의 개념 이해와 더 나아가 보다 성공적으로 석세션플래닝을 수립하는 데 도움을 주려고 한다. '석세션 관리'라는 훌륭한 개념을 쉽게 설명하기 위해 최대한 단계적으로 내용을 구성하였음을 미리 밝히는 바이다. '석세션'은 종종 단일 프로세스로 오해받곤 한다. 그러나 일회적인 계획에 따라 인재를 채용하고 리더로 육성하는 시스템을 구축하는 것만으로는, 인재에 대한 조직의 본질적인 니즈(needs)를 충족시키기 어렵다. 많은 사람들이 간과하고 있지만 석세션에서 가장 중요한 것은 바로 '지속성(sustainability)'이다. 성공적인 전략은 진단(assessment)과 채용(recruitment)뿐만 아니라 육성(development), 경력진행(progression), 면담(discussion), 평가(evaluation) 또는 완전히 새로운 기업문화의 도입 등도 가능하도록 해야 한다는 것이다. 유능한 최고경영자와 최고인사책임자는 일시적인 필요에 의한 일회성 계획을 수립하는 것이 아니라, 현재와 미래에도 지속 및 반복 가능한 석세션 프로세스를 설계해야 한다.

고전적인 논쟁에 대한 소개로 1장을 시작해 보자. 먼저 '고성과 조직은 훌륭한 리더에 의하여 만들어지는지, 또는 리더 개인의 힘보다는 강력한 조직문화에 기반을 둔 훌륭한 조직에 의해 창조되는지'에 관해 고민해 보도록 한다. 이어서 이 책의 주된 논리를 뒷받침하는 근거인 '4요소의 위력(Power of Four)' 이론과 '석세션-경력진행-육성(Succession-Progression-Development)'에 대해 살펴보도록 한다. 또한 '석세션-경력진행-육성' 체계의 하위 요인별로 상세히 살펴봄으로써 다양한 산업, 기업문화 및 사업 모델에 맞게 변형시키거나 다양한 재조합이 가능하도록 하였다. 마지막으로, '석세션-경력진행-육성' 프로그램의 실행과 관련하여 예상되는 이슈와 질문을 짚어보고, 독자의 이해를 돕기 위해 다양한 도구와 방법론을 제공하고자 한다.

목차

고전적인 논쟁

잭 웰치 Jack Welch 와 같은 리더 덕분에 고성과를 창출하는 위대한 조직이 탄생한다는 의견이 있다. 즉, 훌륭한 리더가 조직의 성공을 낳는다는 것이다. 반면에 리더 개인의 힘보다는 건전한 가치에 바탕을 둔 강력한 조직 문화 속에서 탄생한 팀이 우수한 성과를 만들어낸다는 주장도 있다. '훌륭한 리더(great leader)'와 '훌륭한 조직(great organization)' 중 어느 쪽이 위대한 조직을 만들어내는가? 이것이 바로 '고전적인 논쟁'이다. 어느 편이 옳은 것일까?

두 편 모두 나름의 논리가 있기 때문에 지금부터 논쟁의 해결을 위한 근거에 대해 살펴보도록 하자. 훌륭한 조직을 위해서는 전략과 전략 실현을 위한 세부 계획을 제대로 이해하고, 더 나아가 확고한 의지와 실행 역량을 가진 개인의 집합체, 즉 '훌륭한 팀'이 필수적이라는 것은 분명한 사실이다. 하지만, 동시에 조직은 열정적이고 강력한 리더를 필요로 한다. 이와 같은 열정적인 리더들이 소위 말하는 '4요소의 위력(다음 단락에서 자세히 설명될 것이다.)'을 만들어 내는 것이다. 소수의 열정적인 리더들이 조직의 최고 위층과 관리자 그룹에 포진되어 있어 각자의 자리에서 제 역할을 해 준다면 조직 전체에 창조적인 에너지가 확산될 것이다.

강력한 리더가 있어야 강력한 조직이 있고 강력한 조직이 있어야 강력한 리더가 탄생한다는 점은 명확한 것 같다. 결국, 이 문제는 '닭이 먼저냐 달걀이 먼저냐?' 하는 시각에서 볼 수도 있을 것이다. 강력한 리더가 먼저인가, 아니면 강력한 조직이 먼저인가? 누가 먼저인지가 과연 중요한 문제이기는 할까? 우리의 경험과 연구 결과에 비추어 보았을 때, 강력한 리더십만으로는 충분치 않다. 조직은 '석세션-경력진행-육성'을 통합하는 체계를 동시에 갖추고 있어야만 한다. 사실, 리더와 조직은 상호 의존적인 경향이 매우 높다. 또한, 강력한 리더는 분명히 차별화된 성과를 창출한다. 그렇다면, 이는 실제 기업 현장에서 어떻게 나타나고 있을까?

여기서 우리는 "고성과 조직은 우연히 나타나지 않는다."라는 말을 생각해 볼 필요가 있다. 누구보다도 이사회가 이에 대해서는 뼈저리게 실감하고 있을 것이다. 이사회는 제대로 된 리더가 적합한 자리에 있는지를 확인하고 관리하는 데 엄청난 시간을 투자하곤 한다. 오늘날 점점 더 많은 이사회의 임원들이 '4요소의 위력'을 염두에 두고 있다. 물론 이들이 '4요소의 위력'이라는 용어를 쓰지는 않지만, 우리가 인터뷰한 이사회 임원들은 한결같이 "올바른 전략, 구조 및 가치를 보유하고 있는 리더가 반드시 필요하다고 생각한다."라고 대답하였다. 그렇다면, 이사회의 가장 큰 걱정거리는 무엇일까? 우리는 어떤 고민으로 밤잠을 설치는지를 물어보았고 그들의 공통된 대답은 '리더십'이었다.

그럼에도 리더 한 명이 모든 것을 해결할 수는 없다는 것은 자명한 사실이므로 훌륭한 리더만 있으면 훌륭한 조직이 가능하다는 주장은 옳지 않다는 결론을 내릴 수 있다. 우리가 연구한 고성과 조직의 사례를 보면 공통적으로 전략 수립, 실행, 시스템 구축 등을 위해 많은 리더가 긴밀한 관계를 유지하면서 활동하는 경우가 많았다. 이러한 사실은 30년 이상 지속적으로 성공해 온 조직을 연구하여 2004년에 출판한 '누구나 승리할 수 있다(Everybody Wins)'의 연구 결과에서도 재차 확인할 수 있다. 즉, 고성과를 창출하고, 높은 영향력을 행사하며, 성공 가도를 달리고 있는 조직은 지속적으로 핵심 인재를 위한 경력관리 및 체계적 육성을 위한 구조화된 석세션 체계에주력하고 있다는 공통점을 갖고 있었다. 개인의 잠재력에 기반을 둔 육성의 우선순위를 정하고, 이에 따른 체계적 육성계획을 수립하는 석세션 전략에 대해서는 이 장의 뒷부분에서 자세히 살펴보도록 하자.

4요소의 위력

앞에서도 언급하였듯이, 고성과 조직은 리더 한 사람에게 무게중심을 두기보다는 '리더십'이라는 개념에 집중한다. 이는 과연 '석세션-경력진행-육성'과는 어떤 관련이 있을까? 우리가 발견한 최고의 조직들은 공통적으로 '리더십의 계층(layers)'을 형성하는 데 심혈을 기울이고 있었다. 이는 사업 성공을 위한 조직 행동 양식을 의미하는 '4요소의 위력' 이론을 증명하는 것이기도 하다. 4요소의 예로 HR, 마케팅, 홍보, 재무의 리더를 들 수 있다. 즉, 조직 상위에서 상호 긴밀한 관계를 유지하는 훌륭한 리더 4명이 있다면, 그 조직은 진정한 의미의 열정적 챔피언(Passionate Champion)을 보유한다는 뜻이다. 여러 계층에서 열정적 챔피언을 양성하는 것이 핵심적 과정이기 때문에, 독자들이 반드시 4요소의 위력과 열정적 챔피언의 관계를 이해하고 넘어갔으면 한다.

열정적 챔피언이란 비교적 간단한 개념으로 다음과 같이 세 종류로 구분해 볼 수 있다. ❶ 열정적 챔피언은 자신의 열정을 업무에 바치는 사람으로, 상사보다도 더 나은 성과를 내길 원하는 사람이다. ❷ 열정적 챔피언은 상사보다 성과 창출 역량이 탁월한 사람이다(보다 탁월한 핵심역량, 즉 기술·지식·역량을 보유). ❸ 열정적 챔피언은 어떠한 어려움에도 굴하지 않고 어떻게든 해 내는 사람이다.

우리는 '4요소의 위력' 개념 (조직 내 상위 두 계층, 즉 최고위층과 그다음 계층에 적어도 네 명의 열정적 챔피언이 지휘하고 있어야 한다는 개념)과 조직이 내는 높은 성과 간에 매우 밀접한 관계가 있다고 생각한다. 세계 최고의 조직들이 석세션을 계획하고, 경력진행을 위한 면담을 체계화하며, 석세션 후보군을 위한 육성계획을 수립하는 데 많은 시간을 투자한다는 사실은 '누구나 승리할 수 있다'의 연구 결과에서도 입증되었다.

잭 웰치의 사례는 경영진 계층에 고성과 조직이 필요하다는 우리의 전제를 뒷받침해주고 있다. 또한, 석세션 과정 중 최고경영자의 역할에 대해서도 교훈을 주고 있는데, 최고경영자가 내부 인재를 관리할 필요성 자체를 인식하고 있는지가 결정적이라는 사실이다. 석세션은 비즈니스 전 과정에 걸쳐서 이루어지는 것이고, 전략의 실행은 최고경영자의 열정과 지원 없이는 불가능하다.

잭 웰치 사례

잭 웰치가 제너럴 모터스(General Motors)와 같이 다양한 이슈로 고민하는 기업을 맡게 되었다고 가정을 해 보자. 과연 잭 웰치가 제너럴 모터스를 바꾸어놓을 수 있을까? '훌륭한 리더' 이론의 신봉자들은 당연히 바꿀 수 있을 것이라고 말할 것이다. 반면에 문화, 가치 및 기타 요소에 기반을 둔 리더의 집합, 즉 경영진 전체의 리더십이 차별적인 결과를 낳을 수 있다고 생각하는 사람들은 그렇지 않을 것이라고 말할 것이다. 이와 관련하여 우리는 최근에 YPO(Young President's Organization) 모임에 참석한 15명의 최고경영자를 대상으로 조사를 할 수 있었다. 그 결과 15명 중 13명이 잭 웰치가 다른 경영자와는 달리 차별적인 성과를 창출해 낼 것이라고 대답하였다. 다음으로, 제너럴 모터스의 주식을 살 것인지 물어본 결과 총 14명이 그럴 것이라고 응답하였다. 주가가 어느 정도 오를 것이라고 생각하는지에 대해 질문해 보니 첫날에만도 10~25% 오를 것이라는 대답이 우세하였다. 설득력 있는 예측일지 확인하기 위해 우수 애널리스트를 대상으로 같은 질문을 해본 결과, 역시나 제너럴 모터스의 주가가 엄청나게 오를 것이라는 대답을 들을 수 있었다.

이는 매우 흥미로운 결과이다. 잭 웰치는 지난 30여 년간 자동차 회사를 경영해본 적이 없음은 물론 운전도 자주 하지 않았을 것이다. (운전은 운전사가 하고 잭 웰치는 뒷좌석에 앉을 것이 분명하니까.) 그는 또한 자동차 신모델을 디자인하거나, 자동차 회사의 사업 계획을 수립해 보았거나 자동차를 판매해본 적도 없는 사람이다. 실제로 잭 웰치는 판매장 자체에 자주 나타나지 않는다고 한다. 그럼 잭 웰치는 어떤 방법으로 제너럴 모터스의 가치를 높일 것인가? 우리는 제너럴 모터스의 경영진에게 자문을 구했고, 다음과 같은 대답을 들을 수 있었다. "잭 웰치라면 전략을 재정립하고, 전략 실행을 위한 팀을 재정비하며, 이를 지원할 수 있는 체계를 조직하여 사업 성장의 기회를 찾을 것이다." 좀 더 많은 이야기를 듣고자 다시 한번 물어보았다. "잭 웰치가 가장 먼저 취할 조치는 무엇인가?" 이에 대한 대답은 간단명료했다. "우선 직원의 역량을 평가해 인재를 파악하고, 적합한 사람을 적합한 자리에 기용하여 잭 웰치가 의지할 수 있는 리더를 확보할 것이다." 즉, 잭 웰치는 먼저 조직과 전략을 연계시키고, 전략을 실행해 나갈 수 있는 유능한 리더 확보에 중점을 두었을 것이라는 대답이다. 조직의 최고위층으로부터 2~3단계 아래의 수준까지 훌륭한 리더들로 배치할 것이고, 그 후에는 만약의 상황에 대비하여 리더의 역할을 대신할 수 있는 후보군도 구축해 놓을 것이다. 직무 순환을 통해 리더 각자가 조직 내에서 가장 적합한 역할과 책임을 찾을 수 있도록 배려할 것이고, 리더의 부족한 역량을 찾아서 가능한 한 신속하게 개발할 수 있도록 방법을 강구할 것이다. 특히, 핵심 직무 각각에는 대체 수행이 가능한 후보군을 두 단계 아래의 직급까지 확보해 놓을 것이라는 게 공통된 의견이었다. 이 일련의 모든 과정이 투명하게 이루어질 것임은 물론이고, 직원 모두가 각자의 역할에 대해 명확히 이해하고 책임감을 가지고 일할 것이다. 무엇보다도 잭 웰치는 많은 리더가 기피하는 껄끄러운 결정을 내리는 데에도 주저하지 않을 것이다. 개인의 역량과 충성도를 분명히 구분하여, 역량이 부족한 사람들에게 중요한 자리를 맡기는 우를 범하지 않을 것이고, 핵심적인 역할을 수행해야 하는 자리에 열정적 챔피언이 앉아 있지 않다면 새로운 사람에게 과감히 그 자리를 넘겨줄 것이다.

여기서 얻을 수 있는 시사점은 무엇일까? 잭 웰치의 사례가 뒷받침하는 것이 '훌륭한 리더' 이론일까, 아니면 '리더십' 이론(한 명의 리더가 아니라 여러 명의 리더에 의해 차별적인 성과가 가능하다는 이론)일까? 우리는 둘 다 뒷받침하고 있다는 결론을 내렸다. 제너럴 일렉트릭에서 잭 웰치의 성과 중 가장 핵심적인 것은 아마도 '석세션-경력진행-육성'을 통합하는 하나의 체계를 구축했다는 사실일 것이다. 잭 웰치가 '훌륭한 리더'인 것은 회사의 목표를 달성하기 위해서는 리더 한 명 이상의 노력이 필요하다는 사실을 인식하고 있기 때문이다. 제너럴 일렉트릭의 전 직원 또한 정상을 지키기 위해서는 그들 자신이 열정적 챔피언이 되어야 한다는 사실을 잘 알고 있다. 만약 열정적 챔피언이 되지 못한다면 석세션과 직무 순환에 악영향을 미칠 것이다. 이러한 일련의 과정이 석세션 후보자를 미리 결정해 놓는다고 해서 끝나는 것은 물론 아니다. 직원들을 여러 위치로 순환시키면서 적합한 역할을 찾을 수 있고, 각 직무를 성공적으로 수행할 수 있을 후보자를 해당 직무의 바로 아래 수준은 물론 그 아래 수준에서부터 미리 양성하는 지원 체계를 설립해 놓아야만 미래에 효과적으로 대비할 수 있을 것이다.

석세션이 경력진행과 반드시 연계되어야 하는 이유는 사람인 이상 석세션과 관련하여 항상 옳은 결정을 내릴 수 있는 것은 아니기 때문이다. 석세션은 과학이 아니므로 수많은 변수의 영향을 복합적으로 받게 된다. 사실 석세션이란 올바른 시점에, 올바른 사람을, 올바른 위치에 앉혀야 하는 일이지만 사람이라는 변수가 예측하기 어려운 것이기 때문에 어려움이 따를 수밖에 없다. 게다가 알맞은 후계자가 준비되어 있을 때도 있겠지만 그렇지 못할 때도 있을 것이다. '석세션-경력진행-육성'이 일회성 프로세스가 아니라 상시적으로 운영되는 지속적인 프로세스가 되어야 하는 이유가 여기에 있는 것이다. 석세션플래닝을 일 년에 단 한 차례만 시행하는 조직은 변화하는 상황에 지속적이고 효과적으로 대비할 수 없음은 물론이거니와 조직 내 모든 개인의 다양한 필요와 욕구를 충족시킬 수도 없을 것이다. 따라서 석세션플래닝은 조직 내 모든 직원과의 대화를 통하여 '석세션-경력진행-육성'이 상호 연계될 수 있도록 설계되고 실행되어야 한다. 석세션플래닝은 석세션 대상 인력과의 직접적인 대화를 통하여 이루어져야 하며, 최소한 다음의 두 가지 활동이 포함되어야 한다. 첫째, '개인육성계획(Individual Development Plan, 이 장의 후반에 자세히 소개될 것이다.)'이 수립되어야 하고 둘째, 석세션 차트(Succession Chart)에 올라있는 인재를 가용하지 않을 때 발생할 수 있는 위험 요인을 평가하는 '취약성 진단(Vulnerability Assessment)'이 이루어져야만 한다. 직원과 지속적으로 대화를 시도하여 그들의 필요와 욕구를 파악한다면 이직 의도를 충분히 예측할 수 있으므로, 취약성 진단 프로세스는 '석세션-경력진행-육성'을 계획하는 데 있어 핵심적인 역할을 한다고 볼 수 있다.

결론

이상에서 살펴본 '석세션-경력진행-육성'과 관련한 내용을 다음 10가지로 요약해 볼 수 있다.

1 '훌륭한 리더' 이론은 옳지 않다. '영향력 있는 리더십(high-impact leadership)' 이론이 옳은 답이다.

2 '훌륭한 리더'는 분명히 존재한다. 그들이 '훌륭한 리더'인 것은 석세션 플래닝과 관련한 껄끄러운 결정을 내리는데 주저하지 않기 때문이다. 자신의 권한을 활용하여 인재관리를 위한 체계를 수립하는데 기여한다는 점이 여느 리더와 다르다.

3 석세션이 제도상으로는 존재한다고 해도 일 년에 한 번뿐인 연중행사로 전락할 경우 별다른 효과를 볼 수 없다. 물론 제도상 없는 것보다 일단 '석세션'이라는 과정이 존재하면 조직이 핵심 인재를 관리하게 된다.

4 고성과 조직은 조직이 직원에게 원하는 것뿐만 아니라 직원 개개인이 조직에 원하는 것을 알아 내기 위해 석세션 후보자들과 지속적으로 대화 세션을 진행하는 특징이 있다.

5 이와 같은 대화 세션을 통해 육성계획을 수립할 수 있다. 훌륭한 조직은 향후 직원 각자가 어떤 직무를 수행하게 될 것인지 미리 계획하고 있고, 더 나아가 해당 직무를 수행하기 위해 해당 직원이 어떤 경력 경로를 거쳐야 하는지(직무순환 등)에 대한 로드맵을 명확하게 수립하여 제공해야 한다. 이런 조직은 리더 각자에게 특화된 육성계획이 있으며, 육성계획이 조직 내 성과 관리 체계와 잘 연계되어 있다.

6 훌륭한 조직은 한 단계 더 나아가 석세션 차트를 '위험(risk)'의 관점에서 평가하기도 하는데, 이사회 및 인재육성위원회에서 석세션 대상자를 확보하지 못했을 때 발생하는 위험요인을 측정하는 것이다.

7 '4요소의 위력' 이론은 조직 내 인적자본의 역량 수준을 측정하는 방법으로 활용될 수 있다. 조직의 최상위와 상위의 두 관리 계층에서 '4요소의 위력'이 실현되고 있다는 것은 약 20명의 열정적 챔피언을 리더로 확보했다는 것을 의미하고, 이사회는 고민을 덜 수 있을 것이다.

8 고성과 조직에는 '석세션-경력진행-육성'과 같거나 유사한 체계를 전담하는 직원·부서가 존재한다.

9 조직에 따라서는 최고경영진 석세션 후보자의 육성을 촉진하는 경우도 많다. 메케슨사(McKesson Corporation**⻣**)의 '패스트 트랙킹(fast tracking)'이 대표적인 예라고 할 수 있다.

10 경영진은 '석세션-경력진행-육성'과 관련한 토의에 적극적으로 참여하고 리드해 나가야 한다. 이사회가 이에 대해 논하는 것을 수동적으로 관망하는 것으로는 부족하다.

⻣ 건강관리 서비스 회사로 건강관리 업체를 대상으로 공급 관리, 소프트웨어 솔루션, 기술 혁신과 기타 포괄적인 서비스를 제공한다.

석세션플래닝 프로세스

다음으로, 석세션플래닝 프로세스에서 실제로 활용할 수 있는 다양한 정보, 자료 및 양식을 살펴보도록 하자. 예시 1-1은 '석세션-경력진행-육성'의 가장 일반적인 사례로서 '석세션-경력진행-육성'이 어떻게 실행되어야 하는지 그 핵심 활동사항을 보여준다. 또한, 단계별로 정리하였으므로 기업에 적용하는 데 유용하게 사용될 수 있을 것이다.

예시	석세션플래닝 프로세스	1-1

1 경영진 회의에서 매월 핵심 인재에 관한 논의가 이루어지고 필요한 인재가 채용된다.

2 핵심 인재들은 상사 혹은 멘토와 함께 6개월 동안의 '석세션-경력진행-육성' 경과에 대해 면담한다.

　⇨ '개인육성계획'을 검토한다.　(어떤 일이 있었는지 살펴본다.)
　⇨ '취약성 진단'을 실시한다.　(일과 개인적 삶에서 변화된 부분을 확인한다.)

3 인재관리위원회는 '석세션-경력진행-육성'과 관련하여 6개월마다 소집되어 '개인육성계획'뿐만 아니라 석세션 계획 및 검토 작업을 하며, 석세션 차트의 변경사항에 대해 논의한 후 업데이트를 한다. 취약성 보고서를 검토하여 회사를 떠날 위험이 있는 핵심 인재에 대한 구체적인 논의가 이루어진다.

4 이사회의 '석세션-경력진행-육성' 검토

　⇨ '석세션-경력진행-육성'에 대한 연간 검토를 실시한다.
　⇨ 반기별로 석세션 차트를 업데이트하고 취약성 진단 결과를 검토한다.
　⇨ 분기별로 이직 상황에 대해 논의한다.

그림 1-1은 '석세션-경력진행-육성'의 세 가지 관점을 제시하고 있다. 핵심 인재 본인의 관점, 상사의 관점, 그리고 경영진 또는 이사회 관점이다. 예시 1-2는 석세션 시 사용할 수 있는 석세션플래닝 차트의 한 예이다. 열

정적 챔피언은 항상 상대적으로 빠른 경력 경로를 밟게 되어 있다. 앞서 설명한 바와 같이 열정적 챔피언이 부각되지 않고 숨어 있는 경우는 거의 없다. 열정적 챔피언은 늘 체계적인 관리를 받기 마련인데 그림 1-2의 석세션플래닝 차트가 이를 잘 설명해주고 있다.

그림 1-1 '석세션-경력진행-육성'에 대한 3가지 관점

핵심 인재의 관점

자신이 어디로 가고 있는지, 어떻게 하면 그곳에 도달할 수 있는지를 스스로 인지하고 있고, 자신이 관리 받고 있다고 느끼며, '석세션-경력진행-육성' 프로세스에 참여하고 있다.

- 경력진행 경로: 역할 상승을 위한 단계를 알고 있다.
- 육성 관련 토의(연 2회): 솔직한 대화와 실행을 통하여 신뢰감을 구축할 수 있다.
- 개인육성계획(연 1회): 진단 · 피드백 · 교육 · 코칭 · 멘토링 등을 통해 본인의 역량을 스스로 파악하고 개발할 수 있다.

상사의 관점

어떤 일이 일어나고 있는지, 핵심 인재들이 무엇을 필요로 하는지를 알고 프로세스에 참여한다.

- 경력진행을 위한 직무순환 및 육성 기회를 계획하고 '벤치의 힘'을 향상시키기 위한 방법을 강구한다.
- 육성 관련 토의(연 2회): 대화를 통해 위험 요인과 필요한 사항을 파악한다.
- 개인육성계획(연 1회): 학습 계획을 세우고, 육성 프로세스 및 경력진행을 위한 기회를 파악한다.

경영진과 이사회의 관점

- 후계자에 대한 명확한 시각: 전략 실행 가능성을 파악한다.
- '석세션-경력진행-육성 보고서'를 통해 위험 요인에 대한 정보를 미리 파악하고 필요 시 적절한 조치를 취한다.
- 육성을 통해 인재를 유지할 수 있다.

Part I_ 석세션플래닝 차트

◦ 주요 직책을 확인하고 Top 30에 해당하는 업무 프로파일을 완성한다.

◦ 최고경영자 이하 상위 3개 수준에 해당하는 모든 직책에 대한 조직도를 그린다.

◦ 조직도상의 모든 직책에는 현재 직책 담당자와 향후 보임 가능한 후보자를 준비된 수준별로 표기한다. (**Ⓐ** : 즉시 투입 가능, **Ⓑ** : 6개월~2년 소요, **Ⓒ** : 2~5년 소요)

그림 1-2 **석세션플래닝 차트**

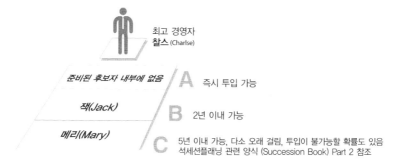

Part II_ 석세션플래닝 노트

핵심 인재 별로 다음 사항을 포함하는 프로필을 구축한다.

◦ 기본 사항 및 역량 프로필

◦ 강점 영역

◦ 육성 필요 사항

◦ 개인육성계획

◦ 취약성 및 위험 요인 진단

◦ 경력진행 경로

◦ 향후 직책

표 1-1 **'석세션-경력진행-육성' 연간 스케줄 예시**

	체계 수립	자원 분석	실행	모니터링	측정
석세션	▫ 핵심 인재 채용 ▫ 직무기술서 작성	▫ 핵심 인재 검토 ▫ 석세션플래닝 차트 수립 ▫ 이사회와 검토	▫ 핵심 인재 석세션 관련 면담 진행 ▫ 취약성 보고서 작성	▫ 이슈화될 만한 부분 검토	▫ 석세션 차트 업데이트 ▫ 2차 면담 실시 ▫ 취약성 보고서 업데이트
경력진행	▫ 필요한 경로 및 요구되는 역량·경력의 정의	▫ 핵심 인재의 경력 분석 ▫ 핵심 인재의 단기 및 장기 경력 경로 논의	▫ 단기 및 장기 경력 경로 준비 ▫ 핵심 인재별 경력 맵 수립	▫ 가능한 직무순환 경로를 확인 ▫ 멘토링 제도 검토	▫ 새 회계연도 경력진행 경로 업데이트 ▫ 핵심 인재 중 우수자에 집중
육성	▫ 가능한 육성 대안 수립 ▫ 성공적 프로그램을 위한 데이터 수집 ▫ 내·외부에서 코치 및 멘토 영입	▫ 핵심 인재 대상 회사 지원 프로그램 준비 ▫ 4~8명의 패스트 트래커(fast tracker) 선정 ▫ 내부 멘토 및 코치 교육	▫ 개인육성계획 준비 ▫ 육성계획의 승인을 얻음 ▫ 진단단계 실행	▫ 핵심 인재의 경력진행 경과 확인 ▫ 내·외부 코치와 협의	▫ 경영진이 육성계획과 새 회계연도 준비 상황 검토 ▫ 경영진이 패스트 트랙 검토
	FY09 Q1	FY09 Q2	FY09 Q3	FY09 Q4	FY10 Q1

표 1-1은 '석세션-경력진행-육성'의 가상 연간 스케줄의 예시이다. 그림 1-3은 '석세션-경력진행-육성'의 4단계, 즉 체계 수립, 자원 분석, 실행 준비 및 모니터링 단계를 그림으로 표현한 것이고, 그림 1-4는 '석세션-경력진행-육성'을 처음 실시할 때 직원들이 단계별로 어떤 역할을 수행해야 할지, 그리고 역할의 수행에 따른 책임관계는 어떤지를 순서도로 나타내고 있다. 그림 1-5에는 직급별로 어떤 역량을 개발해야 할지 피라미드 형식으로 표현하였다. 예시 1-3은 취약성 진단에 대한 예시이다.

그림 1-3 '석세션–경력진행–육성' 4단계별 필요 업무

그림 1-4 1년차 : 시행하기

FY09의 R&R(Roles and Responsibility)

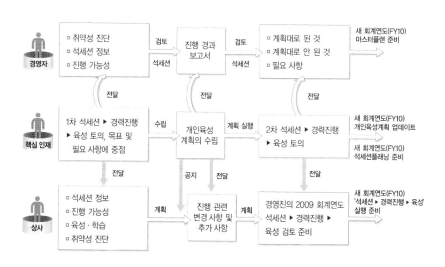

모든 조직에 공통으로 적용시킬 수 있는 만병통치약같은 단일 '석세션-경력진행-육성' 프로세스란 존재하지 않는다. 각 조직은 고유한 문화 및 석세션 체계가 구축된 정도를 살핀 후에, 이에 맞도록 '석세션-경력진행-육성' 체계를 개발하고 운영해야 할 것이다. 어떤 조직에는 단계별 실행이 적합할 것이고, 어떤 조직에는 2~3년에 걸쳐 실행하는 것이 바람직할 수도 있다. 또 아직 '석세션-경력진행-육성' 체계를 도입할 준비가 되어 있지 않은 조직이라면 무리하게 적용시킬 경우 실패할 확률이 높을 것이다. 이러한 경우에는 반드시 해당 조직의 수준에 맞게 단계별로 실행에 옮겨야 한다.

그림 1-5 학습맵(LearnMap) 피라미드

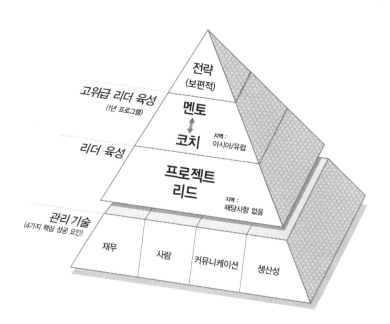

리더의 학습맵 예시

분류	위험 여부	비고
1 보상 및 복리후생	Yes / No	직원들의 학습 곡선이 평균 이상임
▫ 동일시장의 평균적 보상 수준보다 10% 정도 낮음	☐ ☐	
▫ 복리후생 경쟁력이 낮음	☐ ☐	
2 직책 및 직위 (Position / Title)	Yes / No	동료보다 승진이 늦음
▫ 높은 직책을 원함	☐ ☐	
▫ 조직 내 위치가 우선적 고려사항임	☐ ☐	
3 삶과 일 사이의 균형	Yes / No	가족 · 개인 생활에 변화가 있음
▫ 근무시간 때문에 개인생활에 영향을 받음	☐ ☐	
▫ 집에서 회사까지 오래 걸림	☐ ☐	
4 상사 또는 관리감독자	Yes / No	상사의 피드백이 부정적임
▫ 상사와 함께 하는 시간이 많지 않음	☐ ☐	
▫ 상사와 업무 스타일이 맞지 않음	☐ ☐	
5 팀 및 주변 환경	Yes / No	팀 이벤트에 참여하지 않음
▫ 직장 내 친구가 없음	☐ ☐	
▫ 팀 활동에 참여하지 않음	☐ ☐	
6 교육 및 육성	Yes / No	1년간 학습기회가 없음
▫ 새로운 것을 배우고 있지 않음	☐ ☐	
▫ 육성의 기회가 없음	☐ ☐	

| 실행 방법 |

1 핵심 인재와 최소 한 시간 이상 면담을 한다.

2 6가지 분류 항목에 해당하는 질문을 한다(효과적 평가를 위해 12가지 질문을 모두 해야 함).

3 보다 구체적인 정보를 얻기 위해 구조화된 질문을 한다.

4 분류 항목별로 Yes / No에 체크한다.

    Yes의 개수 1개 : 다소 취약함(1년 이상 재직할 것으로 판단됨)

    Yes의 개수 2개 : 합당한 수준의 제의를 받을 경우 6개월 이내 타회사에 이직할 것으로 판단됨

    Yes의 개수 3개 이상: 매우 취약함(6개월 이내 퇴직할 것으로 판단됨)

주: 상사는 본 도구의 활용 방법에 대해 교육을 받아야 함

'석세션-경력진행-육성'에 관한 10가지 Q&A

Q_1 '석세션-경력진행-육성'이란 무엇인가?

A '석세션-경력진행-육성'은 잘 짜인 체계 속에서 상호 연계되어 지속적으로 실행되는 석세션플래닝의 핵심 프로세스를 의미한다. '석세션-경력진행-육성'은 또한 핵심 인재들이 삶과 일의 균형을 이루고 경력을 개발할 수 있도록 조직이 관심을 기울이고 투자하고 있다는 사실을 핵심 인재가 스스로 느낄 수 있도록 의도된 일련의 과정이다. '석세션-경력진행-육성' 체계의 차별적인 특성이자 장점으로는 석세션과 관련이 있는 모든 프로세스가 통합적으로 구성됨으로써, 핵심 인재들이 어떻게 하면 자신이 목표로 하는 경력경로에 도달할 수 있을지 그 로드맵을 제시해준다는 점이다.

- '**석세션**'은 최고위급과 두 수준 아래 계층까지 공석이 생길 경우, 이에 대비할 수 있는 역량을 갖춘 백업 후보들 즉, '석세션 후보군'을 확보해 놓는 공식적인 프로세스이다. 일단 석세션 후보군에 선발된 인재들은 각자의 경력진행과 육성 과정을 밟게 되고, 경영진과 이사회가 전 과정에 관여하게 된다. 정기적 면담을 통해 핵심 인재들은 자신이 석세션 차트에 포함되어 있다는 사실을 인식하게 되고, 더 나아가 자신이 체계적 프로그램 속에서 육성되고 있다고 느끼게 된다.

- '**경력진행**'은 경력 개발을 위해 설계된 명확한 경로를 따라가는 연속적인 프로세스이다. 선임 엔지니어가 수석 엔지니어로 성장하는 과정이 경력진행으로, 이를 통해서 핵심 인재들은 자신이 세운 궁극적 목표를 달성하기 위해 어떤 경력 단계를 밟아가야 하는지, 어떠한 역량을 갖추어야 하는지를 알 수 있다. 상사는 핵심 인재와 면담 시 어떤 주제에 대해

이야기를 나누어야 할지를 알 수 있게 되고 그 결과 핵심 인재에게 필요한 직무순환, 코칭 및 멘토링, 교육훈련 기회를 제공할 수 있다.

- '육성'은 핵심 인재가 경력 목표를 달성하고 차기 리더로 성장하기 위해 필요한 지식과 경험을 보다 정교화된 방식으로 제공하는 일련의 프로세스이다. 각 핵심 인재를 위한 연간 '개인육성계획'이 수립되고, 이는 상사의 검토를 통해, 인재의 경력 개발 및 석세션, 직무순환 등 전반에 영향을 미치게 된다.

Q_2 왜 당장 '석세션-경력진행-육성' 프로세스를 실행해야 하는가?

A 핵심 인재를 유인 · 채용 · 유지하는 것이 조직의 미래에 결정적인 요인으로 작용하고 있다. 미국의 'Corporate Leadership Council'은 인력 시장에서 우수한 인재 유치를 위한 경쟁이 점점 더 치열해지고 있고, 인재 확보 전쟁이라고 해도 과언이 아니라고 밝힌 바가 있다. 체계적 '석세션-경력진행-육성' 프로세스를 실행하고 있는 조직은 그렇지 않은 조직보다 핵심 인재를 오랜 기간 유지할 확률이 높은 것으로 나타났다. '석세션-경력진행-육성'은 조직 충성도를 제고하는 매우 정교한 도구인 동시에 우수 인재를 사전에 파악할 수 있는 효과적인 체계이다. 시장의 경쟁이 치열해질수록 경쟁사가 자사의 핵심 인재를 빼가려고 노력하리라는 것은 자명한 사실이다.

Q_3 '석세션-경력진행-육성' 프로세스는 어떻게 효과를 발휘하는가?

A 일견 '석세션-경력진행-육성' 프로세스가 복잡해 보일 수 있지만 핵심 인재의 관점에서 보면 상당히 단순한 체계임을 알 수 있을 것이다. 핵심 인재의 관점에서 본 '석세션-경력진행-육성' 프로세스는 다음과 같

다: 개인은 자신이 석세션 후보로 선정되었음을 인식하고 (이때 인재 한 명이 한 직무 이상의 석세션 후보로 뽑힐 수도 있다.) 차기 리더로 성장하기 위해서는 특정한 직무경험을 쌓아야 한다는 것을 이해하게 된다. 미래를 위해 폭넓은 지식을 습득하고, 새로운 기술을 배우며, 다양한 경험을 쌓는 것이 필요한 것이다. 이 모든 과정이 연간 '개인육성계획'에 반영된다. '석세션-경력진행-육성'의 핵심은 연간 두 번의 육성 면담을 실시한다는 데에 있다. 핵심 인재의 목표에 중점을 둔 면담이 진행되며, 핵심 인재 각자의 육성 및 경력진행에 대한 합의에 도달하게 된다. 면담을 통하여 상사는 인재의 단기 및 장기 목표를 명확히 이해하고, 목표 달성을 위한 경력진행 및 석세션의 통합적 실행 안을 수립하게 된다. 또한, 상사가 핵심 인재 각자의 삶과 일하면서 느끼는 고충에 대한 정보를 얻고, 프로세스 진행의 각 단계에 얼마나 만족하고 있는지 그 정도를 확인하는 것도 면담 세션을 통해서 이루어진다. 육성에 관한 토의는 핵심 인재의 '개인육성계획'을 확정하기 위한 것이다. 마지막으로 상사는 취약성 진단을 통해 핵심 인재의 만족 정도를 측정하여 이직 의도 여부를 파악해 보고서로 제출하게 된다.

Q_4 '석세션-경력진행-육성'을 통해 회사는 어떤 이익을 얻을 수 있는가?

A '석세션-경력진행-육성'을 체계적으로 활용함으로써 회사는 핵심 인재를 다양한 관점에서 면밀히 살필 수 있다. 즉, 차기 리더의 체계적인 관리를 통하여 핵심 인재를 타사에 빼앗기지 않게 되는 것이다. '일하기 좋은 회사'라는 평을 받을 수 있게 되고, 더 나아가 핵심 인재의 성공을 위해 기꺼이 시간과 자원을 투입하고, 전략적이면서 창의적인 프로그램을 설계하는 회사로 이름을 알리게 될 것이다.

Q_5 '석세션-경력진행-육성'은 우수인재의 유지에 효과가 있는가?

Ⓐ '석세션-경력진행-육성'은 회사의 전략 실행에 필요한 핵심 직무에 언제든지 투입할 수 있는 인재를 확보하는 조직화된 체계이므로, 회사의 안정성에 기여하고 이는 다시 인재의 유지에 긍정적 영향을 미치게 된다. 즉, 이직이 발생함과 동시에 대체 기회가 함께 생겨나게 되고, 직원 채용과 승진의 건전한 경쟁 환경을 조성하는 데 기여하게 된다.

Q_6 핵심 인재가 된다는 것은 어떤 의미인가?

Ⓐ 핵심 인재가 된다는 것은 자신이 석세션 후보자로 선정되었으며, 향후 있을 승진을 위해 토의가 필요하다는 사실을 인지한다는 것을 의미한다.

• 핵심 인재는 석세션 차트에 오르고 체계적으로 관리된다.

• 핵심 인재는 석세션을 위한 경력진행 경로를 따른다.

• 핵심 인재별 '개인육성계획'이 수립되고 이는 매년 검토된다.

• 핵심 인재는 '석세션-경력진행-육성' 관련 토의에 연 2회 참여하게 되며, 이때 취약성 진단이 실시된다(예시 1-2 참조).

• 핵심 인재의 경력진행과 육성은 경영진에 의해 검토되며, 그 세부적 내용이 이사회에서 공유된다.

Q_7 석세션플래닝은 어떻게 이루어지는가?

Ⓐ 경영진과 이사회는 매년 정해진 시기에 취약성의 관점에서 석세션플래닝을 검토하게 된다. 적합한 석세션 후보자를 찾을 수 없는 자리가 있지는 않은지, 향후 2년 안에 대체할 수 있는 후보자를 확보하지 못

할 핵심적 자리가 있는 것은 아닌지를 확인하는 절차이다. 이후에 석세션플래닝의 실행 계획을 세우고, '패스트 트래커'의 명단도 함께 결정하게 된다. '패스트 트래커'는 핵심 인재 중에서도 특별한 교육 프로세스에 의해 차별화된 육성을 해야만 하는 인재를 의미한다. 핵심 인재별 '개인육성계획'의 세부 내용은 석세션플래닝 관련 양식에 기술되고 지속적으로 업데이트 된다.

Q_8 핵심 인재와 패스트 트래커의 선정 기준은 무엇인가?

A 경영진은 연중 내내 핵심 인재를 발굴하는 데 게을리해서는 안 된다. 채용 이후 성과 검토 및 프로젝트 평가 등 조직 활동 전반에 걸쳐 핵심 인재는 언제든 부각될 수 있으므로, 핵심 인재의 지명은 연중 수시로 일어날 수 있다. 핵심 인재로 선정함과 동시에 해당 인재를 위한 '개인육성계획'을 수립하고, 면담 스케줄을 잡은 후 석세션 후보자로 성장시킬 방법을 고민하면 된다. 이 모든 과정은 높은 잠재력을 보유한 핵심 인재의 육성을 촉진함으로써 석세션플래닝의 효과를 극대화하는 데 목적이 있다.

Q_9 '취약성 진단'이란 무엇인가?

A 핵심 인재의 경력 개발에 투자하는 것뿐만 아니라, 핵심 인재가 원하는 바가 무엇인지를 지속적으로 찾아내는 것이야말로 핵심 인재의 유지를 촉진할 수 있는 확실한 방법이라고 할 수 있다. 총 6개의 업무 요소에 대한 핵심 인재의 만족도를 지속적으로 확인할 수 있게 된다. 상사들이 먼저 어떻게 면담을 진행해야 하는지에 대해 체계적 교육을 받게 되며, 면담을 통해 핵심 인재는 회사가 자신이 원하는 기회를 제공하기 위해 지속적으로 관심을 가지고 노력하고 있다는 사실을 느끼게

된다.

핵심 인재의 유지를 촉진하는 6가지 만족 요소는 다음과 같다. (Link-age™)

❶ 보상 및 복리후생(Compensation · Benefits)

❷ 직책 및 직위(Position · Title)

❸ 삶과 일 사이의 균형(Work · Life Fit)

❹ 상사 및 관리감독자(Boss · Supervisor)

❺ 팀 및 환경(Team · Environment)

❻ 교육 및 육성(Learning · Development)

Q_10 '석세션-경력진행-육성' 프로세스는 어떻게 운영되는가?

Ⓐ '석세션-경력진행-육성' 프로세스를 수립하기 위해서는 사실 상당한 노력이 필요하다. '석세션-경력진행-육성' 체계를 갖추기 위해 관련 제도를 수립하고, 계획된 바를 실행에 옮기며, '벤치의 힘'을 분석하고, 핵심 인재를 지명해 '개인육성계획'을 수립하는 일련의 과정은 결국 정량적으로 측정될 수 있어야 한다. 여기까지 마치고 나면 '석세션-경력진행-육성' 프로세스는 HR의 주요 기능이 되고, 경영진이 모니터링해야만 하는 과제가 될 것이다. '석세션-경력진행-육성' 프로세스의 성공적 정착을 위해서는 석세션-경력진행-육성의 각 요소가 조직의 핵심적 과제이며, 기업의 성공을 좌우하는 매우 중요한 체계라는 신념이 필요하다.

석세션 체계 구축을 위한
7대 이니셔티브

SEVEN -STEP PROGRAM

TO MAXIMIZE YOUR SUCCESSION PLANNING SYSTEM

사람에 관하여 올바른 결정을 내리는 것은 기업이 경쟁적 우위를 차지하기 위해 사
용할 수 있는 가장 중요한 역량이나, 실제로 이런 역량을 가진 기업은 매우 드물다.
— 피터 드러커(Peter Drucker)

오늘날 조직의 성공을 위해 석세션플래닝이 필수적인 이유는 무엇일까? 연
구 결과에 의하면 기업이 당면한 가장 중요한 문제 중 하나가 바로 '차기 리
더를 어떻게 육성할 것인가?'인 것으로 나타났다. 기업이 점점 더 다양하고
높은 수준의 요구를 충족시켜야 하는 상황에 놓이게 됨에 따라, 당장 실전
에 투입할 수 있는 우수인력의 힘을 빌려 적극적으로 미래의 성과 창출을
준비해야만 경쟁적 우위를 차지할 수 있게 된 것이다. 즉, 이제 기업은 석
세션 체계를 체계적으로 수립함으로써 '사람'에 투자해야만 하는 운명에 놓
이게 되었다. 그러나 인재 육성의 중요성이 점점 더 커지고 있음에도 불구
하고 석세션플래닝이 기업의 장기적 성공에 얼마나 큰 영향을 미치는지를
제대로 이해하고서 실천에 옮기는 기업은 생각보다 많지 않다.

과연 석세션플래닝이란 무엇일까? 석세션플래닝은 기업이 미래에 필요한 리더십을 효과적으로 구현하기 위한 목적으로 안정된 인재 공급 파이프라인을 구축하는 체계적 접근 방식이다. 우수 인재의 부족으로 인해 수많은 기업이 타격을 입고 있음에도 아직까지 석세션플래닝을 제대로 활용하려는 기업이 드문 것은 왜일까?

지난 50여 년간 기업경영에 있어서 인적 자본이 차지하는 중요성이 강조되면서 인력에 대한 새로운 시각이 절실해졌다. 기업은 더 이상 직원을 소모품이나 도구와 같은 '비용 요소'로만 간주할 수 없게 되었다. 기업은 중요 '자산'인 직원의 안녕과 복지를 위해 투자를 해야만 하며, 조직의 미래뿐만 아니라 직원 개개인의 미래를 위해서 직원의 경력 경로를 설계해야만 한다. 그렇다면, 이러한 상황에서 시장환경에 뒤처지지 않고 조직과 직원 모두의 바람을 충족시킬 수 있는 석세션 체계는 어떻게 설계해야만 하는가?

앞서 우리는 석세션, 경력진행 그리고 육성을 통합하는 체계인 '석세션-경력진행-육성' 프로세스라는 새로운 개념에 대해 살펴보았다. 이제 이를 토대로 석세션 프로그램을 성공적으로 설계 및 실행하기 위해 반드시 필요한 7개 이니셔티브에 대해 살펴보고자 한다. 이 책에 소개된 사례 모두가 이 7개 이니셔티브를 바탕으로 효과적인 체계를 만들어 낸 경우이다. 사례 연구를 통해 독자는 석세션플래닝의 최신 방법론을 접할 수 있을 것이며, 기업은 석세션 파이프라인을 구축하고 새로운 리더십을 수행하며, 사업 목표의 달성을 이끌어 갈 역량 있는 석세션 후보군을 확보하는 데 도움이 될 것이다. 석세션플래닝 체계 및 석세션-경력진행-육성 방법론의 효과는 무궁무진하며, 특히 인재의 이직으로 인한 비용을 최소화하고 직원들의 신뢰와 충성도를 높이는 데 활용될 수 있다.

지금부터 살펴볼 7개의 이니셔티브는 '올바른 시기(right time)에, 올바른 사람(right people)에게, 올바른 직무(right jobs)를, 올바른 근거(right reasons)에 의하여 맡기는 전략'을 가능하게 하는 핵심적 요소이다.

1 조직 내에 육성에 대한 새로운 시각을 구축하라.

석세션 체계를 효과적으로 개발하기 위한 첫 단계는 새로운 시각을 갖는 것으로 시작한다. 직원을 '비용'으로 보는 시각에서 육성해야 할 '자산'으로 인식하도록 사고방식을 전환하는 작업이 필요하다. 직원을 유형의 자산으로 인식하기 시작한 조직은 인재 육성의 측면뿐만 아니라 다른 모든 면에서 변화할 수 있는 힘을 가지게 된다. 이와 같은 시각의 전환은 조직 내에 통합적 '석세션-경력진행-육성' 모델을 갖추기 위한 촉매제 역할을 할 것이며, 더 나아가 조직에 대한 직원의 충성도를 높이고 조직의 미래를 이끌고 갈 A급 인재를 유지하는 데 도움을 줄 것이다. 석세션 체계를 도입하기 전에 조직은 인식의 틀을 점검하고, 직원을 만족시키기 위해 어떻게 변화할 수 있을지 생각해 보아야 한다. 어떤 조직이나 '상품 및 서비스의 수준은 곧 기업의 직원 수준을 가늠하는 척도가 될 수 있다.'라는 것을 염두에 두어야 할 것이다. 육성을 지향하는 시각으로 사고를 전환함으로써 조직은 동기 부여된 직원을 통해 성과 창출을 극대화할 수 있게 된다.

2 사업전략과 철저히 연계하라.

조직은 석세션플래닝과 관련하여 큰 그림을 그릴 줄 알아야 한다. 1장에서 우리는 석세션 체계 자체만으로는 별다른 효용이 없다는 것을 강조한 바가 있다. 즉, '석세션-경력진행-육성' 방법론이 해당 기업의 비즈니스 모델 전체와 유기적으로 통합될 때 비로소 성공적인 석세션이 가능해진다. 만일 석세션 프로세스가 전사 사업을 지원하는 맥락 속에서 시행되지 않는다면 궁극적으로 성공할 수 없을 것이다. 석세션플래닝에 실패 경험이 있는 조직이라면 우리가 왜 이러한 일련의 작업을 하고 있는지 그 궁극적인 이유부터 고민해 봐야 할 것이다. 사업부는 태생적 특성상 이윤창출에 도움이 되지 않는 제도 및 체계는 존재할 이유가 없다고 생각할 것이므로, 석세션 프로그램은 반드시 사업적 필요에 따라 설계되어야만 한다. 조직은 한배를 탄 사람들의 집단이다. 조직 내 모든 직원이 같은 방향으로 노를 저어나가야 한다. 만약 석세션플래닝이 사업 전략과 궤를 같이 하지 않는다면, 조직은 인재 육성의 목표와 장기적인 사업 목표 모두를 놓쳐버리고 말 것이다.

3 학습하는 조직으로 거듭나라.

선진 사례로서 이 책에 소개된 모든 조직은 학습을 강조하는 문화를 지녔다는 공통점이 있다. 즉, 석세션 경로를 설계하기 전부터 직원들과 학습의 중요성을 공유하는 것이 필요하다는 사실을 알고 있었던 것이다. 배움이 활성화된 조직으로 거듭나기 위해서는 긍정적 성과가 났든 부정적 결과가 나왔든 간에 모든 경험에 대한 정보를 문서화하고, 함께 토론할 수 있는 분위기를 만드는 것이 중요하다. 학습하는 조직은 직무를 수행할 때 새로운 방법을 시도하는 것에 대한 두려움이 없다. 즉, 변화를 수용하며 위험을 감수하는 것을 높이 평가한다. 또한, 지속적으로 정보를 공유하고 팀 간 협력을 촉진한다. 선진 사례로 소개된 기업들은 배움이 활성화된 조직, 학습하는 조직으로 거듭남으로써 글로벌 시장을 선도해 갔으며, 중요 직무에 우수 인력을 쉽게 배치할 수 있었다.

4 데이터에 기반을 둔 객관적인 의사결정을 하라.

과거에는 석세션플래닝을 과학적인 방법에 의해 측정되거나 관리될 수 없는 일종의 '예술(art)'로 바라보는 시각이 지배적이었다. 하지만, 이는 조직에 필요한 인재를 육성하고 유지하는데 부정적 영향을 미칠 수 있는 위험한 접근으로 평가받고 있다. 이후에 소개될 조직들은 기존의 인식에서 벗어나 석세션 프로그램을 과학적 개념으로 전환시키는 데 성공한 사례라고 할 수 있다. 이러한 전환은 마케터, 경제학자 및 공학자들의 시각으로 석세션플래닝을 재조명한 결과이며, 석세션 프로그램은 거듭된 분석을 통하여 신뢰성을 얻을 수 있었다. 데이터에 기반을 둔 의사결정으로 조직 내 후보군 분석은 물론 리더십 파이프라인을 객관적으로 검토 및 분석 할 수 있는 토대를 마련하였고, 직원의 역량이 향상되었는지를 정량적으로 판단할 수 있게 되었다. 또한 데이터에 기반을 둔 의사결정은 다양성(diversity), 경력진행, 육성과 같은 요인을 측정 가능하게 하여 '석세션-경력진행-육성' 방법론의 근간이 된다.

5 인재를 유형별로 분류하고, 직무와 연계해서 육성하라.

인재를 유형별로 분류하여 연계된 직무별로 배치하고 체계적으로 육성하는 것은 효율적으로 조직을 운영하여 성장을 이루는데 매우 중요하다. 또한, 석세션플래닝을 일회성 프로세스로 바라보아서는 안 된다는 관점은 '석세션-경력진행-육성'의 기본 원칙과도 궤를 같이한다. '분류'는 최고 성과자를 찾아내고 이들이 생산성에 미치는 영향을 인식하는 것을 의미한다. '연계'는 최고 성과자가 조직 내 영향력이 높은 직무를 수행할 수 있도록 배치하는 것이고, '육성'은 단순하게 말해 현재와 미래의 리더 후보군을 튼튼하게 구축해 놓는 것을 말한다. 조직의 경영진은 핵심 인재의 육성이 조직에 미치는 파급 효과가 매우 크다는 사실을 반드시 인식하고 있어야 한다.

6 성과주의 문화의 정착 정도를 지속적으로 점검하라.

직원 소수만이 자신의 잠재력을 최대로 발휘할 수 있는 것은 무엇 때문일까? 조직이 직원의 성과 향상을 돕는 방법에는 어떤 것이 있을까? 직원의 잠재력은 적합한 업무에 언제 어떻게 배치되느냐에 따라 직접적인 영향을 받게 된다. 잠재력과 업무 배치는 상호 배타적이지 않다. 또한 성과주의 문화를 지속적으로 점검하는 것은 장기적으로 석세션 체계의 성패를 좌우하는 중요한 요소이다. 역량의 향상을 위해서 조직은 적합한 시점에, 적합한 직무에, 적합한 사람을, 적합한 이유로 앉혀야만 한다. 그러나 조직은 이러한 일련의 과정에서 개인의 성과를 간과해버리기 십상이다. 직원의 잠재적 역량을 보고 특정 자리에 앉힐 뿐, 그 직원의 수행 결과는 측정하지 않는 것이다. 결국, 직원은 자신과 맞지 않는 직무에 머물며 수직적 승진도 수평적 이동도 할 수 없게 돼버린다. 조직은 인재 각자가 성과를 내고 있는지를 항상 확인해야 한다. 이 책에서 소개된 기업들도 성과를 중요한 요인으로 고려함으로써 결국 효과적인 리더십 파이프라인을 구축할 수 있었다. 지속적으로 성과주의 문화를 점검한다는 것은 성과 창출을 독려하고 직원과의 신뢰를 쌓으며, 이들의 조직에 대한 만족, 헌신, 유지 및 몰입도를 향상시킨다는 것을 의미한다. 성과주의 문화는 결국 전 직원이 자신에게 주어진 임무 이상으로 노력하도록 동기를 부여하게 될 것이다.

7 최고경영자가 아낌없이 지원하고, 직접 프로젝트에 참여하라.

일단 석세션 체계가 사업 목표와 연계성을 가지게 되면, 이제는 최고경영자의 지원이 뒤따라야 한다. 긍정적 성과를 내기 위해서는 최고경영자가 일련의 석세션 프로세스에 적극적으로 참여하는지 여부가 결정적이다. 직원의 성과를 촉진하고 석세션 프로그램의 연계성을 극대화하기 위해서는 석세션플래닝에 대한 최고경영자의 전적인 지원과 참여가 필수적이기 때문이다. 최고경영자는 조직의 미래가 인재의 육성과 직접적으로 연관되어 있음을 반드시 인식하고 투자를 아끼지 말아야 한다. 석세션의 과정은 필연적으로 변화를 수반하는데, 이때 최고경영자의 지원과 참여는 목표했던 궤도에서 이탈하지 않고 변화에 적응할 수 있도록 반드시 전제되어야 할 핵심 활동이다. 성공적 석세션플래닝을 위해서는 조직 내에서 일어나는 모든 활동이 인적 자본 관리와 인재 육성의 측면에서 이루어져야 할 것이다.

최근 인재의 부족 현상이 심화되면서 석세션플래닝은 기업이 달성해야 할 최우선 과제로 급부상하게 되었다. 본 장에서 우리는 석세션플래닝 프로세스를 효과적으로 수행하기 위한 7가지 이니셔티브를 검토하였다. 다음 장에서 소개될 기업 사례들은 비즈니스 니즈를 직접적으로 해결할 수 있는 강력한 석세션 프로그램을 설계하기 위하여 앞의 7가지 이니셔티브를 성실히 이행한 예이다. 다음의 조직들은 특히 석세션 체계의 가장 중요한 2가지 요소인 '사업전략과의 연계성 확보'와 '학습 조직의 구축'을 훌륭히 실천한 것으로 분석 결과 나타났다. 석세션플래닝에 있어서 가장 큰 어려움이 무엇인지도 함께 물어보았는데, 이들 조직 중 상당수는 '데이터에 기반을 둔 객관적 의사결정을 내리는 것'이었다고 답하였다. 이와 같은 어려움에도 불구하고 앞으로 살펴볼 조직들은 강력한 인재 풀(pool)을 구성하고, 직원의 경력경로를 설계하기 위해 다양한 도구와 방법론을 사용해 귀감이 되고 있다. 이들은 공통적으로 직원을 자산으로 바라보는 시각 전환의 중요성을 충분히 인지하고 있었고, 석세션플래닝을 우선적 과제로 삼아 우수 인재를 발견하고 육성하며 유지하는 것이 회사의 성과 창출에 결정적이라는 믿음을 가지고 있었다.

다음 장의 사례 연구를 통해 아래에 열거된 다양한 요소의 구체적 내용을 알 수 있을 것이다.

□ 사업 전략과 연계된 석세션

□ 직원 중심의 관점

□ 조직의 니즈에 부합하는 석세션 프로그램 설계와 실행

□ 피드백 및 분석

□ 성과

Part

2

Best Practices in
Succession Planning

석세션플래닝의
베스트 프렉티스

3

브라이트 호라이즌

BRIGHT HORIZONS FAMILY SOLUTIONS

사례 학습

'브라이트 호라이즌(Bright Horizons)'은 아동 관리, 조기 교육 및 삶의 질 향상과 관련한 다양한 솔루션을 제공하는 회사로, 급변하는 환경에 대처하기 위해 석세션 프로그램의 구축이 불가피했던 전형적인 사례로 평가되고 있다. 5년이라는 단기간 동안 시장 규모가 100% 이상 성장함에 따라 이를 감당할 수 있는 인재를 공급하기 위해 공식적인 석세션플래닝 체계가 필요했던 것이다. 조직이 거대한 변화의 소용돌이에 휩싸이게 되면 아무리 준비가 잘 된 경영자라 하더라도 진통을 겪기 마련이나, 브라이트 호라이즌은 석세션플래닝을 통하여 변화하는 사업 환경에 효과적으로 대처할 수 있었다.

이번 사례를 통하여 예상치 못한 상황에 직면한 브라이트 호라이즌의 경영진들이 어떻게 전략을 수정하였고, 얼마나 다양한 시각으로 상황을 판단하려 시도했는지, 또한 적절한 솔루션을 설계하려고 얼마나 노력했는지를 살펴볼 수 있을 것이다. 예시 3-1에 그 배경이 자세히 설명되어 있다.

2006년 1월 31일

브라이트 호라이즌에 관하여

"우리는 제품을 만드는 것이 아니다. 사람을 통한 소중한 서비스를 제공하고 있는 것이다. 훌륭한 선생님들이 훌륭한 센터를 만들고, 훌륭한 센터장이 훌륭한 센터를 이끈다. 인재야말로 우리 회사의 경쟁우위이다."

브라이트 호라이즌의 최고경영자, 데이브 리시(Dave Lissy)의 말이다.

최고재무관리자인 엘리자베스 볼랜드(Elizabeth Boland)는 "모든 부모의 재정적 풍요를 당연시 여기는 세상에서, 고객들이 보다 쉽게 생활을 꾸려갈 수 있도록 전문화된 서비스를 제공하는 회사가 바로 브라이트 호라이즌이다."라고 설명하였다.

브라이트 호라이즌의 미션은 아동, 가족, 직원 모두가 각자의 자리에서 최선을 다할 수 있도록 혁신적인 프로그램을 제공하는 것으로서 아동관리, 조기 교육 및 삶과 일의 균형을 찾는 데 도움이 되는 다양한 프로그램 및 솔루션을 제공한다. 브라이트 호라이즌은 금융, 의약품, 제조업, 보건, 기술, 정부, 교육, 엔터테인먼트, 비영리 단체 외에도 많은 산업분야와 파트너 계약을 맺고, 사회에 공헌할 수 있는 건강한 시민으로 아이들을 성장시키기 위해 아동 복지에 기반을 둔 커뮤니티를 구축하였다. 포천이 선정한 500대 기업 중 88개 기업과 2004년 '엄마들이 일하기 좋은 100대 기업' 중 54개 기업이 브라이트 호라이즌의 고객이다. 애벗래버러토리즈(Abbott Laboratories), 암젠(Amgen), 보잉(Boeing), 존슨앤존슨(Johnson & Johnson), 마이크로소프트(Microsoft), 타임워너(Time Warner), 와코비아(Wachovia) 등이 대표적인 고객이다.

비공식적 석세션플래닝

"과거에는 비공식적인 석세션이 가능했다. 일 잘하는 직원을 살펴두었다가 리더의 자질을 갖추었는지 직관적으로 판단하고, 누가 결국 승진 하는지 지켜보고 있으면 됐다. 하지만, 우리는 지난 5년간 두 배가 넘는 성장을 기록하였고, 여기서 다시 두 배로 성장할 계획을 세우고 있다. 이제는 더 이상 비공식적 석세션플래닝으로는 충분하지 않다. 우리는 석세션을 체계화해야 할 필요성을 절감하고 있었다."라고 데이브 리시 는 고민을 털어놓았다. 지난 5년 간 직원 수가 8,000명에서 16,000명 으로 증가하면서 브라이트 호라이즌은 많은 변화를 경험해 왔고, 향후 5년 내에 현재 운영 중인 600개의 센터를 1,200개로 증가시킬 것을 목 표로 하고 있다. 이제 비공식적인 프로세스로는 우수 인재를 모니터링 할 수 없는 규모로 성장해 버렸고, 적절한 기술을 보유하고 있는 사람을 찾기도 그만큼 어려워졌다. 이에 브라이트 호라이즌은 예측 가능한 석 세션플래닝 체계의 구축을 시급한 과제로 정의하였다. 리시는 석세션플 래닝 체계 도입의 필요성을 절감하였다며, "나를 포함한 모든 경영진이 이 문제에 체계적으로 접근하기로 합의하였다. 우리에겐 확고한 석세션 프로세스가 필요하다."라고 말했다. 이와 같은 인식은 2004년 브라이트 호라이즌의 모든 경영진이 모여 진행한 경영진 회의를 통해 더욱 확고 해졌다. 몇 개의 조로 나뉘어 회사가 당면하고 있는 전략적인 이슈를 검 토하고 공유한 결과, 모든 참석자가 회사의 성장을 위해 인재 육성이 반 드시 필요하다는 것에 동의하였고, 공식적인 체계 및 충분한 자원, 전 직원이 공유 가능한 일관된 메시지가 없다는 점도 함께 지적되었다. 인 재의 육성이 경영진의 최우선 과제임을 확인한 후, 새롭게 영입된 HR 부사장 댄 헨리(Dan Henry)는 세계적인 수준의 인재 육성을 위한 방법을 모색하기 시작하였다.

2005년 2분기에 댄 헨리 부사장과 그의 팀은 전 세계에 퍼져 있는 모든 지사에서 250명의 핵심 인재를 선별하고 이들을 대상으로 '성장과 학습 프로세스(Growth and Learning Process)' 구축을 위한 파일럿을 실시하였다. 이는 기존에 실행되고 있던 프로세스를 고성과 창출의 수단으로 보완하기 위한 작업이었다. 우선 현 상태를 객관적으로 점검하기 위해 지역별 간부와 부서장들을 직접 만나서 무엇이 잘 되고 있고 무엇이 잘 안 되고 있는지에 대한 피드백을 받았다. 지금까지 진행돼 온 석세션은 각 사업장의 상황을 단편적인 수준으로만 반영하는 데 그치고 있다는 것이 지배적인 평가였다. 또한, 많은 간부가 이전 회사 또는 아래 직급에 있을 때 사용했던 자신만의 석세션 스타일을 그대로 적용시키고 있다는 것이었다. 간부들이 각자의 양식을 사용하는 탓에 직원 평가를 위해 사용되는 양식이 한 지역에서만 무려 17개인 곳이 있을 정도다. 전사차원에서 통합되거나 체계화되지 않은 상태에서 모든 작업들이 사업장 단위로 이루어지고 있었다.

한편, 다른 분야와는 달리 본사의 재무부서에는 '역량 체계'로 불리는 인재 육성 체계가 운영되고 있었다. 특정 직책에 오르기 위해 요구되는 역량 및 경력을 정리한 '역량 맵'이 구축되어 있고, 직책별로 후보자 6~8명이 선정돼 역량 맵에 따라 역량 개발이 이루어진다. 그러나 이마저도 체계화된 절차는 아니었으므로 소모적인 논의가 반복되었다. 일각에서는 이러한 과정을 보다 정교화시켜야 한다고 충고하였으나, 회사가 너무도 빠르게 성장하고 있어서 체계적으로 정립시킬 여유가 생기지 않았다. 또한, 역량 평가의 기준으로 제시된 행동 수준은 높은 점수를 받기가 거의 불가능할 정도로 엄격히 정해져 있어서, 관리감독자가 보기에는 높은 수준의 역량을 지닌 직원에게도 긍정적인 평가를 내릴 수가 없었다. 최고재무관리자 엘리자베스 볼랜드는 "기존의 역량 체계로는 성공하기 어렵다. 필요한 대화가 오고 갈 수 있는 시스템도 아니고, 좋은 역량을 보유한 직원이라 하더라도 좋은 점수를 받기가 거의 불가능하다. 변별력도 떨어지고 추가적 코멘트를 달 여지도 없다."라고 평가하였다. 이렇다 보니 석세션과 관련된 개별 정보가 전체적인 구조와 연계될 리 만무한 상황이었다.

경영자 석세션을 위해 구축된 '리더십 개발 프로그램'은 리더가 좋게 본 직원들을 실제 비즈니스 상황에 투입시켜 경험을 쌓도록 기회를 주는 공식화된 체계였다. 직원들은 최고경영자인 데이브 리사나 최고운영책임자인 메리 앤 토시오(Mary Ann Tocio) 등과 함께 실제 사업운영에 참여할 기회를 얻게 된다. 리더십 개발 프로그램 또한 리더십 개발을 목적으로 한 프로그램이었기 때문에 전체 석세션과 연계되지는 않은 점은 마찬가지였다. 리더십 개발 프로그램, 재무부서의 역량 체계, 기타 사업 분야의 평가 프로세스는 각기 따로 운영될 뿐 서로 간의 연계성이 없었다. 전반적 체계는 쓸만했으나 통합적 체계로 발전하지는 못한 것이다.

결국, 직원 중 상당수는 육성 프로세스나 석세션의 기회를 전혀 제공 받지 못하였다. 타 사업을 지원하는 성격의 직무를 담당하고 있거나, 센터에 근무하는 저직급자의 경우에는 다양한 프로그램이 있음에도 불구하고 수혜 받지 못하는 경우가 허다했다. 이제 브라이트 호라이즌이 내려야 할 결단은 단 하나, 전 직원이 참여할 수 있는 연계성 있고 측정 가능한 체계, 전사차원의 비즈니스 전략과 하위 프로세스와 함께 조화를 이루는 체계를 개발하는 것이었다. 브라이트 호라이즌은 잠재적 인재를 선별하고 육성하며 이들의 역할 확대를 도모할 수 있는 전략과 연계된 체계화된 도구가 필요하였다. 대규모의 변화를 단행할 경우, 직원과의 커뮤니케이션이 무엇보다 중요하기 때문에 경영진이 가장 먼저 실행에 옮긴 것은 효과적이면서도 단순한, 전문적이면서도 쉬운 메시지를 개발하고 공유하는 것이었다. 그리고 이를 전 세계에 퍼져 있는 직원 모두에게 효과적으로 전달하기 위해, 새로운 개념과 체계를 지원할 수 있는 제

도가 필요했다. 그야말로 대규모의 프로젝트였으며, 실제로 정착되는
데에 18개월이 소요되었다.

기업의 핵심 이념과 연계된 측정 가능한 석세션 체계의 수립

석세션 체계를 수립하는 과정에서 브라이트 호라이즌은 석세션 시스템
의 초석이 될 몇 개의 메시지를 개발하였다. 우선 조직에 큰 영향을 미
치는 4개의 영역을 선정하고 각 영역의 중요도를 파악하였다. 첫 번째
영역은 '사람'이다. 이 영역은 직원 육성에 중점을 두며, '하트 리더십
(heart leadership)'이라는 별칭이 붙었다. 두 번째 영역은 '성과', 즉 재무적
성과와 회사 성장에 기여한 정도이다. 세 번째 영역은 '파트너십'이며 아
동, 부모, 협력사, 회사 내부 동료 및 팀에 적극적으로 응대하고 서비스
를 제공한 수준을 말한다. 네 번째 영역은 '프로그램'이며 교육상품, 아
동육성, 부모지원 서비스 등의 실제 상품을 강조하였다. 이 네 영역이
4P(People, Performance, Partnerships, Programs: 이하 4P)이다. 4P는 리더십의 척
도이자 성과 창출의 필수적 요인이므로 '4P에 해당하는 영역에서 성과
를 냈는지' 여부를 확인하는 등 평가 기준으로 활용하는 것도 가능하다.
이제 브라이트 호라이즌의 다음 과제는 개발된 4P를 어떻게 정교화시
킬 수 있을 것인가였다.

헨리는 다른 경영진들에게 '변화가 일어나고 있는지를 알 수 있는 척도'
에 대해 질문한 후 답변을 분석하였다. 그 결과 12가지 보편적인 학습
요소를 정의할 수 있었는데, 각 요인은 다시 '학습(learning), 성장(growing),
지도(teaching)'라는 3개의 하위 요인으로 분류되었고 관찰 가능한 행동양
식이 구체적인 언어로 표현되었다. 헨리와 그의 팀은 이를 지원 직무를
담당하는 직원을 위한 버전과 사업 수행 직무를 담당하는 직원 버전을
개별적으로 개발하였다.

석세션과 관련하여 공통의 메시지나 프로세스가 구축되기 이전에도 공통의 두려움은 있었다. 그 중 하나는 사람을 평가하는 것에 대한 두려움 즉, 피평가자의 방어적 태도에 대한 우려였다. 어떻게 하면 대화와 성장을 촉진하는 수단으로 평가를 활용할 수 있을 것인가? 개인 자체와 결과를 구분하는 것이 가능한가? 발전 방향을 제시해 주지도 못할 거면서 피드백을 제공하는 것은 과연 옳은 일인가? 개선이 필요하다고 지적하는 것과 개선을 위해 필요한 자원을 제공해 주는 것은 별개의 일이며, 또 개선을 위한 자원이 늘 준비되어 있는 것은 아니기 때문에, 평가자들이 애를 먹는 경우가 종종 생겼던 것이다. 결국, 직원들은 4P가 도움이 되는 것은 분명하지만, 구체성은 떨어진다고 판단하였고, 이러한 모호성 때문에 4P 체계를 사용하는 것 자체를 기피하기 시작했다. 4P가 궁극적으로 조직의 이념과 연계된 체계로 발전시키기 위해서는 구체화가 필수적이었다.

헨리는 구체성을 강화하기 위해 한 가지 방법을 제시했다. '무엇(what)'과 '어떻게(how)'를 구분해야 할 필요성을 인식한 것이다. "화가를 고용했다고 가정하자. 그가 아무리 훌륭한 솜씨로 실수 없이 집을 그리더라도 색깔을 잘못 선택했다면 그건 좋은 결과물이라고 보기 어려울 것이다. 이는 목표치 이하의 결과이다. 즉, 화가가 훌륭한 잠재력이 있음에도 불구하고 목표 이하의 결과가 나올 수 있다는 것이다. 이것이 바로 '무엇'과 '어떻게'를 구분하는 것, 즉 잠재력과 결과, 사람과 행동을 구분하는 것이다." 이러한 구분을 인식하고 난 후, 임원들은 직원의 잠재력을 인정하는 동시에, 관찰 결과에 대해 정직하게 이야기하고 때로는 비판을 가할 수도 있는 면담을 이끌 수 있었다.

12가지 학습 요소

브라이트 호라이즌은 12가지 평가 요소와 9개의 블록으로 이루어진 석세션플래닝 도구를 활용하고 있다. 12가지 평가 요소는 4P를 보다 구체적으로 설명하는 모범 행동 사례를 제시한 것이다. 즉, 표 3-1에 나와 있듯이, 알파벳 'P'로 시작하는 4개의 요인 각각을 충족시키기 위해 필요한 세부적 행동 사항을 열거한 것이 바로 12가지 요소이다. 4P 중 첫 번째 'P'는 '사람'의 영역으로서 '효과적인 커뮤니케이션(effective communication)', '성과 관리(managing performance)', '육성 지도(guiding the development of others)', '솔선수범(leading by example)'의 4개 요소로 구성되어 있다. 두 번째 'P'는 '파트너십'으로 '효과와 존중의 파트너 관계(effective and respectful partnerships)', '즉각적인 대응(responsiveness)', '변화 관리 및 유연성(change management and flexibility)'의 3개 요소를 포함한다. 세 번째 'P'인 '성과' 측면은 '재무관리 및 성장(financial management and growth)', '효과적인 비용 및 예산 운영(effectively managing expenses and budgets)', '재무 정보의 활용(leveraging financial information)'의 3개 요소로 구성되었으며, 마지막 'P'는 '프로그램'으로 '서비스 품질(quality of care and service)', '세계적 수준의 기본 소양(world-class fundamentals)'의 2개 요소이다.

12가지 요소는 각각 관찰 가능한 구체적인 행동 사례로 표현된다. 이 행동 사례들은 모든 직책에 두루 적용 가능하면서도 직원 개개인의 역할 특성에 맞게 기술될 수 있다. 예를 들어 12가지 요소 중 파트너십 요인의 행동 척도인 '변화 관리 및 유연성'의 경우를 살펴보자. 직책의 특성에 맞게 기술되므로, IT 본사의 행동 척도와 리더십 센터의 행동 척도는 다를 것이다. 다른 요인들도 마찬가지이다. 각 요인을 표현하는 서술문은 직책과 역할에 맞게 다르게 기술될 수 있다는 지침 아래 임원들은 특정 직책과 역할에 필요한 지식, 기술, 특성(KSA: Knowledge, Skills and Attributes)을 결정할 수 있고, 이에 맞는 역량개발계획을 수립할 수 있다. 이와 같은 방법으로 브라이트 호라이즌은 보편적인 동시에 구체적인 체계를 수립할 수 있었다.

표 3-1 **4P와 12가지 요소**

4P	12가지 학습 요소
사람(People) (하트 리더십: Heart Leadership)	효과적인 커뮤니케이션 '하트(마음에서 우러나온) 실천 원리'에 따름 다른 사람의 성장과 학습을 지원 성과 관리
파트너십(Partnerships)	강력한 파트너 관계의 구축 고객에게 양질의 서비스를 제공 유연한 행동 양식 및 변화 관리
성과(Performance)	예산 모델 및 처리 프로세스의 이해 재무적인 정보 활용 회사 재무의 관리자 역할의 수행
프로그램(Program)	우수한 성과 창출 직무 지식의 활용

4P와 12가지 요소는 여러 측면에서 역량 지표와는 다르다. 첫째, 4P와 12가지 요소는 특정 기술을 평가하는 역량보다 보편적이며 광범위한 개념이다. 역량은 보다 구체적이고 직책에 초점을 둔 평가를 하는 게 특징이다. 둘째, 12가지 요소는 역량보다 유연하며 평가 시간이 절약되는 장점이 있다. 조직이 원하는 바가 각 요인별로 분명하게 정의되기 때문에 전사적 방향성과 연계되면서도 해당 직책에 부합하도록 유연하게 필요한 행동을 구체화할 수 있다. 또한 임원 각자의 고유한 양식을 활용할 수 있고 많은 시간이 소요되는 인터뷰 및 문서 작성의 번거로움을 피할 수 있다는 특성이 있다. 셋째, 4P와 12가지 요소는 성과 수준을 평가하는 도구를 보완한다. 예시 3-2는 성과 측정을 위한 '성장 및 학습 계획'이다. 경영진은 매년 4P의 관점에서 전사적 전략을 개발하고, 각 사업부의 임원들은 사업부에 필

요한 구체적 과업에 부합하는 방식으로 4P와 12가지 요소를 활용한다. 이렇게 해서 브라이트 호라이즌은 전사 전략과 연계되어 있으면서도 관찰 가능한 행동에 초점을 둔 유연한 성장 및 학습 체계를 구축하게 되었다.

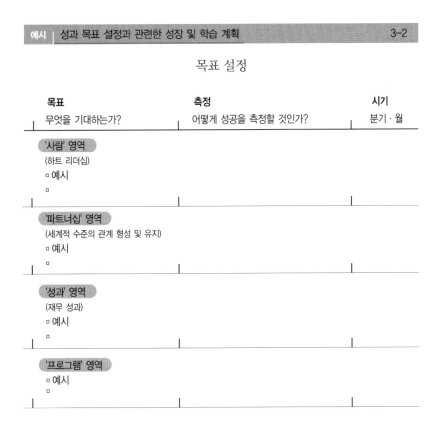

예시 | 성과 목표 설정과 관련한 성장 및 학습 계획 3-2

목표 설정

목표 무엇을 기대하는가?	측정 어떻게 성공을 측정할 것인가?	시기 분기 · 월
'사람' 영역 (하트 리더십) ▫ 예시 ▫		
'파트너십' 영역 (세계적 수준의 관계 형성 및 유지) ▫ 예시 ▫		
'성과' 영역 (재무 성과) ▫ 예시 ▫		
'프로그램' 영역 ▫ 예시 ▫		

9 블록 석세션플래닝 도구

브라이트 호라이즌은 또한 그림 3-1에 제시된 9 블록 석세션플래닝 도구를 활용하였다. 9 블록 도구는 '피평가자가 무조건 방어적인 태도를 취하지 않을까?'하는 우려를 해소하는 것을 포함해, 평가와 관련된 많은 이슈에 시사점을 남긴다. 이 도구 또한 '무엇'과 '어떻게', '사람'과 '결과', '잠재력'과 '성과'를 구분하고 있다. 세로축은 '사람의 잠재력', '누구'를 의미한다. 가로축은 '결과' 즉, '무엇'을 의미하며 관찰된 행동을 표현한다. '사람'과 '성과'를 구분 짓는 관찰 가능한 행동이 무엇일지에 대해 생각해 보는 것도 좋은 공부가 될 것이다. 앞서 9 블록 석세션플래닝은 피평가자가 방어적 태도를 취하는 것을 최소화한다고 언급한 적이 있는데, 이는 9 블록을 사용함으로써 평가자의 주관적인 인식 대신, 관찰 가능한 행동을 통해 성과를 측정할 수 있기 때문이다. 다시 말해 '주관적 판단'이 아닌 '객관적 결과'에 초점을 두는 것이다.

그림 3-1 9 블록 석세션플래닝

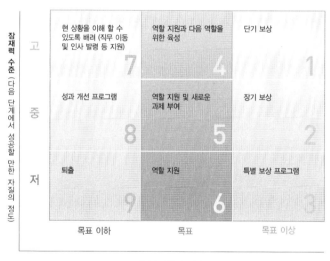

그렇다면, 9 블록은 어떻게 사용하는 것인가? 최근 경영진 회의에서 사업본부장들은 9 블록을 활용하여 토의를 진행하고 인재를 평가했는데, 그 기

본적 진행 방식은 다음과 같다. 9 블록의 포스터가 벽에 걸리고, 본부장들은 직원의 이름과 그에 대한 자신의 평가를 기재해 포스터 위에 붙인다. 메모를 붙일 자리에는 미리 개인의 잠재력 수준을 의미하는 세로축과 성과를 보여주는 가로축이 그려져 있다. 세로축은 해당 인재가 향후 승진을 했을 때 잘 해낼 수 있을 지 그 잠재력을 측정하는데, 개인의 전반적인 잠재력보다는 다음 단계의 업무를 성공적으로 수행할 수 있는 자질이 있는지에 초점을 둔다. 가로축은 개인의 관찰 가능한 성과와 측정된 결과를 나타낸다. 본부장들은 자신이 내린 평가에 대해 직접 관찰한 사실, 구체적인 예시 또는 수치화된 성과 결과를 근거로 제시해야만 한다는 원칙을 미리 알고 있기 때문에, 일반적으로 9 블록과 관련된 데이터를 수개월 전부터 수집해 놓는다. 이러한 데이터는 4P와 직접적으로 관련된 것이어야만 한다. '이 직원은 과연 4P의 관점에서 성과를 낼 수 있을 것인가?', '수행 결과는 어떻게 증명할 것인가?', '승진시켰을 경우 높은 성과를 낼 수 있을 만한 잠재력을 가졌다는 것을 어떻게 정당화할 수 있는가?' 등의 질문에 대답할 수 있도록 자료를 준비해야만 한다.

각 본부장은 15,000명 이상의 직원을 관리하고 있고, 평가 후 보고서를 작성해야 하는 대상인 잠재적 리더만도 150명이 넘는다. 포스터에는 150개가 넘는 후보자의 이름이 적히고 이들 모두에 대한 논의가 차례로 이루어진다. 본부장 각자가 자신의 평가에 대한 근거를 설명하고 난 후 허심탄회한 대화를 통하여 평가 대상자의 최종 위치를 결정하는 것으로 세션이 마무리된다. 토의가 진행됨에 따라 누가 리더의 자질을 가지고 있고 승진할 준비가 되었는지, 리더십에 있어서 중요한 것이 무엇인지에 대한 본부장 간 동의가 이루어지고, 이러한 조정의 과정을 통하여 브라이트 호라이즌의 모든 임원은 표준화된 평가 기준을 세워, 궁극적으로 바람직한 인재상에 대한 일관된 시각을 공유할 수 있게 된다. 또한, 경영진은 인재의 파이프라인을 구상함으로써 효과적 석세션플래닝을 구축하고 상황에 따라 유연하게 수정 및 보완을 할 수 있다.

석세션플래닝 프로세스는 형식적인 문서 작성을 최소화하고 실질적인 대화 세션을 최대화하는 것이 특징이다. 9 블록 세션을 통해 인재에 대한 토론을 해야 한다는 사실은 본부장들로 하여금 석세션의 전 과정에 책임감을 가지고 참여하고, 인재의 육성과 각자의 발전 정도를 수치화된 자료를 통해 증명하고자 하는 강력한 동기를 갖도록 한다. 평가자로서 자신이 내린 평가가 매년 향상되어간다는 사실을 세션 중 보여주고 싶어하는 본부장도 생겨나게 될 것이다. 1년 후에는 다음 해의 석세션을 위한 새로운 9 블록 포스터가 작성된다.

성장과 학습 프로그램

브라이트 호라이즌의 통합적 석세션 프로세스는 '성장과 학습 프로그램'으로 불리고 있다. 석세션플래닝과 관련한 모든 체계를 포괄하는 개념인 이 프로그램은 명칭 자체로도 브라이트 호라이즌의 석세션 체계에 관한 많은 정보를 제공하는데, 모든 직원은 학습 요인의 세 가지 영역 즉, '학습', '성장' 혹은 '지도' 중 한 단계로 평가된다. '학습 단계'의 직원은 필요한 기술을 배우고 해당 요인과 관련된 행동 양식을 개발할 수 있는 '학습'의 기회를 찾아야만 한다. 이러한 학습의 기회를 찾기 위해 '지도 단계'의 평가를 받은 직원을 만나 조언을 구하거나, 브라이트 호라이즌의 온라인 대학인 '브라이트 호라이즌 대학'의 교육 과정에 참여할 수 있다. 권고하는 행동 양식을 전혀 보이지 않거나, 드물게 보인다면 '학습 단계'에 포함되고 권고된 행동 양식을 '학습'하도록 조치가 내려진다. 만약 권고된 행동 양식을 정기적으로 실행에 옮긴다면 '성장 단계'로 진입하는 것이다. '성장 단계'의 직원은 권고된 행동을 자주 실행함으로써 타인에게 모범이 되는 역할 모델로서 '성장' 중인 것이다. 전 단계에서 필요한 행동 양식을 생활 속에서 실천하는 법을 '학습'하고, 지속적으로 실천하는 단계로 '성장'한 후에 비로소 '지도 단계'로 들어서게 된다. '지도 단계'의 직원은 어떠한 상황에서도 항상 권고된 행동을 실천함으로써 기대한 성과를 창출해 낸다. 새로운 도전에 직면하게 되더라도 지속적으로 성과를 창출해 내는 단계가 바로 '지도 단계'이다. 언제나 필요한 행동 양식을 실천하는 데에 그치지 않고, 전례가 없는 상황에 놓이더라도 스스로 적절한 조치를 취해 긍정적인 결과를 낼 수 있는 역량이 필요하다. 표 3-2에 자세히 설명되어 있다.

브라이트 호라이즌의 성장과 학습 프로그램은 조직을 통한 성장과 학습을 지원하기 위한 로드맵이다. 이 프로그램은 직원이 현 직무에서 성공할 수 있도록 할 뿐 아니라 승진 이후 맡게 될 역할도 준비할 수 있도록 설계되었다. 전 직원은 자신만의 성장과 학습 프로세스를 갖게 되며 여기에는 진단, 학습 계획, 측정 가능한 성과지표를 수반한 연간 계획, 육성 평가 및 경력 경로가 포함되어 있다. 4P 및 12가지 요소에 대한 개인별 진행 상황을 진단하고, 처방하며, 검토 및 측정하기 위한 종합적인 프로세스인 것이다. 성장과 학습 프로세스는 직원 각자가 맡은 직무가 전사적 성공과 어떻게 관련되는지 그리고 미래에는 어떤 역할을 수행하게 될지를 정의하므로, 직원 각자의 경력 개발을 책임진다고 해도 과언이 아니다. 또한, 직원이 경력목표를 이루어 가는 과정 중 어느 단계에 와 있는지 확인하고 싶을 때 쉽게 활용할 수 있는 도구가 바로 9 블록 석세션 도구이다. 직원들은 현재 자신이 목표 수준 이하(Below Target: BT)인지, 목표 수준(On Target: OT)인지, 목표 수준 이상(Above Target: AT)인지를 확인할 수 있고, 역할 단계 상승과 관련하여 자신에 기대되는 정도 즉, 잠재력을 확인할 수 있다. 하나의 차트를 통해 석세션플래닝과 관련한 두 가지 중요한 요인인 '성과'와 '잠재력'을 동시에 표현하는 것이다.

성장과 학습 프로세스는 5개의 비교적 간단한 단계로 운영된다. 1단계는 목표 수립으로, '직원 각자가 6개월 혹은 1년 후 어느 위치에 있고 싶어 하는가?'를 고려한다. 2단계는 직무 성과에 대한 평가이다. '이 직원은 현재 어떻게 해나가고 있는가?'라는 질문과 관련된다. 3단계는 기술 및 학습 정도의 판단 단계로서, 직원 각자는 업적 및 학습의 현 위치에 대한 피드백을 받을 수 있다. 이 세 단계를 완료하게 되면 모든 정보가 취합되어 성장과 학습 프로세스가 완성된다. 전 직원이 미래를 향해 도약할 수 있도록 브라이트 호라이즌 대학 등 다양한 교육 프로그램을 지원하고, 개인의 현 위치와 1년 후의 희망 위치를 확인함으로써 다음 단계로 나아가기 위한 실질적인 계획을 수립할 수 있다. 성장과 학습 정도를 평가한 정보가 성장과 학습 프로세스라는 프로그램으로 통합되는 것은 다음 단계이다. 일반적으로 연 1회 이상 평가가 실시되는데, 상황에 따라 몇 번이고 반복될 수도 있는 유동적인 과정이다. 마지막 5단계는 석세션플래닝의 단계로서 9 블록 도구를 활용하는 단계이다. 임원들이 인재에 대해 평가를 내리고 조직 전반의 향상 수준을 진단하게 된다. 성과 평가를 통한 진단 방법도 자주 사용되는데, 예시 3-3에 사례가 나와 있다.

표 3-2 **성장 단계별 관찰 포인트**

성장 단계	관찰 포인트
학습	개별 학습 요소로 제시된 행동을 실천하는 모습을 전혀 볼 수 없거나 아주 가끔 관찰할 수 있다. 좀 더 학습할 필요가 있다.
성장	개별 학습 요소로 제시된 행동을 항상 보이거나 매우 자주 실천에 옮긴다. 학습 요소 행동을 위한 역할 모델로서 훌륭하게 성장하고 있다.
지도	개별 학습 요소로 제시된 행동을 항상 실천하고 있다. 역할 모델로서 학습 요소 행동을 다른 사람에게 지도해도 손색이 없는 수준이다.

기술지원 체계

성장과 학습 프로세스의 구축은 브라이트 호라이즌의 석세션플래닝 전반에 향상을 가져왔다. 브라이트 호라이즌은 석세션 운영에 활용할 온라인 솔루션을 개발했으며, 현재 전 직원이 사용 중이다. 석세션플래닝을 역동적인 하나의 프로세스로 발전시키기 위해서는 기술적 지원이 필요했으며 브라이트 호라이즌은 활용도가 높으면서도 쉽게 적용 가능한 IT 시스템을 개발하였다. 직원 각자가 온라인 시스템을 이용하여 현 진행상황 또는 과거 정보를 언제든 확인할 수 있고 변경 사항을 스스로 업데이트시킬 수도 있다. 임원들도 직원들에게 목표 설정을 하도록 독려하거나 직원에 대한 평가 작업을 온라인 상으로 실시할 수 있으며, 직원들은 임원에게 추가적 피드백을 요청하는 등 평가자와 피평가자 간의 모든 교류가 온라인 시스템을 통해 이루어진다. 이처럼 브라이트 호라이즌은 단순하지만, 효과적인 온라인 시스템을 통하여 석세션을 지속 가능한 프로세스로 구현해낼 수 있었다.

| 예시 | 성과 평가 | 3-3 |

이름: _____   직책: _____
검토 완료 일자: _____ 까지   검토 일자: _____
상사의 이름: _____   종합평가등급: _____
하나를 선택하시오 : 상사 · 본인   하나를 선택하시오 : 6개월 · 연간 검토

"우리는 리더로서 지속적인 성장과 개선을 위해 노력한다."
'하트 실천 원리(Heart Principles)'

지표	성과
목표 수준 이상	당해 연도에 할당된 목표를 지속적으로 초과 달성함
목표 수준	당해 연도에 할당된 목표에 미치며 종종 초과 달성함
목표 수준 이하	당해 연도에 할당된 목표를 어느 정도 달성은 했으나 모두 달성하지는 못 함

결론

브라이트 호라이즌은 아동을 위한 관리, 교육 개발 등의 서비스 수준을 향상시키면서 동시에 재무 상태가 튼튼한 회사로 거듭나야만 하는 상황에 부딪혔다. 서비스의 질을 떨어뜨리지 않으면서 더욱 비용효율적인 방식으로 고객을 만족시켜야만 했던 것이다. 브라이트 호라이즌은 '평가 제도를 강화하는 동시에 직원의 사기를 해치지 않고, 고객에 대한 높은 수준의 서비스 제공을 지속할 수 있는 조직 문화를 구축할 수 있을까?', '이 둘을 동시에 추구하는 것이 과연 가능한 일인가?'라는 고민을 하기 시작했고, 결국 그들이 내린 대답은 '가능하다'였다. 불가능해 보였던 브라이트 호라이즌의 도전은 4P 및 성장과 학습 프로그램을 통해 현실화되었고, 전사적 전략으로부터 시작하여 개인 단위의 육성 계획에 이르기까지 모든 프로세스가 연계된 석세션플래닝 체계가 구축되었다. 브라이트 호라이즌의 석세션플래닝 체계는 실용적이고 접근이 쉬우며, 측정 가능하면서도 유연한 체계라는 평가를 받고 있으며, 그 단순함과 효과성으로 볼 때 최고에 가까운 시스템이라고 해도 과언이 아니다.

시사점

지금까지 브라이트 호라이즌의 사례를 살펴봄으로써, 급격한 성장을 경험 중인 조직이 당면할 수 있는 이슈를 해결하는 방법에 대해 고민해 보았다. 비슷한 환경에 놓인 회사가 참고하면 유용할 만한 사항을 정리해 보면 다음과 같다.

⤷ 조직이 공식적 석세션플래닝의 필요성을 인식하게 되는 데는 다양한 요인이 작용할 수 있다. 브라이트 호라이즌의 경우에는 공식적 석세

션 체계의 도입 이전 상당 기간 '비공식적인' 석세션 전략을 실행하고 있었다. 그러나 5년 동안 회사의 규모가 2배로 커지면서 기존 전략으로는 효과를 내기가 어려워지자 더욱 공식적인 체계가 절실해졌다.

↪ 브라이트 호라이즌의 기존 석세션 프로그램은 잠재력이 있는 인재를 예의주시하는 정도에 불과했고 이는 물론 다분히 비공식적이었다. 이에 채용, 유지, 승진, 육성을 연계시키고, 전사적으로 일관된 방식으로 진행될 수 있는 공식적이고 구체적인 석세션플래닝을 수립할 필요가 대두되었다.

↪ 브라이트 호라이즌이 석세션 체계의 문제를 조기에 파악하고 효율적인 솔루션을 내 놓을 수 있었던 것이 '커뮤니케이션' 때문이었다는 사실은 시사하는 바가 크다. 브라이트 호라이즌이 애초에 공식적인 석세션 체계가 없었다는 사실을 인식할 수 있었던 것도 경영진이 참여한 연중 회의에서 소그룹별로 회사가 당면한 전략적인 이슈에 대해 검토한 것이 계기가 되었다. 여기서 우리는 회사의 성장에 직결된 이슈를 파악하기 위해서는 사업 전반에 대해 평가를 하는 자리를 자주 마련해야 한다는 교훈을 얻을 수 있다.

↪ HR 부사장 댄 헨리에 의해 고안된 4P는 석세션플래닝의 발전된 형태를 보여주는데, 직원 평가의 척도로 활용하기 위해 조직이 우선하여 생각하는 가치들을 표준화된 리스트로 개발했다는 점에서 의미가 크다고 할 수 있다. 전 직원이 같은 가치를 반영한 리스트로 평가되기 시작하면서 부서별로 다른 프로그램을 개발할 필요가 없어졌다.

↪ 12가지 학습 요인은 기존에 수립된 4P 프로그램을 정교화시키는 역할을 하였다고 평가를 받고 있는데, 이는 기존 체계에 12가지 요소가 추가되면서 4P의 약점이었던 모호성을 완전히 제거할 수 있었기 때문이다. 구체적인 행동 기술로 이루어진 행동 모델 리스트를 개발하여 고성과자를

가려냄으로써 부정적 측면이 아닌 긍정적 측면에 초점을 둔 정확하고 신속한 핵심 인재의 파악이 가능하였다.

⤵ 9 블록 역시 브라이트 호라이즌의 석세션 체계의 핵심적 도구이다. 전 사업본부장이 함께 모여서 협력 과정을 통해 논의한다는 개념은 소속이 다른 직원들의 성과를 동일한 기준을 사용하여 비교할 수 있게 해 준다. 또한, 9 블록 세션 동안 직원들의 순위가 토의를 통해 합의되기 때문에 본부장들이 자신이 내린 평가에 책임감을 느끼게 되었음은 물론이다.

⤵ 성장과 학습 과정은 간과되기 쉽지만, 브라이트 호라이즌의 석세션플래닝이 자생력을 가질 수 있도록 핵심적 역할을 하고 있다고 해도 과언이 아니다. 핵심 인재를 선별하여 벤치 시스템으로 확립해 놓는 것만으로는 충분하지 않기 때문이다. 보다 더 중요한 것은 후보군을 위한 육성 계획을 수립하고 실행에 옮기는 작업이다. 잠재력 있는 챔피언을 지속적으로 육성한다면 그 조직은 역량 있는 석세션 후보자들로 넘쳐날 것이다.

⤵ 브라이트 호라이즌 대학은 핵심 인재들이 자율적으로 학습할 수 있도록 온라인으로 지원하는 역할을 한다. 단순한 강의 제공에 그치지 않고 언제 어디서나 접근 가능한 양방향의 교육 체계를 구축함으로써 브라이트 호라이즌은 검증된 방식으로 직원을 육성하고 있는 것이다.

⤵ 우리는 독자들이 브라이트 호라이즌의 석세션 프로그램에 대해 비판적 시각으로 고민해보는 시간을 갖기를 권하는 바이다. 다음과 같은 질문을 해 볼 수 있을 것이다. '브라이트 호라이즌 석세션플래닝의 장점과 단점은 무엇인가?', '내가 다니고 있는 회사에서도 브라이트 호라이즌의 석세션 프로그램이 효과를 거둘 수 있을까?', '효과를 거둘 수 있다면 그 이유는 무엇일까? 없다면 또 그 이유는 무엇일까?'

도와주신 분

그레그 즈레보(Greg Zlevor)는 교육 컨설팅 및 임원 코칭 전문 회사인 웨스트우드 인터내셔널(Westwood International)의 설립자이자, 보스톤 대학의 학부생 대상 리더십 프로젝트의 설립자이다. 소규모 회사 외에도 포춘(Fortune) 선정 대기업들과 꾸준히 프로젝트를 진행 중이며, 최근 고객으로는 인텔(Intel), 볼보(Volvo), 허니웰(Honeywell), 존슨앤존슨(Johnson & Johnson), 미국 연방 정부 및 제너럴 일렉트릭(General Electric) 등이 있다. 다수의 논문을 발표했으며, 최근에는 '변화 챔피언 실무가이드(Change Champion's Field Guide)'라는 제목의 글을 발표하기도 하였다. 즈레보는 글로벌 리더십 개발 협회(Global Institute for Leadership Development) 등 많은 리더십 관련 단체에 정기적으로 기고 중이다.

4

시그나
C I G N A

사례 학습

필라델피아 소재 건강 관련 서비스 및 보험 회사인 '시그나(Cigna)'는 혁신적인 석세션플래닝 프로세스를 구축하고 실행하는 데 성공하였다. 이 장에서는 시그나의 새로운 석세션 체계 구축을 위한 실행 단계에 대해 자세히 살펴보고, 석세션 체계 도입의 베스트 프렉티스를 제시하고자 한다.

이번 사례는 특히 석세션플래닝의 도구 개발 과정을 단계적으로 보여주기 때문에, 시그나와 같이 획기적 변화를 시도하고 있는 기업들에게 좋은 본보기가 될 것이다.

목차

회사 소개

미국 펜실베니아 주의 필라델피아에 본사를 둔 시그나는 의료보험, 치과보험, 장애보험, 생명보험, 상해보험 등의 다양한 포트폴리오를 가진 보험 회사이다. 2004년 순이익이 14억 달러인 시그나는 고객의 건강을 책임지는 데 최선을 다하고 있다. 기업고객이 보험급여 및 비용을 통제하고 직원의 건강과 생산성을 유지할 수 있도록, 건강과 웰빙에 관련한 다양한 보험 프로그램과 교육관련 기술 및 정보, 서비스 등 창의적인 솔루션을 제공하고 있다. 전 세계적으로 15개 지사가 있고 미국에서만 134개의 사무소에 2만 6천 명이 넘는 직원을 거느리고 있다. 포천(Fortune) 선정 100대 기업 중 91%가 시그나의 상품과 서비스를 이용 중이다.

시작하면서

시그나는 매년 석세션 리뷰를 실시해 왔다. 사업부문별로 최고경영자를 포함한 2단계 아래의 관리 계층까지를 대상으로 리뷰하는 프로세스였는데, 이는 장문의 서술형 평가와 9개의 양식을 채워 넣는 작업에 다름이 아니었다. 최고경영자와 사업본부장, 각 계열사의 최고인사책임자, 인사담당 부서장과 리더십 육성담당이 리뷰에 참석하였는데, 시그나가 독립적으로 기능하는 사업본부가 모인 지주회사라는 점을 감안한다면 사업단위별로 진행되는 1대 1 검토 방식이 그리 나빠 보이지만은 않는다. 그러나 이러한 접근 방식으로는 인재의 효율적 육성과 실질적인 석세션플래닝이 어렵다는 문제가 있다. 일반적으로 인재들은 각 사업단위에서 육성되는데, 사업단위가 작아질수록 인재들이 정체되어 있다고 느끼거나 회사로부터 대접을 받지 못하다고 느끼는 등 문제가 커지는 경향이 있었다. 채용 담당자들은 다른 사업단위에서 이동해 온 인재들을 육성시키는 것에 대해 책임지는 것을 꺼렸는데, 이러한 현상은 핵심 인재의 이탈 현상을 점차 심화시켰다. 오랫동안 맡은 분야에서 숙련된 전문성을 보인 직원들이 다른 사업단위로 이동해 갈 때마다 적응에 많은 시간과 비용이 소모된다는 인식이 팽배해져, 시그나의 인재 풀은 업데이트 되지 못한 채 녹슬어만 갔고 결국 시그나의 '벤치의 힘'은 약화되어 갔다. 상황이 이렇다 보니 인재 확보를 위한 유일한 방법은 외부 시장으로 눈을 돌리는 것이었고, 더 많은 비용이 지출된 것은 물론이거니와 석세션이 가능한 인재를 제때 찾지 못하고 공석으로 비워둘 수밖에 없는 큰 위험에 노출되기도 하였다. 교육 프로그램에만 의존한 근시안적 인재 육성만이 성행하였고 새로운 역할 부여를 통한 인재의 육성은 엄두도 내지 못했다. 이러던 중 2003년에 새로운 변화가 시작되었다.

변화의 배경

시그나에게는 변화가 필요하였다. 주가는 떨어졌고 시장점유율은 하락했다. 이에 효과적으로 대처하기 위하여 시그나는 회사의 구조를 지주회사 모델에서 좀 더 기민한 '원 컴퍼니(One company)' 모델로 바꾸게 된다. 그러나 지주회사 모델에 비해 '원 컴퍼니' 모델은 사람, 프로세스, 시스템의 통합을 더욱 절실히 필요로 하는 특징이 있었다. 이에 최고경영자 직속 '고위관리팀(Executive Management Team)'이 새로운 핵심 인재들로 재구성되었고, 25년 동안 단 한번도 교체되지 않았던 HR 부서장 자리에 새로운 담당자가 영입되었다. 시그나의 석세션플래닝에 새로운 변화를 일으킬 수 있는 모멘텀을 제공한 이들이 바로 고위관리팀의 멤버들과 새로운 HR 부서장이었고, 새로운 리더십 개발과 석세션 제도 도입을 가능케 한 근본적 원동력은 바로, 지주회사 마인드에서 보다 통합된 인식을 필요로 하는 '원 컴퍼니' 마인드로 전환하려는 시그나의 강력한 의지였다. 일반적으로 재기를 위해 노력 중인 조직에서는 실적이 좋은 사업부의 인재들이 그렇지 못한 사업부로 급히 이동되는 경우가 많은 것이 사실이다. 시그나도 마찬가지로 특정 사업부에 급히 인재가 필요할 때 그 직원이 해당 업무에 제한적인 경험과 지식을 가지고 있다 하더라도 충분한 준비 없이 이동될 때가 많았고 이 과정에서 발생하는 문제들은 묻히기 일쑤였다. 그러나 새로운 리더십 육성과 석세션 모델이 개발되고 나자 인재들의 이동은 도리어 개인의 경력 개발의 유용한 수단이 되었다.

시그나가 사업전략, 조직구조, 경영진 리더십 등의 영역에서 새롭게 거듭나고 있을 때, 인적자원 영역에서도 중요한 변화가 일어났다. 새 인사담당 부서장이 입사하고 이어서 리더십 육성과 보상 담당 부서에도 새로운 부서장이 임명되었고, 2004년에는 새로운 성과급 제도 및 경력관리 시스템이 도입되었다. 새로운 성과관리 모델과 새로운 경력 모형(career architecture), 새로운 커리어 밴드(career band)🎏 의 도입은 시그나가 인재 전쟁에서 승리할 수 있도록 내부 인재 풀을 강화하는 촉매제의 역할을 하였다. 이러한 전사적 변화의 중심에 인사부서와 인사제도의 변화가 있었다는 점은 시사하는 바가 크다.

새로운 시작

인사와 리더십 개발 부서장이 '원 컴퍼니' 모델과 연계된 새로운 석세션플래닝 프로세스에 대한 청사진을 그리기 시작하였다. 시그나의 석세션플래닝 프로세스는 기본적으로 아래와 같은 몇 가지 관점을 반영하고 있다.

__1__   석세션 리뷰가 단순히 양식을 채우는 작업이 되거나 최고경영자와 잡담이나 나누는 시간이어서는 안 된다. 기존의 석세션 프로세스는 최고경영자와 사업본부장의 1대1 미팅의 형식으로 이루어졌기 때문에 '성가시다'라는 인식이 지배적이었고, '원 컴퍼니' 전략의 일부로서 보다 강력

🎏 시그나는 수십 개의 직무 등급을 7개의 브로드 밴드로 재편하였는데 기존에는 직원들이 같은 업무분야 내에서 상향으로 이동하는 수직적 이동에만 신경을 썼다면, 새로운 커리어 밴드의 도입을 통해 사업단위 간의 수평적인 이동이 가능해졌다. 또한 수십 개의 직무등급을 통합함으로써 더욱 유연한 이동을 통해 사업단위 간의 수평적인 경험을 제공할 수 있었고, 궁극적으로는 직원의 몰입도(engagement) 증진과 강력한 인재 풀 구축에 성공할 수 있었다. 이에 대해서는 이 장의 후반에 좀 더 논의될 것이다.

한 인재 풀을 구축하는 데에도 한계가 있었다.

2 석세션 리뷰는 실시 결과를 책장에 꽂아 고이 보관하기 위한 것이 아니다. 기존의 석세션플래닝은 인사부서의 업무소관이 아니었고 따라서 1대1 미팅에서 논의된 내용이 직원의 이동 및 배치, 육성에 전혀 반영되지 않았다. 석세션플래닝의 결과가 인재의 이동 및 배치와 교육 및 훈련에 대한 의사결정의 자료로 활용되지 못한 것이었다.

3 석세션 리뷰는 개인평가, 육성계획의 추진 결과, 성과에 대한 피드백 등 인력의 유출이라는 만약의 상황에 대비하기 위해 전사적 차원에서 동시에 진행하는 일련의 프로세스이며 그 최종적인 결과물이다. 석세션 리뷰 프로세스는 적합한 시기에, 적합한 사람을, 개인발전이라는 합당한 이유에서, 적절한 직무에 배치하려는 노력이 조직의 일상적인 모습에 나타난 흔적이다. 이러한 규칙을 세우고 나자 '벤치의 힘'이 강화되어 인재 풀의 역량이 향상될 수 있었다.

마지막 세 번째 목적을 현실화하기 위한 수단은 이 장의 후반부에 소개될 것이다.

새로운 석세션 모델을 위한 비즈니스 케이스가 만들어졌고, 다음과 같은 상황은 조직으로 하여금 변화에 박차를 가하도록 하였다.

1 각 사업단위가 독립적으로 사업을 전개하는 지주회사 모델에서 보다 통합적인 '원 컴퍼니' 모델로의 변화는, 전사적 차원에서의 인재관리 제도 구축의 중요한 원동력이 되었다.

2 직원들에게 기능 간, 조직 간 경계를 넘나드는 폭넓은 경험 기회 제공

을 통하여 핵심 인재를 양성하는 것이 조직의 생명력을 좌우한다고 해도 과언이 아니다. '원 컴퍼니' 모델을 통해 조직이 점차 통합될수록 역량 있는 인재의 중요성은 증가하였다. 효과적인 인재의 유치와 육성을 위해 시그나의 리더십 육성 모델을 개발하고, 임원들에게 인재 육성의 책임을 부과하는 것이 필수 과제였다.

3 기존의 석세션 프로세스는 전사적으로 적용시킬 수 있는 표준화된 기준을 갖추지 못해 효율성이 떨어진다는 평가를 받았다. 지주사의 인사부서가 일반적인 지침은 제공했지만, 대부분의 사업부가 자의적인 방식으로 지침을 참고하는 수준이었고, 나름의 석세션 방식을 따르고 있었다. 또한, 각 사업단위 책임자에게 석세션 및 인재 육성의 당위성을 알리고 이에 대한 책임을 지도록 교육하는 기회도 전혀 없었다. 그러나 '원 컴퍼니' 모델에서는 이 모든 것이 바뀌게 된다. 새로운 환경의 변화로 인해 석세션 리뷰를 표준화하는 작업이 필수불가결해진 것이다.

2004 석세션 리뷰의 첫 걸음

2004년에 시그나는 변혁기를 맞이하였고 '원 컴퍼니' 체계의 도입과 더불어 시너지를 창출해낼 수 있는 기업 문화의 확립에 박차를 가했다. 이 모든 작업은 2004년 중반기부터 본격화되기 시작하였는데, 전사적으로 대내외적인 통합을 강화하기 위한 변화가 단행되었다. 늦은 여름이 되어서야 2004년 석세션 리뷰 일정을 잡을 수 있었는데 다행히도 새로운 문화를 조직에 전파시키기엔 충분한 시간이었다. 2004년의 주요 변화는 표 4-1에서 볼 수 있다.

표 4-1 **2004년 시그나의 주요 변화**

변화 전	변화 후	목적
석세션 리뷰를 위해 최고경영자, 사업본부장, 계열사 최고 인사책임자, 인사담당 부서장, 리더십 육성담당관이 참석하는 1대1 미팅 실시	최고경영자 직속의 고위관리팀 모두가 참석하는 그룹토론 형식의 석세션 리뷰 실시 최고인사책임자와 리더십 육성담당관 포함	'원 컴퍼니'에 대한 강력한 메시지를 통해 사업통합 마인드를 강화 □ 전사 차원의 핵심 인재에 대한 공감대 형성 □ 인재양성을 위해 사업 간·직무 간 이동을 더욱 자유롭게 실시 □ 인재를 평가하는데 있어서 더욱 효과적인 수단인 그룹 토론 형식 활용

2004년 10월, 하루 동안 실시된 석세션 리뷰 미팅에서 각 사업본부장은 자신이 담당하는 본부 내 인재들의 강·약점을 밝히고, 목표수준 대비 부족한 부분을 보완하기 위한 실행 계획을 발표하였다.

최고경영자와 고위관리팀의 그룹 토론은 괄목할 만한 성과를 이루었다. 사업 간 경계를 뛰어넘는 인재 육성방안에 대한 논의가 이어지고 결국 기존과는 달리 최적화된 제도가 구축될 수 있었다. 이는 인재가 특정 사업부만의 자원이 아니라, 전사적 수준에서 관리되어야 할 핵심자원임을 공표하는 중요한 신호였으며, 리더의 육성을 강조하는 문화적 전통은 더욱 강화되었다. 당시 6명의 사업본부장 중 4명을 길러낸 내부 육성 모델을 바탕으로, 인재들은 각자 사업 간·직무 간(영업, 보험, 재무 등) 이동을 통한 학습 경험 기회를 제공 받았다. 그룹 토론은 적절한 직무이동에 근거한 육성방식을 공식화하는 역할을 하였고, 시그나는 업데이트된 인재 명단을 확보할 수 있었다.

최고경영자와 고위관리팀의 회의 결과, 그룹 토론이 올바른 모델이고 시그나의 전사적 전략과도 일치하는 방식이라는 피드백이 지배적이었다. 참석자 모두는 핵심 인재에 대한 정보를 공유하고, 최고의 육성계획을 수립하기 위해 협력하는 것이 시급하다는 사실을 인식하게 된다. 이러한 교훈을 바탕으로 시그나는 2005년에 더욱 효과적인 석세션 프로세스를 구축할 수 있었으며, 사업 통합이라는 경영 이념을 조직 하부 단위까지 연계시키는 큰 변화를 일으킬 수 있었다.

최고경영자가 2005년 6월, 중간점검 회의를 실시하는 것에 동의했다는 사실도 시사하는 바가 크다. 이 중간점검 회의는 2004년 10월의 석세션 리뷰에서 설정한 목표가 달성되었는지 그 진척사항을 점검하고, 시그나의 인재 및 사업 전략의 맥락에서 핵심 인재 관련 우선사항을 논의하기 위해 개최되었다. 회의를 통해 석세션 리뷰 미팅에서 논의되었던 사항이 실제로 실행에 옮겨졌는지 여부를 확인할 수 있었다. 일견 단순해 보이는 이런 조치가 석세션 프로세스에 투입하는 비용에서 최대의 효과를 뽑아내는 중요한 요인으로 작용하였다. 2004년 10월의 리뷰가 끝나자 참가한 모든 임원과 최고인사책임자에게 중간점검 리뷰 일정과 함께 후속 점검 활동 항목이 배포되었다. 이것은 시그나가 1대1 보고를 통해 일일이 점검했던 역사를 가지고 있다는 점을 고려할 때 의미 있는 발전이 아닐 수 없다.

2005년 전사적 석세션플래닝 프로세스 및 리더십 육성 체계의 로드맵

2005년 2월 리더십 육성담당과 최고인사책임자는 4단계 계층(그림 4-1 참조)으로 구성된 전사적인 석세션 리뷰 프로세스를 도입할 것을 최고경영자에게 건의하였다. 모든 사업본부가 같은 회의 양식을 활용하고, 고위관리팀과 임원급으로 구성된 '리더십팀(SLT: Senior Leadership Team)'이 그룹 토론을 이끌어나가는 주체이다. 지침에 따라 먼저 리더십팀의 모든 멤버가 자신의 직속 부하직원들과 그룹 토론을 실시한다. 토론 결과를 가지고 그 후 고위 관리팀 멤버들의 주관 아래 리더십팀과의 그룹 토론이 이루어진다. 결과는 10월에 있을 최고경영자와 고위관리팀의 최종 리뷰를 준비하는 리더십팀에게 제출되고, 리더십팀은 모든 고위관리팀 멤버들이 제출한 자료를 한 권의 석세션 리뷰 책자로 만든다. 이 책자는 고위관리팀 멤버들이 미리 살펴보고 토론 준비를 할 수 있도록 석세션 리뷰 며칠 전에 배부된다.

시그나의 석세션 리뷰 프로세스

`그림 4-1`

최고경영자	
고위관리팀	계층 1
리더십팀	계층 2
리더십팀과 직속 부하직원들	계층 3
직속 부하직원들	계층 4

최고경영자 미팅 이후에 리더십팀은 석세션 관리에 대한 전사적 청사진을 검토하고 새로운 리더 육성 체계에 대한 공감대를 형성하기 위해, 고위관리팀 멤버 및 최고인사책임자들을 만난다. 2005년 이후의 석세션 프로세스를 요약한 결과를 예시 4-1에서 확인할 수 있다.

예시	2005년 이후의 석세션 프로세스 개요	4-1

1 리더십팀(계층 2)에서 이루어지는 그룹 토론은 표준적인 인재 리뷰 방식으로 자리 잡을 것이다. 리더십팀 멤버들은 각자 자신의 부하직원(계층 3)에게 그 아래 부하직원(계층 4)에 대한 데이터를 수집해서 보고하도록 한다. 리더십팀원이 자신의 부하직원들과 1대1 미팅을 하던 방식과는 현격히 다른 방법이다. 2005년 석세션 프로세스는 전 사업본부별 4단계 계층이 모두 참여하는 전사적 석세션 리뷰의 시작이었다. 석세션 관리를 위해 전사적으로 같은 프로세스와 양식을 사용하는 것은 시그나의 통합 관리 전략과 일치하는 것이었다.

2 다음의 4가지 목표를 달성하기 위해 리더십 프로파일이 도입되었다.

⇨ 대상자의 성과에 대하여 사실에 근거한 보다 집중적인 토론을 진행함

⇨ 시그나의 공유 가치(shared value)와 리더십 행동에 맞는 성과를 고취시킴

⇨ 매년 실시되는 성과평가와 잠재력과 성과 9박스(그림 4-4 참조) 간 연계성을 강조함

⇨ 목표 달성 및 육성 실행 계획을 수립하는 데 더 체계적인 방법을 제공함

3 '이머징 리더(emerging leader)'는 성과평가에서 E등급(예외적인 최고 성과)을 받고 9 박스 평가에서 1번 등급(고성과·높은 잠재력)을 받은 사람으로 정의하였다.

4 10월에 실시되는 최고경영자와 고위관리팀의 미팅 기간이 하루에서 이틀로 늘어났다.

5 매년 7월이면 당해 년도 석세션 리뷰 일정과 각 사업본부의 계층 3수준 (리더십팀의 부하직원)까지 포함된 석세션 프로세스에 대한 지침이 모든 고위관리팀 멤버들과 해당 최고인사책임자에게 배포되었다.

상세한 석세션플래닝 양식

석세션 차트: 양식 1

시그나의 석세션 차트 (그림 4-2 참조)에는 즉시 석세션이 가능한 후보자와, 1~2년 내에 석세션이 가능할 예비 후보자들이 표기되어 있다. 외부 인재를 후보자로 지명하지 않기로 하였는데 이는 과거에 외부 인재를 채용해본 결과, 적절한 시기에 확보되지 못하는 경우가 많았고 내부 직원을 육성하지 못한 것에 대한 면죄부로 악용될 가능성이 크기 때문이다.

그림 4-2 시그나의 석세션 차트

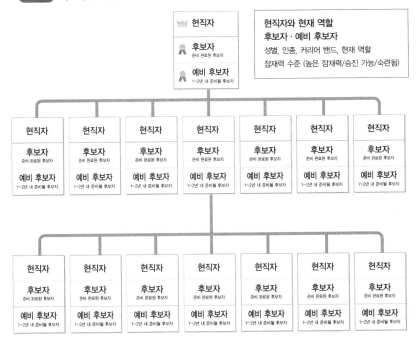

석세션 차트 : 양식 2

앞서 언급되었던 리더십 프로파일(그림 4-3 참조)은 2005년에 처음 사용
되어, 석세션 리뷰의 핵심적 논의 자료로 자리 잡았다. 이 양식은 인재 리
뷰의 기초가 되는 자료일 뿐 아니라 대상자를 잘 모르는 사람에게도 유용
한 참고 자료가 된다. 또한, 공유 가치와 리더십 행동을 측정 가능한 방식
으로 문서화함으로써 시그나는 그들이 원하는 인재에 대해 공통의 언어로
의사 소통할 수 있는 기반을 마련하였다.

9박스 : 양식 3

직원의 성과와 잠재력에 근거하여 9박스에 피평가자의 수준을 표시하는 방
식(그림 4-4 참조)은 동일한 준거에 의해 인재의 우선순위를 매기는 것을
가능하게 하였다. 특히 인재가 필요한 직책이 나타날 때마다 어떤 후보가

있고, 추가적인 인재들은 어디서 찾을 수 있을지를 효율적으로 추적 및 관리할 수 있게 되었다. 또한, 9박스를 사용함으로써 육성계획의 실행을 촉진할 수 있게 되었는데, 예를 들어 9박스의 1, 2, 4번에 속한 인재들만 석세션 리뷰의 대상으로 선정함으로써 육성전략이 필요한 인재들에게 집중할 수 있었다. 이렇게 계획의 실행가능성에 초점을 둔 토론을 진행하자, 석세션 리뷰가 인재운영계획의 일부라는 인식이 확립되었다. 고위관리팀이 인재들을 리뷰할 동안, 핵심 인재와 관련하여 우선으로 해야 할 일을 정리하는 시간 또한 확보할 수 있었다.

그림 4-3 시그나의 리더십 프로파일

양식 2

Confidential

A 인적 사항

이름:
사업본부 및 부서:
현 직무 근무 기간:
현재 역할과 커리어 밴드:

9 Box:
현재 성과 평가 결과:

B 공유 가치 및 리더십 평가

	개발필요	적합	우수
가치 1 고객지향	☐	☐	☐
가치 2 긴급함	☐	☐	☐
가치 3 비교 우위(competitive excellence)	☐	☐	☐
가치 4 존중	☐	☐	☐
가치 5 도덕성(Integrity)	☐	☐	☐
가치 6 책임감	☐	☐	☐
리더십 역량 : 적절한 인재배치	☐	☐	☐
리더십 역량 : 명확한 방향설정	☐	☐	☐
리더십 역량 : 도전적인 환경 조성	☐	☐	☐
리더십 역량 : 성과에 대한 보상	☐	☐	☐

C 주요 업적

-
-
-
-
-
-

D 육성 계획

향후 12~18개월 동안의 실행 계획:
미래의 성장을 위해 필요한 육성 경험을 구체적으로
명시할 것

목표 임무

그림 4-4 시그나의 9박스

양식 3   성과

잠재력		개발 필요	적합	우수
	높은 잠재력	3	2	1
	승진 가능	6	5	4
	숙련됨	9	8	7

실행 계획의 중요성은 아무리 강조해도 지나침이 없다. 석세션 리뷰의 목표는 잠재된 후보자를 확보하는 것뿐 아니라, 지속적인 조치를 통해 석세션 준비 상태를 확인하고, 신규 영입이 보류될 경우 다른 대안적인 육성 방법을 수립하는 데에 있다. 만약 현직자가 적합한 사람이라면, 준비된 후보자들에게 지속적으로 도전 과제를 부여하는 것이 대안적 육성 방안이 될수 있다. 후보자가 계약연장을 기다리는 상태라면 위험이 잠복한 상태이다. 만약 육성계획을 통해 후보자들에게 지속적으로 도전적 상황을 제공하는 데에 실패하고 있다면, 이들을 경쟁사에 빼앗길 위험에 노출되고 있다는 점을 명심해야 한다. 계약직으로 일하는 인재에 관한 실행 계획의 점검이 최고경영자와의 중간점검에서 이루어지는 것은 이런 이유에서이다.

이머징 리더 : 양식 4

시그나가 '이머징 리더'를 채용하고 육성하는 것은 매우 높은 잠재력을 가지고 있어 패스트 트랙을 제공할 필요가 있는데도 아직 발견되지 않은 인재를 선별해내기 위해서였다(그림 4-5 참조). 시그나는 핵심인재에게 개별화된 육성 방안을 제시한다면, 핵심인재가 일반적 고성과자들보다 더 빨리

발전할 수 있을 것이라는 믿음을 가지고 있었다. 시그나는 이들을 일반적인 고성과자로부터 구분해내기 위해서, 9박스에서 1번 등급(고성과 · 높은 잠재력)을 받은 동시에 매년 실시되는 성과 평가에서 E등급(예외적인 최고 성과)을 받은 집단을 '이머징 리더'로 분류하였다.

그림 4-5 시그나의 이머징 리더 프로파일

양식 4

이름: 현재 역할: 사업본부: 현 직위에 재직한 기간: + + + – –	이름: 현재 역할: 사업본부: 현 직위에 재직한 기간:
이름: 현재 역할: 사업본부: 현 직위에 재직한 기간:	이름: 현재 역할: 사업본부: 현 직위에 재직한 기간:

이렇게 까다로운 기준을 통과한 인재 중 상당수는 최고경영자와 고위관리팀 멤버들이 아직 발굴해내지 못하고 있었던 새로운 인물이었다. 이머징 리더는 이제 리더십 육성의 핵심 대상이었고, 육성을 추진하기 위한 목적으로 다양한 사업본부에서 경험을 쌓을 기회가 제공되었다. 리더십 육성담

당 직원들은 이들의 경력 개발 정도를 평가하고, 핵심 역할을 수행할 수 있도록 성장하는 것을 도왔다. 그리고 각 사업본부장과 최고인사책임자들은 이머징 리더별 육성계획의 실천을 촉진해야 할 책임을 지게 되었다.

'이머징 리더 프로파일'에는 대상자의 성장을 위해 필요한 2단계의 역할을 명시하게 되어 있고, 대상자의 강·약점이 간단히 요약된다.

시그나의 리더 육성 체계

고위관리팀과 인사부문은 새로운 석세션 프로세스의 실행에 관한 청사진을 그리기 위해 논의하는 한편, 시그나의 인재 육성 체계 전반을 재검토하였다. 시그나 인재 육성의 기본 철학은 사업 간·직무 간 다양한 업무경험을 가진 인재를 높이 평가한다는 것이었다. 시그나에서 성공하는 가장 확실한 방법은 다양한 사업과 기능에서 다양한 업무를 성공적으로 수행하는 것이었다. 이러한 메시지는 경력관리에 관심이 있는 모든 직원에게 웹 사이트를 통해 전달되었고, 경력 개발 워크숍에서도 공지되었다. 시그나의 전통적 육성 방식 덕분에 리더 대부분이 사업 간·직무 간 업무경험을 착실히 쌓는 등 구체적인 성과를 거둘 수 있었다. 리더십 육성 청사진을 세우기 위한 고위관리팀 미팅에서는 참석자 전원이 잠재력 있는 인재의 육성을 위해 사업 간·직무 간 역할 이동을 최대한 활용하는 것에 동의하였다. 그 결과 시그나의 리더십 육성 전략의 실행과 석세션 후보군의 역량 강화를 위하여 인재들에게 기회를 제공할 수 있는 체계화된 도구 개발의 필요성이 대두되었다.

52주 공식: 벤치의 힘 강화하기 / 석세션플래닝의 투자 대비 효과를 높일 수 있는 후보군 강화법

새로운 석세션 모델의 목적은 일회성 연중행사가 아닌 지속 가능한 석세션 프로세스를 만드는 데에 있다는 점은 앞서 언급한 적이 있다. 또한, 석세션 리뷰가 잠재력이 높은 인재를 발굴하여 육성계획을 실행에 옮기고, 성과에 따라 차별적 보상을 지급하는 등의 일련의 활동을 총칭하는 개념이라는 점도 언급하였다. 그림 4-6은 후보군의 역량을 강화하는 몇 가지 방법을 보여주고 있다. 이러한 목표를 달성하기 위해서는 다음과 같은 활동이 필요하다.

잠재력 있는 인재의 발굴

시그나의 최고인사책임자이자 리더십 육성담당 임원은 '시그나 경력 개발 워크숍'의 일환으로 인사팀 직원들에게 구조화된 인터뷰 실시법을 교육하는 프로그램을 도입하기로 하였다. 이 프로그램을 통하여 인사 담당자들은 심도 있는 개인 평가 수행 방법, 그 결과의 문서화 방법과 직원과 관리자가 공유할 수 있는 육성 실행 계획 제안 방법 등을 배울 수 있었다. 인재의 평가는 시그나의 공유 가치와 리더십 행동(그림 4-3 참조)을 근거로 이루어졌고, 시그나 리더에게 기대되는 행동과 리더십의 정의 및 평가 기준을 규정한 리더십 행동 지침도 함께 제공되었는데, 이로 인해 개인의 과거 성과를 바탕으로 미래의 잠재력을 예측하는 것과 사실에 근거한 평가가 가능해질 수 있었다. 경력 개발 워크숍을 통해 인사부 직원들은 중요 스킬과 기법을 습득하였고, 인재를 평가하는 데 필요한 공통의 언어인 시그나의 공유 가치와 리더십 행동을 익힐 수 있었다. 인사부 직원들과 라인 매니저들은 구조화된 면접을 진행하면서 시그나의 가치에 맞는 잠재력이란 무엇인지에 대해 다시금 생각할 수 있었고, 새로운 인재들이 속속 발견돼 석세션 후보자의 공급이 확대되기 시작하였다. 일단 어느 직원이 높은 잠재력을 갖추고 있다고 평가되면 평가를 담당한 인사직원은 자동으로 그 직원의 육성 계획 실행에 책임을 지게 되고, 그 외에도 당사자와 그의 상사가 부분적 책임을 지게 된다. 여기까지가 인재발굴과 실행 계획을 세우는 과정이고, 이러한 일련의 프로세스가 시그나 후보군의 역량을 강화하게 된다.

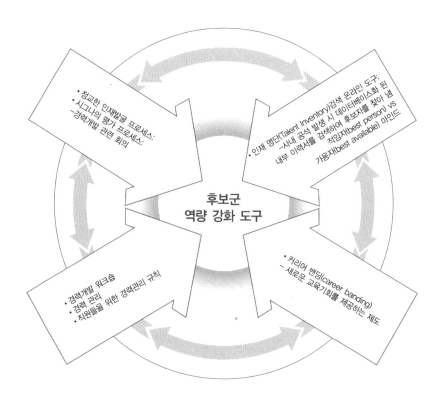

그림 4-6 후보군 역량 강화 도구

후보군
역량 강화 도구

- 정교한 인재발굴 프로세스:
- 시그나의 평가 프로세스:
- 경력개발 관련 회의

- 인재 명단(Talent Inventory)검색 온라인 도구:
  – 사내 공석 발생 시 데이터베이스를 찾아 냄
    내부 이력서를 검색하여 후보자를 찾아 냄
    적임자(best person) vs
    가용자(best available) 마인드

- 경력개발 워크숍
- 경력 관리
- 직원들을 위한 경력관리 규칙

- 커리어 밴딩(career banding)
  – 새로운 교육기회를 제공하는 제도

인재 명단(Talent Inventory)과 시그나의 내부 이력서 : 공석이 발생할 경우 회사 내부 데이터베이스에서 후보자 군을 쉽게 찾을 수 있도록 2006년에 내부 직원들의 이력서 검색이 가능한 온라인 인재 관리 시스템이 도입되었다. '인재 명단'이란 시스템에 의해 검색된 내부 직원들의 이력서(입사 전과 입사 후의 경력 정보를 모두 포함하고 있다.)에 기반을 둔 목록을 말한다. 인재 명단을 활용하면 더 이상 인사부 직원이나 채용 담당 매니저의 네트워크에 의존하여 공석을 채우지 않아도 된다는 장점이 있다. 네트워크에 의존하여 공석을 채우는 것은 필요한 경험을 가진 후보자를 선별해내는 데 실패하거나, 해당 인재가 이미 다른 회사에서 일하고 있는 경우에는 영입이 원천적으로 불가능하다는 한계가 있다. 이에 반해, 인재 명단은 공석이 된 직무와 관련된 업무를 수행한 기간은 어느 정도인지, 동종 업계에서 일한 경험은 있는지, 관심을 두고 있는 다른 사업본부는 어디인지 등 경력 사항에 대한 다양한 정보를 담고 있다. 어떤 인력이 시그나에서 혹은 다른 곳에서 필요한 스킬과 경험을 쌓았는지 검색할 수 있는 기능은 인재 풀의 효율성 제고에 상당한 영향을 미쳤다. 그렇다고 해도 인재 명단이 시그나의 '온라인 공모 제도'를 대체하지는 않을 것으로 보인다. 상위 직급으로 올라갈수록 공모 방식이 유용한 것으로 나타났고, 인재 명단의 검색 기능은 공모 사실을 꼼꼼하게 탐색하지 않는 직원에게 새로운 기회를 알리는 기능을 할 것이다. 인재 명단은 또한 후보군의 역량을 강화하는 도구로서도 기능할 수 있다. 1년 만에 인재 명단의 데이터베이스에는 전 직원의 절반이 넘는 13,000명 이상의 이력서가 등록되었는데, 이는 인재 명단이 사내 공석을 채우고 석세션을 위한 예비 후보자를 발굴해내는 강력한 도구임을 입증하는 것이다.

커리어 밴드(Career Band) : 2004년에 도입된 커리어 밴드를 통해 시그나는 수백 개의 역할이 산발적으로 존재하는 직무등급제를 가진 회사에서 전사적으로 통일된 7개의 경력 브로드 밴드(broad band) 시스템을 가진 회사로 변모했다. 커리어 밴드로의 이행은 새로운 직무 경험이 승진으로만 가능하다는 기존의 고정관념을 깨트림으로써 직원 육성에 쉽게 접근할 수 있는 수단을 제공하였다. 즉, 직원들이 담당하는 역할의 범위가 확대되고, 한 역할에서 다른 역할로 이동하는 것이 장려되기 시작한 것이다. 이제 직원들은 승진을 통해 위로 올라가는 것에만 초점을 두지 않고, 자기개발을 목적으로 새로운 직무영역과 사업본부로도 수평 이동하게 되었다. 보다 큰 책임이 따르는 새로운 역할을 수행하면서 배우고 성장하는 것을 강조하는 시그나의 문화는 직무 간·사업 간 육성이라는 개념을 더욱 공고화시켰다.

경력 개발 워크숍 ： 시그나의 경력 개발 워크숍은 2006년에 도입되었고 불과 몇 주 안에 400명이 넘는 직원들이 참가하였다. 이 3시간짜리 워크숍의 본 목적은 경력 계획의 수립 방법을 교육하고 시그나의 육성체계에 대해 설명하는 것이었으나, 시그나의 경력 계획 웹사이트와 같은 경력관리 도구와 커리어 밴드의 장점에 대한 커뮤니케이션도 함께 이루어졌다. 워크숍은 직원들에게 경력관리 사례를 알려주고, 자신의 경력관리에 대해 스스로 책임지도록 하는 자기주도적 접근에 바탕을 두고 설계되었다. 이는 궁극적으로 직원 스스로 온라인 과정에 참여하거나 점심 시간에 학습하는 등 새로운 교육과 성장의 기회를 능동적으로 찾도록 동기를 부여하는데 목적이 있다.

이와 같은 석세션 관련 도구를 통해서 시그나가 성취하려 했던 결과는 '인재의 최적화'이다. 직원 개개인에게 스스로의 경력을 관리하기 위한 지식과 노하우를 제공하면 할 수록 직원들은 새롭고 도전적인 경험을 자발적으로 추구하는 경향을 보이고, 각자가 경력을 개발하면 할 수록 인재 풀의 역량은 강화된다. 그렇다고 직원들이 새로운 역할을 찾아 이 부서 저 부서로 끊임없이 왔다갔다하는 것을 옹호하는 것은 아니다. 이는 비즈니스의 연속성 측면에서 그다지 효과적이지 않기 때문이다. 중요한 것은 직원들이 시그나의 육성 체계를 이해했다는 것이고, 회사와 개인이 서로 윈-윈(win-win)하는 방식으로 스스로의 개발 목표를 현실화할 수 있게 되었다는 점이다. 마찬가지로 인사부서는 여러 가지 석세션 도구를 개발함으로써 잠재력이 높은 인재의 발굴과 배치, 육성을 극대화할 수 있는 힘을 얻게 되었다.

앞으로 나아가기: '측정하고 집중하면 얻을 것이다'

2006년 10월, 최고경영자와 고위관리팀의 석세션 리뷰를 준비하는 과정에서 리더십 육성팀은 해당 연도의 진척 정도를 평가할 수 있는 기초 데이터를 얻기 위해 몇 가지 분석을 실시하였다.

□ 양식 1: 석세션 차트(그림 4-2 참조)

후보자와 예비 후보자가 없는 직책의 개수를 조사하였다. 차이분석을 통해 이러한 사례를 어느 정도나 줄였는지 파악하였다

□ 양식 3: 9박스(그림 4-4 참조)

1, 2, 4번 박스에 위치한 인재를 찾기 위해 평가를 실시한다. 이상적인 결과는 (예비) 후보자의 대부분이 1, 2, 4번 박스에 위치하는 것이다.

시그나는 추가로 각 사업본부의 최고인사책임자가 양식 1과 3을 사용한 동일한 분석을 통해 각 사업본부의 석세션 리뷰의 성과를 측정할 수 있도록 기준을 설정하는 작업을 추진하였다. 리더십 육성팀이 각 사업본부의 최고인사책임자와 협력하였으며, 인사부 직원들은 직원 평가의 정량적 측정을 향상시키기 위해 노력하였다.

개발 중인 데이터는 석세션 후보군을 어느 정도 육성하고 발전시켰는지 그 정도를 측정하기 위한 채점표로 활용될 것이다. '인재 전쟁'의 시대에는 인재의 발굴 및 양성에 집중하려는 노력과 그 수준을 계량적으로 측정할 수 있는 지표를 만드는 작업이 우선시 된다. 직원의 몰입을 유도하는 경력 개발 워크숍과 경력 개발 회의를 포함한 인재 선별 및 평가를 위한 HR 도구들, 인재가 성장해 나갈 수 있도록 도움을 주는 '내부 온라인 인재관리 시스템'과 인재 명단은 인재 전쟁이라는 상황에서 시그나의 차별적인 무기로서

핵심적인 역할을 할 것이다.

직원들은 시그나에서 자신의 경력을 성장시킬 수 있는 방법을 배우고, 회사는 직원의 높은 몰입도와 석세션 후보군의 역량을 강화할 수 있다.

시그나는 도전적인 육성 경험을 제공하는 전략적 이동 및 배치를 바탕으로, 차기 리더를 성장시키기 위해 지속적으로 노력해 왔다. 고위관리팀은 내부 인재 육성에 많은 무게를 싣고 있으며 향후 더욱 다양한 수준에서 전략적 배치를 통한 리더 육성이 이루어지도록 노력 중이다. 목적 달성을 위한 리더들의 끊임 없는 노력 덕분에 시그나는 체계적인 석세션 프로세스와 이를 지원하는 다양한 도구를 개발할 수 있었다. 시그나는 목표 달성을 위해 옳은 방향으로 나아가고 있다고 평가받고 있다.

시사점

시그나는 구체적인 석세션플래닝을 수립하고 실행한 훌륭한 사례를 제공한다. 특별한 갈등을 수반한 상황은 아니었지만 획기적 변화를 위해서는 매우 많은 작업과 협력이 필요하다는 것을 한눈에 살펴볼 수 있었다. 이 장의 주요 내용은 다음과 같이 요약될 수 있다.

⇨ 시그나의 기존 석세션플래닝 제도는 몇 가지 이유로 부적절하다는 평가를 받았다. 인재를 모니터링하는 2계층의 직원만이 참가한다는 문제는 제외하더라도 사업본부 각각이 서로 다른 방법을 사용한다는 문제가 있었다. 이것은 석세션플래닝 프로세스를 비효율적으로 만들었을 뿐 아니라 조직간 상호 단절된 문화가 만연하는 결과를 초래했다.

⇨ 시그나가 새로운 시스템을 추진할 수 있었던 주요한 동인은 '원 컴퍼니' 체계를 채택한 것이었다. 갈등 없는 조직의 변화가 기업 문화의 급격한 변화를 가져왔다는 점에서 이전 사례와는 다른 시사점을 제공한다. '원 컴퍼니' 체계는 개별 사업본부의 통합적 관리의 중요성을 강조했는데 이러한 방향성은 전사적으로 같은 방식의 석세션플래닝이 구축되어야 할 필요성을 증가시켰다.

⇨ 시그나의 프로그램이 성공할 수 있었던 이유 중 하나는 몇 가지 보편적인 전략을 임원들에게 공통으로 적용시켰다는 점이다. 첫째로, 석세션 리뷰에 있어 1대1 미팅의 비효과성이 대두하자 새로운 형식의 그룹토론을 시도한 것이다. 이것은 그룹장이 그룹의 직원을 관리하는 책임을 기존과 같이 유지하면서도 전사적으로 동일한 평가기준과 준거를 갖춘 보편적인 석세션 체계를 채택하도록 한 것이다. 둘째, 기존의 석세션 프로세스는 일회적인 성격인 데 반해 새로운 석세션 체계는 특정 시기에만 국한되지 않고 지속적으로 후보자 평가를 진행하는 방식이었고, 따라서 유연한 수정이 가능해졌다.

⇨ 새로운 석세션 프로세스를 추진하는 데에는 최고경영자의 참여가 결정적 역할을 하였다. 시그나의 사례와 같이 어떤 조직에 변화가 필요할 때 최고경영자의 의사결정과 의지가 결정적인 역할을 하는 예는 흔히 볼 수 있다.

⇨ 시그나 석세션플래닝에서 인재 육성 프로그램이 차지하는 비중 또한 큰 시사점을 남긴다. 인재 육성이 성공적인 석세션 관리의 기본이기 때문이다.

⇨ 시그나가 사용한 9박스 양식은 3장에서 브라이트 호라이즌이 사용한 9 블록과 유사한데 이는 매우 흥미로운 사실이 아닐 수 없다. 시그나는 각 박스에 미리 등급을 정해놓고 직원을 평가하여 대상자가 어느 등

급에 속하는지 위치를 표시하는 방식으로 9박스를 사용하였다. 이를 통해 어떤 직원에게 육성 계획이 필요한지, 어떤 직원이 유지(retention)할 만한 가치가 있는지 판단할 수 있었다.

⇨ 비판적인 시각으로 사례를 분석하는 것의 중요성은 이전 장에서도 언급한 적이 있다. "당시의 비즈니스 환경을 고려했을 때 시그나가 취한 조치들이 최선의 방법이었을까?", "의사결정 프로세스에 좀 더 적은 인력을 투입하면서도 보다 쉽거나 더욱 효율적인 방법으로 접근할 수는 없었을까?", "내가 이런 상황에 처한다면 어떻게 할 것인가?"

도와주신 분

헤리어트 필립스(Harriet Phillips)는 리더십 개발과 채용 분야에서 24년 이상의 인사업무 경력을 가지고 있다. 필립스는 제너럴 일렉트릭(General Electric)에서 다양한 인사업무를 경통해 경력을 쌓았는데, 대표적으로 지이 에로스페이스(GE Aerospace) 내의 13개 사업본부의 석세션플래닝 및 인재 육성을 담당하였다. 제너럴 일렉트릭 다음으로는 씨티그룹(Citigroup)에 입사, 인사부서에서 '글로벌 리더십 파이프라인'을 구축하는 역할을 담당하였다. 현재 필라델피아에 있는 시그나에서 리더십 육성담당관으로 재직 중이다.
필립스는 코넬대학 경영대학원에서 자문위원으로 활약하고 있으며, 템플대학에서 학사와 석사학위를 받았다.

5

얼라이드시그널

ALLIEDSIGNAL

사례 학습

기업이 인재 양성에 중점을 둔 전 세계적 규모의 조직을 신설하고자 할 때 석세션 체계야말로 경영을 변화시킬 수 있는 가장 강력한 방법이 될 수 있다. 기존에 '얼라이드시그널'로 알려져 있던 '허니웰 인터내셔널(Honeywell International)'은 위와 같은 경영기법의 효과를 일찌감치 파악하고 활용해 새로운 변화를 이루어 냈다.

얼라이드시그널과 허니웰은 1999년에 합병하였고, 합병 후 포천 선정 50대 기업에 포함되었다. 이제 허니웰 인터내셔널이라는 이름으로 불리는 이 기업은 제한된 자원을 사용하여 다양한 상품을 확대시켜 나가야 하는 경영상의 도전에 직면하게 된다. 당시의 최고경영자였던 래리 보씨디(Larry Bossidy)는 허니웰 인터내셔널과 같은 글로벌 조직을 리더 한 명이 관리하기에는 역부족이라는 사실을 예견하고, 양적·질적으로 우수한 인재 후보군의 구축을 통한 석세션플래닝을 추진하였다.

이번 장에서는 사업단위의 급속한 확장을 관리해야 하는 도전에 직면한 경우, 이를 극복할 수 있는 유용한 방법에 대해 살펴보도록 하자.

목차

조직에 새로운 혁신을 단행하려는 대부분의 최고경영자가 비용절감, 구매와 판매 전략의 변화, 마케팅 비용의 확대, 영업 활동의 강화 등 상식적인 수준의 대안 중에서 하나를 고르려고 하는 데 반해 장기적으로 접근하는 최고경영자의 경우에는 새로운 제품과 기술 개발, 대규모 자본과 에너지가 투입된 R&D 등을 변화의 핵심으로 삼는다.

허니웰 인터내셔널로 합병하기 이전인 1990년대 중반, 얼라이드시그널은 지속 가능한 경영관리 체계의 수립을 위하여 조금 다른 방법을 사용하였다. 석세션플래닝과 인적자원 관리가 그것인데, 이는 얼라이드시그널의 혁신에 중요한 원동력이 되었다. 이 모든 것은 '사람'에 대한 올바른 결정을 내리고, 그들의 육성에 투자하는 과정이 기업의 장기적인 성공에 필수적이라는 개념을 얼라이드시그널의 리더십팀이 이해하고 있었기 때문에 가능한 것이었다. 이후 경쟁 우위를 차지하기 위하여 인재를 발굴하고, 개발하며, 적절한 위치에 배치하는 프로세스보다 더 중요한 것은 없다는 메시지를 전사적으로 공유하기 위한 작업에 착수했다.

이미 얼라이드시그널에는 유능한 인력 다수가 근무 중이었으나 그럼에도 불구하고 기업 성과는 점차 둔화하였고, 이는 낮은 수익률과 주가의 정체로 증명되고 있었다. 그렇다면, 무엇이 문제였을까? 얼라이드시그널은 명확하고 전략적인 로드맵의 부재에서 그 원인을 찾았다. 전 세계적 거대 규모의 사업단위에서 다양한 종류의 산업을 운영해야 했던 얼라이드시그널은 한 명의 경영자가 이끌어가기에는 너무도 복잡한 구조로 이루어져 있었다. 이처럼 거대한 조직이 성공하기 위해서는 유능하고 단호하며 의욕적인 리더 여럿이 함께 이끌어가는 것이 필수적이다. 또한, 다수의 유능한 리더들은 서로 조직적으로 연계되어 있어야 하며, 조직의 전략적 목표를 향하여 일관되게 움직여야만 한다. 허니웰에는 이러한 '다수의' 리더들이 없었다.

래리 보씨디가 최고경영자로 선출되었을 때 그는 '사람'과 '실행 의지'를 혁신 전략의 핵심 키워드로 정하였다. 허니웰에는 이미 다수의 훌륭한 중역진들이 일하고 있었지만 제대로 육성되지 못했거나 처음부터 인재로 발탁

되지 못했거나 등의 이유에서 대부분 두각을 나타내지 못하고 있었고, 이러한 상황을 분석한 보씨디는 활발한 내부 육성과 석세션플래닝이 허니웰의 상황에 적합한 변화 도구일 수 있다는 사실을 깨닫게 되었다. 허니웰이 더욱 성공적인 기업이 되기 위한 최선의 방법은 이미 확보한 인재를 성공하게 하는 것임을 확신한 것이다.

래리 보씨디의 노력으로 90년대 후반에는 이와 같은 인력개발에 대한 강조가 얼라이드시그널의 기업 문화로 자리 잡게 되었다. 그러나 이러한 기업 문화는 1999년, 얼라이드시그널과 허니웰이 합병하여 '허니웰 인터내셔널'이라는 새로운 회사로 거듭나면서 심각한 도전을 받게 된다. 새로 탄생한 허니웰 인터내셔널은 250억 달러의 매출을 올린 포천 선정 50대 기업의 하나였고 항공우주산업, 산업제어장치, 운송업, 소재산업을 포함한 광범위한 산업분야의 기술적 측면에서 우위를 차지하고 있었다. 즉, 허니웰 인터내셔널은 항공우주산업 제품과 서비스를 제공하고 있으며, 대형 건물용 · 일반 주거용 · 산업용 제어 기술 및 터보과급기(Turbo charger), 자동차 부품, 화학약품, 섬유제품, 전자제품 및 최신기기까지 다양한 제품 및 서비스를 생산하고 있었다. 허니웰 인터내셔널의 목표는 이토록 다양한 분야의 사업들을 효과적으로 운영할 수 있는 광범위한 글로벌 운영체계를 구축함으로써 강한 기업으로 거듭나는 것이었다.

결과는 명확하였다. 얼라이드시그널의 혁신 스토리는 지금까지도 미국 기업들에게 '성공신화'로 회자되고 있으며, 지금은 다른 기업에서 왕성한 활동을 펼치고 있는 허니웰의 이전 경영진들도 인재개발 및 석세션플래닝에 대한 통찰력과 실행력을 갖춘 '선구자'로 평가 받고 있다. 아메리칸 스탠다드(American Standard)의 최고경영자이자, 프레드 포세스(Fred Poses)와 레이시온(Raytheon)의 전 최고경영자인 대니얼 번햄(Daniel Burnham)이 그 대표적 예이다. 인재를 핵심적 자원으로 존중하는 기업 문화로 인해, '인재 전쟁'이 심화되어만 가는 미국 시장에서 허니웰 인터내셔널이 가장 준비가 잘 된 기업 중 하나로 자리매김할 수 있었음은 두말할 나위도 없을 것이다.

사업적 필요성

1980대에 얼라이드시그널은 지속적인 성장 둔화를 경험하고 있었다. 이를 극복하고 다음 단계로 도약하기 위한 고민이 많았지만 대부분의 임원들은 당시 상식적 수준의 해결책 밖에 제시하지 못하였다. 당시에 얼라이드시그널이 사용했던 해결책은 잦은 인수합병이었다. 그러나 일부 경영진의 경영 실패와 그에 따른 성장 둔화로 인해 결과적으로는 경쟁구도에서 뒤쳐지고 있었다.

고전을 면치 못하는 많은 기업의 경우와 마찬가지로 얼라이드시그널 또한 간과하였던, 그러나 가장 핵심적인 문제는 회사 내에 '사람'을 관리하는 체계적 프로세스가 없었다는 점이었다. 효과적이고 일관성 있는 평가 프로세스가 없었음은 물론, 직원들이 사업본부 간에 이동할 수 있는 기회도 거의 없었다. 인사부서가 있기는 했지만 전략적 기능보다는 노사관계, 보상운영 등과 같이 행정적 업무만을 수행하고 있었다. 얼라이드시그널에도 훌륭한 관리자와 직원들이 있었지만 이들을 육성하고 개발해서 제대로 실력 발휘를 할 수 있는 곳에 배치하겠다는 '육성 마인드'는 없었던 것이다.

이러한 상황은 1991년에 래리 보씨디가 제너럴 일렉트릭(General Electric)의 임원에서 얼라이드시그널의 최고경영자로 부임해오면서 변화하기 시작한다. 얼라이드시그널의 최고경영자로 부임하여 첫 18개월 동안 래리 보씨디는 회사 전체를 순시하면서 직원과의 커뮤니케이션을 시도했고, 역량 있는 인재의 중요성과 석세션플래닝의 프로세스화에 대한 자신의 비전을 전달하였다. 그는 첫해에만 15,000명에게 이러한 비전을 제시하였고, 시장 상황과 전략에 대해 설명하거나 토론을 벌이는 등 직원 교육에 매진하였다. 얼라이드시그널의 직원관리에 대한 이념과 문화 그리고 전략적 방향까지 바꾸어 놓은 그야말로 대대적 혁신의 시작이었다. 래리 보씨디는 인재를 개발 및 육성시키고 효율적으로 활용할 수 있는 단계적이고 체계적인 프로세스를 구축하기 시작하였다.

인사부문의 부사장인 돈 레드링거(Don Redlinger)로부터 시작하여 경영진은 '고성과 조직이 사람보다 우선시되며 전략은 그 다음'이라는 철학을 바탕으로 조직을 운영하기 시작하였다. 얼라이드시그널의 단기 · 중기 · 장기 목표를 달성하기 위해 필수불가결한, 적재적소의 인력 배치를 이룰 수 있는 가장 효과적인 방법은 실천 중심의 정교한 석세션플래닝이라는 점이 강조되었다. 이러한 얼라이드시그널의 경험은 인사 전문가들에게 중요한 사실을 시사하였다. 석세션플래닝 구축이 중요한 이슈임을 부각시키는 효과적인 방법은 전사 차원에서 석세션 운영의 중요성에 대해 교육하고 석세션 운영이 어떻게 사업 성과로 이어질 수 있을지를 강조하는 것이다. 물론 경영진이 넓은 시야를 가지고 있을 경우, 위의 과정은 훨씬 수월해질 수 있다. (이런 경우 과정은 수월해지겠지만 그만큼 HR 부서에 기대하는 성과 수준도 높아질 것이다.)

얼라이드시그널에서 20년째 근무하고 있던 프레드 포세스가 래리 보씨디의 부임 후 자신의 역량을 발휘할 수 있게 된 사례는 인재개발에 대한 강조가 실제로 어떻게 진행되었는지 알 수 있게 해준다. 포세스는 회사에 대한 깊은 열정과 상당한 수준의 지식을 가지고 있음은 물론이고, 훌륭한 사업 마인드를 지니고 있었다. 다른 모든 영역에서는 관리자로서 출중한 자질을 갖추었지만 유독 인사에 있어서는 자신이 없었는데, 그러던 중 수십억 달러가 되는 자재 사업을 효과적으로 운영해 나가기 위해서는 더 나은 역량의 인력이 필요하다는 것을 절감하게 되었다. 래리 보씨디는 멘토로서 포세스에게 지도와 지원을 아끼지 않았고, 이에 포세스는 래리 보씨디의 지침에 따라 역량 있는 최고인사책임자 한 명을 영입하기로 결정을 내렸다. 곧 포세스 주위 모든 사람의 역량이 향상되었고, 그는 긍정적인 결과를 체감할 수 있었다. 얼라이드시그널의 인재중심이라는 새로운 문화 안에서 7년 동안 값진 경험을 한 포세스는 2000년도에 아메리칸 스탠다드(American Standard)의 최고경영자로 부임하여 회사를 한 단계 발전시키는 데 큰 공헌을 하였다.

얼라이드시그널의 경영진은 한 사업의 존폐를 논의할 때마다 그 사업이 보유하고 있는 인재의 수준을 고려하는 것부터 시작하였다. 직급별 인재에 대한 조사를 실시하고, 상사로 하여금 인재 육성의 책임을 지도록 역할을 부여해 핵심 인재를 체계적으로 육성시키며, 이들을 적재적소에 배치하는 일련의 과정에 중점을 두었다. 또한, 지속적인 발전을 위해서 석세션 전략을 전사적 사업 전략과 연계시키는 것도 잊지 않았다.

얼라이드시그널은 많은 강점을 보유한 기업임에도 운영상의 개선이 절실하였다. 운영 성과 기준도 높지 않았고 운영 효율성도 낮은 상황이었다. 그 예로 얼라이드시그널은 현대적 공급망 관리 체계를 구축하지 못한 상태였고, 회사의 미래 비전에 따라 구매를 결정하는 것이 아니라 전적으로 가격에 의존한 결정이 이루어지고 있었다. 성장 전략 또한 명확하지 않았고 희망 내지는 바람직한 기대에 대한 내용이었다.

이러한 운영상의 약점을 극복하기 위하여 얼라이드시그널은 운영과 인력 모두에 대한 기대 수준을 꾸준히 높이기로 하였으며, 직무 간 인력 이동을 보다 활성화함으로써 모든 경영자와 관리자들은 자신의 경력 개발이 궁극적으로 사업 운영의 성과를 향상시킬 수 있다고 인식하게 되었다. 즉, 인재 관리를 통해 목표한 결과를 성취하고, 인재 포트폴리오에 대해 전략적으로 사고하며, 필요한 곳에 인재를 배치하고자 하는 것이다.

이 접근 방식이 특히 두드러진 곳이 자동차 산업이다. 최근 자동차 공급업

체들이 시장의 성숙화에 따른 경쟁심화로 인해 많은 압박을 받고 있다고 하지만, 90년대 중반의 상황은 더욱 힘들었다. 얼라이드시그널의 주요 고객이었던 미국 자동차 생산업체들은 아시아와 유럽의 경쟁사들에게 시장 점유율을 크게 빼앗기고 있었다. 이러한 상황에서 주문자 상표에 의한 제품 생산자(OEM: Original Equipment Manufacturer)들은 제품 개발에 따른 비용 증가가 불가피함에도 연간 가격 할인을 요구하였다.

허니웰은 자산과 운영 측면에서 해결책을 찾으려 하기보다 인적 자원에 초점을 둔 근본적인 치유 방안을 세우고자 노력하였다. 그들은 당면한 문제에 책임져야 할 직원은 과감히 퇴출하고 그 자리에 도전 과제를 감당할 수 있는 직원을 재배치하였으며 미래 사업에 적임자들을 투입시키는 계획을 수립함으로써 사업 회생을 결심한 것이다. 자동차 산업 내에서 비슷한 수준의 인력을 충원하는 관습을 반복하기보다는 제너럴 일렉트릭, 에머슨(Emerson), 펩시(PepsiCo)와 같이 석세션플래닝을 중요시하는 문화를 가진 고성과 조직에서 직원을 채용하였다. 비록 자동차 산업에서 일한 적이 없더라도 의지와 재능이 있고 결과지향적이며 똑똑한 인력, 그리고 무엇보다 자동차 부품사업을 한 단계 더 끌어 올리려는 허니웰의 새로운 기업 문화에 부합하는 인재들을 채용한 것이다. 허니웰 회생의 주된 무기는 '인재 육성'과 '석세션플래닝'이었다.

얼라이드시그널은 교육 훈련, 기술 개발, 학습을 회사의 중요한 가치로 설정하였다. 예를 들어 얼라이드시그널의 전 직원은 전통적 강의 형식의 학습에서부터 현장에서 이루어지는 내부 인턴십까지 다양한 형태의 학습을 40시간 이상 이수하게 되어 있다. 유럽과 아시아뿐만 아니라 뉴저지의 얼라이드시그널 본사에 새로운 학습센터가 개관되었다. 전통적인 제조 업체에서의 이러한 투자는 장기적 학습의 중요성을 전 직원에게 일깨워주는 계기가 되었으며 얼라이드시그널의 학습센터는 자기개발에 참여하는 전 직원의 역량 수준을 향상시키는 데 주된 역할을 하게되었다. 래리 보씨디는 업무 시간의 약 20%를 임원을 대상으로 한 강의에 투자했으며, 임원 각자에게 업무 시간의 10~20%를 부하직원을 위한 강의에 투자하도록 지시하기도 하였다.

이러한 노력으로 얼라이드시그널은 학구적인 회사, 공부하는 회사로 명성을 떨치게 되었다. 인재개발을 주도함으로써 기업 성공을 거두었을 뿐 아니라, 미국 기업 전반에 리더십 향상을 가져온 제너럴 일렉트릭, 펩시, 프록터앤갬블 등 굴지의 기업들과 어깨를 나란히 하는 기업으로 평가받게 되었다.

이러한 새로운 전략이 실현되어 감에 따라 얼라이드시그널의 인재개발과 석세션플래닝에 관한 끊임 없는 노력은 고객의 이익으로 이어졌다. 직원의 역량이 향상되면서 보다 사려 깊고 신속한 고객 응대가 가능해졌으며, 고객은 이와 같은 직원 역량 강화가 회사 전반의 발전을 입증하는 신뢰도 높은 지표로 인식하였다. 허니웰의 인재개발 프로세스를 벤치마킹하기 위해 많은 회사들이 실행 과정을 꼼꼼히 관찰해 가기도 한다.

우선 원칙의 확립

인재 관리와 석세션플래닝이 얼라이드시그널과 허니웰 모두의 발전을 위해 핵심적 수단으로 활용될 것이라는 것은 분명하지만, 무엇보다도 중요한 점은 그것이 기업 문화로서 정착하게 하는 것이다. 이를 위해서 경영진과 관리자들이 단순한 말치레에만 그치지 않고 인재를 중요 '자원'으로서 존중하는 태도를 갖도록 요구되었으며, 리더십과 관리의 모든 측면이 반영된 7가지 우선 원칙이 정립되었다.

'인재개발과 석세션플래닝이 조직 운영 철학이라는 전사적 차원의 인식'이

첫 번째 중요한 원칙이었다. 래리 보씨디를 비롯한 모든 경영진은 인재개발과 석세션에 대한 강한 의지야말로 기업문화의 주축임을 역설하였으며, 전 직원에게 이러한 문화를 구축하는 데 동참하라고 요구하였다. 사업관리자뿐 아니라 재무, 세일즈, 마케팅, 인사부서에 이르는 모든 관리자들은 직원 각자에게 자신의 영역에서 '벤치'를 구축할 책임이 있었다. 모든 임원과 관리자들은 석세션플래닝을 혁신의 수단으로 활용함에 많은 위험이 수반될 것을 미리 인지하고 있었다. 그러나 이러한 혁신에 따른 희생과 헌신에도 이들은 이것이 올바른 선택이라는 신념하에 적극적으로 실행한 것이다.

만약 경영진 중 누군가가 인재개발 및 석세션플래닝과 관련한 책무를 다하지 못했다면 경영자로서 역량이 부족한 것으로 간주되었고, 이는 해당 연도 보너스뿐만 아니라 보상인상률과 진급에까지 부정적인 영향을 미쳤다. 석세션 체계의 운영에 있어서 부족한 역량이 발견되면 반드시 인사담당자와 상담해서 부족한 부분을 채우도록 요구되었다. 모든 임원과 관리자들은 스스로 벤치를 구축함으로써 전사의 '벤치의 힘'을 강화하는 데 이바지해야 했었다.

두 번째 원칙은 '경영진과 임원들에게 진실된 피드백을 제공하려는 의지'이다. 얼라이드시그널은 전 세계에 흩어져 있는 관리자들의 성과 목표를 명확하게 하기 위해서 체계적인 성과 평가 프로세스를 구축하였다. 이를 통해서 매년 말 관리자들은 자신에게 부여된 목표를 얼마나 달성했는지 수준을 평가받고 구체적인 피드백을 받을 수 있었다. 얼라이드시그널의 20개가 넘는 사업부의 부서장들에게는 추가로 인재별 육성 상황과 석세션플래닝의 운영 정도를 검토할 것과 최하위 직원에 이르기까지 전 직원이 석세션 프로세스에 참여하도록 지도할 것이 요구되었다. 즉, 석세션플래닝의 실행에 대한 전적인 책임이 사업부서장들에게 있게 된 것이다.

평가 프로세스는 비교적 단순한 절차로 구성되었고, 이 과정에서 사용되는

인재를 자원으로 존중하는 7가지 원칙

1_ 인재개발과 석세션플래닝이 조직의 운영 철학이라는 전 사적 차원의 인식

2_ 경영진과 임원들에게 진실된 피드백을 제공하려는 의지

3_ 인재개발 프로세스를 전 세계를 무대로 진행

4_ 인적자원의 현 상태와 미래 수준 사이의 균형적 개발에 초점을 두고 노력

5_ 최고의 인재를 유치하고 개발하되, 동시에 회사의 발전 에 도움을 주지 못하는 인력은 가려내는 것

6_ 잠재력 있는 임원과 관리자의 역량 극대화

7_ 임원과 관리자에 대한 보상 수준은 전년도 목표 대비 업 무 성취도와 장기적 관점에서 회사에 이바지할 가치와 잠재력 반영

모든 근거 자료는 철저히 사실에만 바탕을 두었다. 임원 각자에게 부과되는 목표는 오해의 소지가 없도록 확실히 전달되었으며, 달성 정도를 측정할 방법에 대해서도 미리 협의하였다. 목표 대비 성과를 평가한 자료를 기초로 일 년 동안 지속적으로 논의가 이루어졌고, 만약 임원이 자신의 부하직원 중 가능성이 있는 인재를 발견했다면 그 직원의 잠재적 역량을 실현시킬 수 있는 구체적인 방안을 수립하여 공식적인 창구를 통해 추천하도록 하였다. 만약 역량 개발의 방안으로 해외파견을 추천하였다면, 임원은 그 직원의 직속 상사와 파견의 종류 및 파견 시기 등 구체적 사항을 논의하기 시작하고, 전근이 직원 가족에게 미칠 수 있는 잠재적인 어려움에 대해 직원과 이야기 하였다. 그 후 직원이 실제로 파견 나갈 수 있게 제반 사항을 처리하고 실행에 옮기는 것은 HR 부서의 몫이었다.

평가 프로세스가 유용하게 활용된 것은 어떤 인력이 언제 어디로 전근을

가야 할지, 그 구체적인 행동 계획을 수립하는 것뿐만 아니라 인력운용 전반이었다. 한 예로 각 사업부의 임원들은 평가결과를 통하여 부서 내 인재 상황을 파악할 수 있었고, 충분한 배경지식을 가지고서 인력관리에 대해 논의할 수 있었다. 직원들은 자신의 강점 및 약점에 대한 수준 높은 피드백을 들을 수 있었고, 회사 안에서 자신의 위치가 어떻게 변할지 그 정확한 방향을 확인할 수 있었다. 이 모든 정보는 진실하고 솔직하게 전달되었고, 평가 결과에 대한 직원들의 피드백을 다시 반영해서, 최종 합의점에 도달하기 위해 논의할 수 있는 시간 또한 주어졌다.

세 번째 원칙은 '인재개발 프로세스를 진 세계를 무대로 진행한다'는 점이었다. 미국에 본사를 둔 많은 회사들이 자주 범하는 실수는 세계 어느 지역에 있는 지사이든지 간에 자국민을 파견시키면 현지 관리자들을 통솔하는데 문제가 없을 것이라는 생각으로 미국인에만 국한하여 역량 개발을 실시하는 것이다. 하지만, 얼라이드시그널은 이와는 달리 역량 있는 현지 임원을 채용하는 데에 주안점을 두었다. 1990년대 미국 전체가 심각한 수준의 고급인력난을 경험하고 있을 당시, 얼라이드시그널은 세계를 무대로 인력수급에 나섰다. 세계적 규모의 노동력 충원은 각 지역 시장의 차이점을 고려한 것이기도 하였다.

기업문화를 바꾸는 데 기여를 한 네 번째 원칙으로는 '인적자원의 현 상태와 미래수준 사이의 균형 유지를 위해 얼라이드시그널이 세심한 노력을 기울인 점'을 꼽을 수 있다. 즉, 임원들에게 주어진 인재관리의 목표를 성취하는 것과 회사의 번영을 위해 재능 있는 인재를 개발하는 것이 모두 중요함을 강조한 것이다. 인재를 적재적소에 배치함으로써 업무 효율성을 높이고 성과 수준을 향상시키는 것(인적자원의 현 상태)이 강조되는 만큼, 재능있는 인재를 개발하기 위해 임원들이 어떤 식으로 노력하는 지(인적자원의 미래 수준)도 중요시 되었다.

얼라이드시그널의 혁신에 공헌한 다섯 번째 원칙은 '최고의 인재를 유지하고 개발하되, 회사의 발전에 도움을 주지 못하는 인력은 가려내는 것'이었다. 얼라이드시그널의 석세션 체계가 자리 잡히자 경력자들 사이에서 '얼라이드시그널에서 근무한 경험이 있다면 원하는 회사 어디든 갈 수 있다.'라는 소문이 돌만큼 인재 사관학교로서의 면모를 갖추게 되었고, 점차 많은 A급 인력을 확보할 수 있었다. 인재들은 얼라이드시그널에 입사하면 역량 개발의 기회가 주어질 것이고 특별한 대우를 받을 것을 알고 있었고, 더욱이 A급 인력은 A급 인재들과 함께 일하고 싶어하는 경향을 보이므로 점점 더 많은 인재들이 얼라이드시그널에 매료되었다. 또한, 실제 임원단이 증명하듯 얼라이드시그널에서는 고성과자뿐만 아니라 꾸준히 안정적 성과를 내는 인재도 좋은 대우를 받을 수 있었다.

이러한 회사 분위기를 만드는 데에는 '터프 러브(tough love)'라는 정신이 결정적 역할을 하였다. 저성과자들에게도 많은 지원과 격려가 주어지는 것은 사실이었지만 조직의 방향성과 맞지 않는 인력이라는 판단이 내려지면 그에 대한 분명한 메시지가 전달되었다. 얼라이드시그널의 임원들은 핵심적 자리에는 반드시 풍부한 경험과 안정적 직무 수행이 가능한 핵심 인재가 앉아야만 한다는 사실을 충분히 인식하고 있었다. 얼라이드시그널의 궁극적 목표는 회사에 몸 담고 있는 모든 이들을 항상 존중하는 것이다.

인재를 적재적소에 배치하기 위해 노력하는 회사가 범할 수 있는 큰 실수 중 하나는 특정한 인재가 그 자리에 꼭 필요하다는 이유로 보다 많은 책임을 감당할 수 있는 직원을 하위 직급에 머물게 하는 것이다. 성장을 위해 다양한 경험이 필요한 인재에게서 발전의 기회를 박탈해 버리는 이러한 배치는 석세션 운영을 크게 해치는 요인으로 작용한다. 또한, 고성과자와 저성과자를 동일하게 취급해버리는 것도 비효율적인데, 얼라이드시그널은 이러한 우를 범하지 않기 위해 직원을 'A', 'B', 'C' 급으로 나누고 등급에 따라 보상을 차별화했다. 안정적인 성과를 내는 직원에게는 그들이 회사에 얼마나 가치 있는 존재인지를 확실히 표현하였고, 반면에 지속적으로 낮은 성과를 내는 직원에게는 코칭 등 필요한 지원을 아끼지 않으면서도 그들이 어쩌면 다른 회사에서 더 큰 성공을 이룰 지도 모른다는 점을 이해시키고 다른 곳으로 이동해 볼 것을 권유하는 데 주저하지 않았다. 만약 저성과자의 업적에 특별한 발전이 없을 시에는 퇴사가 요구되었다.

여섯 번째로 중요한 원칙은 효율적인 석세션플래닝의 중요한 동인인 '잠재력있는 임원과 관리자의 역량 극대화'였다. 이 원칙을 실현시키기 위하여 유용한 훈련 프로그램과 다양한 교육 기회들이 사용되었다. 경영진 및 임원들은 경력 개발에 필요한 역량을 개발하도록 요구되었고 얼라이드시그널의 사업부분마다 사업별 전략과 연계된 개발 사항이 제시되었다. 경영진은 책임지고 이러한 교육 기회가 전 임원에게 제공될 수 있도록 적극적으로 관리해야 했다.

단순한 유경험자와 인재를 구별하기 위하여 프로젝트를 추진해보거나 팀을 구성해 일하도록 하는 등 평소 업무와는 다른 업무를 할당하는 방식이 사용되곤 했는데, 이 방식이 경영진 후보군의 잠재력을 파악하고 발전시키기 위한 '도전적 과제(Stretch Assignment: 현 상태로는 해낼 수 있는 확률이 낮은 새로운 과제)'로 발전하게 된다. 실패와 성공의 확률이 반반인 과제를 부여하는 것은 인재들의 승부욕을 자극하고 그들이 가진 역량을 최대한으로 이끌어 내는 경향이 있었다. 만일 과제를 성공적으로 마무리 짓지 못하더라도 고난이도의 과제를 접했던 경험 때문에 다음으로 주어지는 평이한 수준의 과제는 상대적으로 쉽게 느낄 것이다. 도전적 과제를 통해 많은 후보군이 단련될수록 얼라이드시그널의 운영이 효율화되고, 이러한 변화가 전사적으로 퍼져 나갈 것은 당연한 일이었다.

마지막은 '임원과 관리자에 대한 보상 수준은 전년도 목표 대비 업무 성취도뿐만 아니라 장기적인 관점에서 회사에 기여할 가치 혹은 잠재력 또한

*반영해야 한다.*라는 원칙이다. 임원이 그 해 얼마나 많은 보너스를 받을 것인지는 전년도에 얼마나 많은 성과를 냈는지와 임원이 회사에 가져다줄 장기적인 가치를 함께 반영한 것이어야만 한다. '도전적 과제'를 부여 받았던 임원에게는 단기적인 성공 여부보다는 미래에 더 나은 성과를 보일 것이라는 기대를 고려한 보상이 이루어져야 한다. 마찬가지로 개인이 통제할 수 없는 상황에서 이루어진 성과 여부, 예를 들어 중요 고객의 금전적 상황이 악화하였을 때도 같이 고려된다. 만약 직원이 경험을 통해서 배우고 있으며, 신뢰를 저버리지 않는 수준이라고 판단될 때에는 장기적 스톡옵션과 같은 다양한 형태로 보상이 지급되었다. 이처럼 얼라이드시그널의 보상 체계는 인재가 회사로부터 얼마나 존중받고 있는지를 피부로 느끼도록 하는 도구 중 하나이며, 회사에 대한 장기적 헌신을 유도하는 것이 그 궁극적 목적이다.

과제에 대한 공개토론 실시

인재관리와 석세션플래닝의 수립을 기업의 최우선 과제로 삼고 이를 경영의 원칙과 목표로 확고히 해나가는 과정에서 얼라이드시그널은 석세션플래닝의 원활한 운영을 촉진할 수 있는 메커니즘 및 도구를 개발하고 발전시켜 나갈 필요가 생겼다.

이에 따라, 임원에게는 1년에 한 번씩 연간 운용계획, 전략계획, 인적자원계획을 제출해야 할 의무가 생겼다. 이 중 인적자원계획 수립 시에는 인사부서의 최고책임자 및 해당 임원 그리고 임원의 상사가 한 데 모여 2차례에 걸쳐 회의를 진행하였다. 또한, 매년 가을에는 임원 각자가 석세션과 인재개발에 있어 목표를 얼마나 달성했는지 평가하는 자리가 열렸고, 6개월 후의 후속 회의에서는 연초에 수립한 전사적 인적자원계획이 얼마나 충실히 이행됐는지가 평가되었다. 이 모든 과정은 래리 보씨디가 자신의 경영 스타일과 결합시켰던 '실행'의 원칙에 부합하는 것이었다.

이 모든 회의를 준비하고 실행하는 것은 인사부서가 담당하는 중요한 업무 중 하나였다. 얼라이드시그널은 회사의 비즈니스에 대해 각자가 얼마나 잘 이해하고 있는지, 그리고 인재개발에 대한 활동계획이 사업단위의 전략에 따라 제대로 이행되고 있는지를 정확히 판단해 내는데 '토론'이 가장 효율적인 수단이라고 확신했으며, 얼마나 깔끔하게 문서화하는 지가 중요한 것이 아니라 그 안에 담긴 생각의 깊이가 중요한 것이라고 믿고 있었다.

90년대 얼라이드시그널 경영의 근간이 되는 기본 구조인 이 모든 인적자원 관리 관련 회의는 얼라이드시그널의 보고서 작성 체계와 함께 '경영 자원 리뷰(Management Resources Review)'라는 이름으로 통칭되고 있고(경영 자원 리뷰 중 보고서 작성 요소에 대한 자세한 설명은 추후에 나올 것이다.), 이는 지금까지도 타 기업에 의해 벤치마킹되고 있는 핵심적 과정이다. 인적자원관리 회의와 그 결과는 석세션플래닝의 실행에 있어서 중요한 도구이고 또 인재개발과 석세션 관리에 중점을 둔 기업 문화의 실현에 있어서도 중요한 도구로 평가되고 있다. 직원의 몰입과 헌신을 유도하여 성과 향상을 이룩하는 주요 원동력으로 작용한 얼라이드시그널의 각종 회의는 경영진 각자가 약 10개의 사업부를 담당하고 있기 때문에 횟수로만 따져도 중요한 이벤트로 자리 잡을 수 밖에 없다. 때로는 8~9시간짜리 마라톤 회의가 진행되는 때도 있는데, 이는 얼라이드시그널이 회의를 얼마나 중요한 실행 도구로 생각하고 있는지를 증명해 준다.

경영 자원 리뷰의 토론 세션인 인적자원관리 회의가 형식적으로 진행되는 것은 아니다. 임원들은 자신의 부하직원이 보이는 구체적 행동에 초점을 두고 논의할 수 있도록 답변을 미리 준비해야만 한다. 아무런 제약 없이 다양한 측면에서 논의가 진행되기 때문에 예상 질문을 생각하여 미리 답변을 연습해 가는 것은 처음부터 불가능하다. 질문에 당황하거나 연관성이 없는 안건으로 시간을 허비하는 일은 용납되지 않는다. 모든 회의 참석자들은 자유롭게 피드백을 주고 받으며, 이러한 방식으로 회의는 소기의 목적을 달성한다.

기업의 인재관리와 석세션 관리 리뷰를 지원하고 발전시키는 업무는 인사부서가 담당하고 있는 매우 중요하고 특수한 역할이었다. 래리 보씨디는 각 사업본부의 최고위층 책임자를 만나 리뷰한 후에 인사부서의 도움을 받아 점검해야 할 주요 이슈를 문서로 정리하였다. (문서화는 회의를 통하여 협의된 공식적 사항이었으나, 어느 정도의 자유재량은 허용되었다.) 문서화는 6개월 후 다음 인적자원관리 회의가 열리기 전까지 완료되어야만 한다. 6개월 후 임원들이 래리 보씨디와 직접 만나서 반기 전 회의에서 중점적으로 논의되었고 두 페이지 분량의 문서로 정리된 협의 이슈에 대한 평가를 받게 된다. 만약 계획했던 인재관리나 석세션 협의 사항들을 제대로 수행하지 못했을 경우, 이것은 운영상·재무상의 손실을 가져온 것과 마찬가지로 간주되었다.

얼라이드시그널의 전사적 방향성 설정에 있어 인사부서는 결정적 역할을 했는데, 이로 인해 인사부서는 낮은 부가가치를 지닌 실행 중심의 지원부서가 아니라, 높은 부가가치를 창출해 내는 최고 경영층의 파트너로 인식되었다. 인사부서는 인재관리와 석세션 프로세스에 확고한 원칙을 적용시켜 하나의 조직적 체계로 완성해 나가는 중요한 역할을 수행하였다. 역량이 뛰어난 부서장일수록 직원의 역량 개발에 초점을 둔 부서 운영의 과정에서 최고인사책임자의 힘을 빌리는 정도가 컸고, 자신은 일상적인 업무처리를 진행하는 데 보다 많은 힘을 쏟을 수 있었다. 부서장과 최고인사책임자의 이와 같은 협동은 부서장이 석세션 운영 전략을 구축하는 과정이나, 인재의 파이프라인을 즉각적으로 충원하는 과정, 교육 프로그램을 개발 및 확장시키고 실제로 수행하는 과정 등에서 이루어졌다.

석세션플래닝을 위한 문서

얼라이드시그널은 자신들의 석세션 원칙을 '경영 자원 리뷰'라는 특정한 도구를 통해 구체화시켰다. 이는 경영진 각자가 인재개발 전략을 수립하고 수행하는 과정을 조직화할 수 있도록, 그리고 인적자원관리 관련 회의 일시를 기입할 수 있도록 몇 페이지로 구성되어 있다. 이 양식의 중요성을 인식하고 작성하는 것은 경영진과 인사부서에만 한정된 업무가 아닌 회사의 모든 리더들에게 부과되는 중요한 책무였다.

경영 자원 리뷰의 첫 번째 페이지에는 경영 전략 실행에 있어 인사상 시사점에 관한 내용(예시 5-1 참조)이 정리되어 있다. 이 페이지의 왼쪽 부분에는 그해 경영상의 이슈들을, 오른쪽 부분에는 경영상 이슈 각각에 따른 인사상의 시사점을 기재하게 되어 있다. 예를 들어, 만약 어떤 사업부에서 중국에서의 마케팅 부문 활성화를 계획하고 그것을 경영이슈로 삼았다면 이에 따른 인사상의 시사점은 '중국 지역 25명의 영업 대표 채용'과 '서유럽 영업부서의 인원을 감축함으로써 중국 마케팅 활성화 지원' 등이 될 수 있다. 이러한 과정을 통해 인재 및 석세션 관리가 실제 기업 운영 및 전략 실행 상에서 큰 비중으로 다루어질 수 있었다.

경영 자원 리뷰의 두 번째 페이지에는 통계적 수치들이 포괄적으로 나열되어 있는데, 이는 조직이 튼실한 정도를 인적자원의 개념으로 설명해 준다. 이 통계 자료는 인재개발과 석세션 결정을 위한 시사점을 이해하는데 매우 유용한 자료로, 미국과 국외 사업부의 임직원 및 신규 입사자의 수를 포함하여 기업의 각종 통계상 변화가 수치로 나타나 있다. 또한, 다양한 직무와 다양한 직급의 직원을 조사하여 특정 부서에서 특정 직무를 수행하는 평균 기간과 직급에 대한 자료도 찾아볼 수 있다. 석세션에 대한 깊이 있는 논의가 가능하도록 많은 정보가 수집되어 있어서, 석세션의 중요성에 대해 훈련을 받은 경영진이라면 이 자료를 검토하는 것만으로도 많은 논의점을 찾

핵심 비즈니스 동인 Key Business Drivers	인사상 시사점 HR Implications
□ 유럽지역 매출액 12% 증가 □ 상품 X에 대한 새로운 시장 개척 □ 처리속도 20% 향상을 위한 유선형 　공급망 도입	□ 해당 지역에 경험이 많은 영업 매니저 증파 □ 유럽 영업 팀 대상 상품 교육 완료 □ 소비자 부문의 시장확대를 위한 경험 많은 　영업담당 리더 채용 □ 신상품 출시를 지원하기 위해 현 아시아 　인사부서의 역량 업그레이드 □ 핵심직원에 대한 영업기술 교육 실시 □ 시장개발을 지원하기 위해 12개월 동안 　2명의 연구원 재배정 □ 본부의 물류센터 조직 개선 □ 전문 기술팀을 신시네티에서 LA로 이동

아낼 수 있을 것이다. 자료를 통해 경영진은 자신의 경영 요구에 맞게 조직이 운영되어 왔는지를 판단할 수 있으며, 그 결과에 따라 필요한 의사결정을 내릴 수도 있다.

세 번째 페이지는 일반적인 조직도인데, 이 조직도에는 임원의 입사일자와 현재 직위 등에 관한 자세한 사항이 함께 표시되어 있다(예시 5-2 참조). 각 사업부가 왜 현재와 같은 모습으로 구성되게 되었는지 그 이유를 조직의 니즈 측면에서 살펴볼 수 있고, 각 사업부의 경영자가 운영 책임자로서 인사상 올바른 결정을 내리고 적절한 인력 배치를 하고 있는 지도 검토할 수 있다. 또한, 경영진이 인력을 조화롭게 배치하는 역량을 갖추고 있는지에 대한 근거 자료로도 사용할 수 있는데, 젊은 패기만 믿고 막연한 낙관주의를 보이는 신입직원과 경력이 풍부한 직원을 잘 융화시킬 수 있는지, 이미 기존 방식에 익숙해진 직원과 새로운 아이디어로 넘치는 직원을 융화시

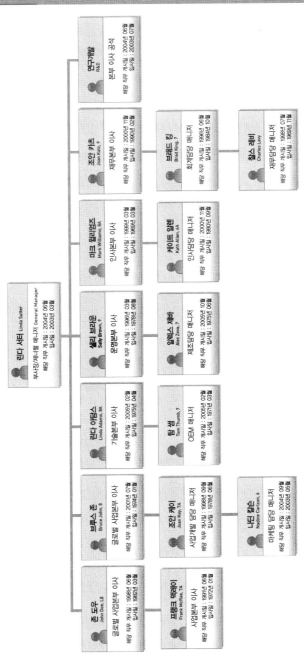

킬 수 있는지, 우뇌가 발달한 직원과 좌뇌가 발달한 직원을 조화롭게 조직 속에 동화시킬 수 있는지도 파악할 수 있다. 조직도를 면밀히 검토함으로써 특정 사업부가 지속적으로 발전 가능토록 효율적으로 인적 자원이 분배되었는지, 그래서 조직 구조가 결국 경영전략을 효과적으로 지원하고 있는지를 판단할 수 있다. 만약 조직의 구조가 경영전략에 맞지 않는다고 판단되면 조직도는 실제 구조와 함께 변경된다. 경영 자원 리뷰에는 보충적인 차트 하나가 포함돼 있는데 '대안적인 조직 구조'라고 불리는 차트가 바로 그것이다(예시 5-3 참조). 각 사업부 책임자는 이 대안적 조직 구조를 활용하여 인력을 재배치한다면 기존 조직의 문제점이 어떻게 해결될 수 있을지 검토할 수 있다.

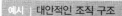

예시 | 대안적인 조직 구조　　　　　　　　　　　　　　　　　5-3

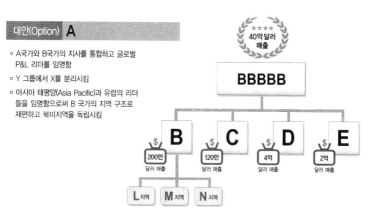

대안(Option) A

- A국가와 B국가의 지사를 통합하고 글로벌 P&L 리더를 임명함
- Y 그룹에서 X를 분리시킴
- 아시아 태평양(Asia Pacific)과 유럽의 리더들을 임명함으로써 B 국가의 지역 구조로 재편하고 북미지역을 독립시킴

40억달러 매출

BBBBB

B — 200만 달러 매출
C — 120만 달러 매출
D — 4억 달러 매출
E — 2억 달러 매출

L 지역　M 지역　N 지역

| 본 대안의 사업상의 가치 |

- 지역 구조로 이행함으로써 점차 증대하고 있는 지역별 요구에 대응할 수 있음
- X를 신설함으로써 존슨(Johnson)에게 도전적인 과제를 부여하고 인재의 유지에 기여함
- A와 B국가의 지사를 통합함으로써 판매관리비(SG&A)를 절감할 수 있음

이름: 조 스미스(Joe Smith)
마케팅 부사장(VP)

성과, 특징 및 업무 행동

스킬 Skill	뛰어남 Excellent	보통 At Standard	미흡 Below Standard
사업적 감각 (Business Acumen)	X		
고객지향 (Customer Focus)	X		
전략적 통찰력(Strategic Insight)		X	
비전 및 목적의식(Vision and Purpose)	X		
가치관 및 윤리의식 (Values and Ethics)		X	
실행력(Action)	X		
헌신(Commitment)	X		
팀워크(Teamwork)		X	
혁신(Innovation)	X		
인력운용(Staffing)			X
인재양성(Developing People)		X	
성과(Performance)	X		

결과 요약

2005년 주요 성과
□ 유럽에서 X 브랜드를 재런칭 하고 양적으로 50% 신장
□ 혁신적인 영업·마케팅 연계방안을 통해 새로운 도매시장을 오픈

2005년 미 달성 목표
□ 이탈리아의 주요 고객 상실
□ 일본 시장 고객을 지원할 수 있는 일본인 마케팅 리더 고용 실패

2005년 도전 과제
□ 재런칭 전략 실행

주요 강점
□ 훌륭한 사업적 역량과 통찰력
□ 높은 수준의 목표를 설정하고, 타의 모범이 되는 역할 모델

육성 필요점
□ 부하직원들을 코칭할 수 있는 역량 배양
□ 저조한 성과를 내는 직원들을 개발할 수 있도록 더욱 빠른 조치가 필요

육성계획
□ 부하직원 코칭 등 인사부서의 도움을 받아 인재관리 스킬 향상

단기 가능성(0~2년)
□ 현 직위 유지

중·장기 가능성(2년 이후)
□ 지속적인 성장을 한다면, 사업본부장으로 이동 가능

경영 자원 리뷰의 다음 프로세스는 관리자들이 맡고 있는 Top 10 또는 Top 20에 해당하는 직원에 대한 평가이다. '지속적인 성장 프로파일' 양식에는 대상자의 최근 성과와 강·약점, 개발 계획, 경력 계획 등이 한 장으로 기록되어 있다(예시 5-4 참조).

인적자원계획 회의가 그렇게 오래 걸리는 이유 중 하나는 이 단계에서 토론이 길어지기 때문이다. 인사부 직원이 래리 보씨디와 최고인사책임자 등과 편히 앉아서 철학적인 이야기나 주고받을 것이라고 생각하면 큰 오산이다. 회의 중에는 성과 향상을 달성하기 위한 핵심적 도구로서 실행 가능한 인재 육성 계획과 구체적인 활동 계획이 수립된다. 회의가 끝날 무렵에 임원들은 상세하게 정의된 활동 계획을 부여받게 되는데, 이때부터 세부적 행동 계획의 실행이 시작되는 것이다.

경영진 또한 담당사업부의 임직원들에 대해 포괄적 기준에 의한 평가뿐 아니라 세부적 행동 기준에 의한 평가도 실시하도록 요구되었다. 얼라이드시그널의 모든 평가는 직원의 과거 행동을 평가하는 데에 머무르지 않고 미래의 가치에 대한 평가까지 포함되도록 장려되었다. 이처럼 명확하고 구체적으로 표현된 평가 결과를 통해 솔직하고도 날카로운 토론이 가능했던 것이다. 평가 결과의 검토를 끝낸 직원들은 양식에 사인하도록 되어 있는데, 이는 직원들이 자신의 강·약점에 대해 스스로 인식하고, 조직 내 현 위치에 대해 정확히 파악하고 있음을 확인받기 위해서이다.

이외에도 경영 자원 리뷰에는 리더십 평가 요약표(Leadership Assessment Summary, 예시 5-5)라는 중요한 양식이 포함되어 있다. 리더십 평가 요약표는 다른 자료와 함께 종합적 판단을 내리는데 도움을 주며, 특정 사업부문의 인재개발과 석세션플래닝의 진행 상황을 개괄적으로 보여주는 역할을 한다. 1년간의 평가 내용을 요약한 이 표는 각 사업부문의 직원별 직무수행 수준과 업무처리 태도를 함께 보여 준다. 리더십 평가 요약표의 세로축은 '결과'

또는 '성과'를 나타내고, 가로축은 '업무 행동'을 나타낸다. 요약표는 총 4개의 차원으로 구성되어 있고, 경영진은 자신의 부하직원을 4가지 차원 중 하나로 평가한다. 훌륭한 성과를 보이는 동시에 부하직원을 격려할 줄도 아는 직원은 요약표의 오른쪽 상단에 위치하여 최고의 평가를 받을 수 있다. 그리고 업무성과에 있어서는 평균 이상의 평가를 받았지만, 그것을 달성하는 행동 방식에 있어 개선이 필요한 직원들은 요약표의 왼쪽 상단에 위치한다. 그와 반대의 경우(성과는 낮으나 업무 행동은 우수한 경우)에는 오른쪽 하단의 평가를 받고, 마지막으로 두 영역에서 모두 평균 이하의 평가를 받은 직원들은 왼쪽 하단에 위치하게 되고 필요한 교육 및 지원이 즉각적으로 이루어질 것이다. 이 요약표는 사업부문별 담당 임원의 인사관리 역량을 평가하는 데에 중요한 도구로 활용되고 있고, 동시에 임원들이 부하직원을 평가하는 데에도 유용하게 사용되고 있다.

예시 | 리더십 평가 요약표　　　　　　　　　　　　　　　　　　5-5

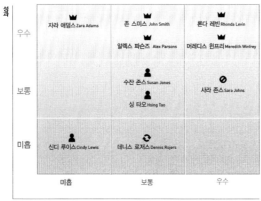

경영진과 임원의 가장 중요한 역할 중 하나는 향후 임원의 자리에 오를만한 자질을 갖춘 인재를 발견하고 육성하는 일이다. 허니웰은 한 단계 상위 직급의 책무를 맡을 수 있도록 준비된 인재를 최대한 많이 확보하고, 교육 프로그램을 통해 지속적으로 지원했기 때문에 장기적 성장이 가능하였다. 다양한 사업 분야에서 다양한 경력을 쌓은 인력이 높이 평가받은 만큼 잦은 이동보다는 한 자리에서 장기 근속한 직원의 전문성 또한 높이 평가되었고, 이들에게도 마찬가지로 지속적 개발 지원 및 스톡 옵션과 같은 실제적 형태의 보상이 이루어졌다.

| 예시 | 석세션 준비도 리스트 | | | | 5-6 |

직위	현직자	직무부여일자	석세션 후보자		
			즉시	1~2년 내	2~5년 내
부사장 · GM	수잔 스미스	'04 · 06	아만다 스미스 알렉산더 그린	그렉 존스	에바 아담스
글로벌 사업본부 이사	존 존 샘 나다라자	'03 · 07 '01 · 05	* 주디 탱	스티브 헴 조던 앨런	* 알리 아마드
재무본부 이사	톰 포	'01 · 08	미치 화이트 카산드라 불		마이클 조셉
기술본부 이사	데이빗 제이슨	'99 · 02		* 샘 월	맥스 스미스
운영 본부 이사	사라 다마토우	'04 · 04	잭 질	론다 잭슨	
마케팅 담당 매니저	잭 로버츠	'02 · 05		* 펠릭스 로드리게즈	
인사본부 이사	로베르토 페라리	'98 · 04	카렌 레몬	앤 페레즈	엘튼 위버

* 다양성을 갖춘 현직자와 후보자(Diversity incumbents and candidates)

경영 자원 리뷰의 다음 페이지는 사업부문 내 석세션이 준비된 정도를 리스트로 정리한 자료이다(예시 5-6 참조). 이 리스트를 살펴보면 해당 사업본부장이 인재 후보군의 역량 강화를 위해 얼마나 많은 노력을 기울이고 있는지를 한눈에 알 수 있을 것이다. 페이지의 왼편에는 직책이 나열되고, 그 다음 열에는 그 직책을 맡은 현재 재직자의 이름이, 세 번째 열에는 각 임원의 직무 개시일이 기재된다. 그 다음으로 각 직책에 석세션이 가능한 후보자가 명시되는데 이 부분이 리스트의 핵심 부분이라고 볼 수 있다. 첫 번째 열에는 지금 바로 투입 가능한 인력 명단이, 두 번째 열에는 1~2년 정도 준비를 거쳐야 하는 인력이, 세 번째 열에는 2~5년 정도 준비를 거쳐야 하는 인력 후보군이 표기된다. 만약 이 인력 후보군이 공란이거나 경영진이 이해할 수 없는 후보가 올라와 있을 때에는 바로 조치가 취해졌다.

예시 | 국외 파견 근무자에 대한 요약표 5-7

이름·직책· 근무지·본국	직무 등급	임명 사유				직무 시작일	예상 직무 종료일	복귀 예상 직위	이전 해외 파견경험
		프로젝트 경험	리더십 개발	핵심 기술 이전	공석 이동				
레바 샌스키 Reva Shansky 마케팅 매니저 시카고 본국: 폴란드	10		✔			'05/01	'07/08	동유럽 마케팅 부사장	없음
존 도우 John Doe 재무담당 매니저 상하이 본국: 미국 LA	8			✔		'04/04	'07/04	SBU 재무담당 이사	일본 1995년 6월 ~ 1998년 6월
히싱 텅 Hsing Tung 제조담당 매니저 베이징 본국: 미국 시카고	6	✔		✔		'03/09	'05/09	중국 운영본부 디렉터 동남아 운영본부 디렉터	홍콩 2001년 6월 ~ 2003년 6월

임원 조직에 대한 현 상황을 나타내주는 석세션 준비도 자료는 때로 민감한 주제에 대한 논의로 이어지기도 하였다. 만약 어떤 직책에 공란이 있다면 이는 몇 가지 다른 이유로 설명될 수 있다. 해당 사업본부장이 제대로된 인사관리를 하지 못해서 후보군을 개발하는 데 실패하고 있다는 것이하나의 가능한 설명이다. 만약 이것이 사실이라면 이는 분명히 경고받을만한 일일 것이다. 또 다른 가능성으로는 본부장이 너무도 뛰어난 인재관리 역량을 보유하고 있어서 그의 조직에서 훈련받은 인재들이 계속해서 얼라이드시그널의 다른 사업부서로 차출되고 있을 경우이다. 이와 같이 준비도 리스트를 활용하면 각 사업부의 현 상황에 대한 토론 및 각 임원들의 강점과 약점에 대한 효과적인 토론이 가능해진다.

이 외에도 경영 자원 리뷰는 토론의 지표가 되는 중요한 자료를 다수 포함하고 있다. 그 중 한 도표는 사업본부 내의 주요 결원 현황을 나타내주는데, 각 직책 옆에는 공석을 충원할 수 있는 상세한 실행 계획이 기재되어있다. 또 다른 자료로는 해외 파견 근무자에 대한 요약표(예시 5-7)인데, 이 자료에는 파견근무자에 대한 중요성이 잘 나타나 있다. 사업부 내 뛰어난 역량을 지닌 인재를 정리해 놓은 이 자료는, 사업본부장들이 누구를 승진시키면 좋을지 결정하기 위해 인력의 풀을 확인하거나 특정 사업부가 반드시 보유하고 있어야 하는 인재들에 대해 지속적으로 관리할 수 있도록하는 중요한 수단이 된다. 이 모든 자료는 임원들이 최고인사책임자와 함께 작업한 결과물로서, 최고인사책임자의 조직에 대한 깊은 이해가 있었기에 가능했던 일이다. 또한, 인적자원관리 회의에서도 인사부서의 통찰력은핵심적 역할을 하였다.

또 다른 양식으로는 사업본부 내 경영진과 우수 인재의 다양성에 대해 정보를 제공하는데, 이는 다양성을 존중하는 조직으로 성장하고자 하는 허니웰의 철학과 궤를 같이하는 것이다(예시 5-8 참조). 경영진은 다양한 출신배경을 지닌 후보자를 핵심 인재로 지목함으로써 그들에게 충분한 교육 기회와 직무 경험을 제공하기 위해 꾸준히 관리해 왔다. 이 도표는 다양성을 지닌 후보자에 대한 지속적인 추적 및 검토를 가능하게 할 뿐만 아니라, 경영진이 다양성의 관리에 얼마나 성공했는지 그 여부를 평가하는 지표로도 사용된다.

예시 | 다양성에 기초한 인재 육성 도표　　　　　　　　　　　　　　　5-8

우수 인재: 다양성 후보자 파이프라인 (Diversity Candidates Pipeline)

이름/직책/직무부여일자	직무 등급	입사 시기	*EEO	이직 위험도	차기 직무/시기	육성/유지 계획
앨런 아담스 Alan Adams 재무담당 매니저 2005년 1월	6	'02/02	AA	보통	보다 크고 복잡한 사업본부의 재무담당 디렉터	▫ 인재개발 ▫ 미국 외 지역에서의 업무 경험 부여 ▫ 데이빗 한(David Hahn)을 통한 코칭과 멘토링
아니타 로드리게스 Anita Rodrigues 영업담당 매니저 2004년 6월	4	'94/08	H	보통	라틴 아메리카의 영업담당 부사장	▫ 비 재무 출신 매니저를 위한 재무교육 코스 ▫ 재론칭 프로젝트에 배정 ▫ 스톡 옵션 부여
싱 주 Hsing Chu 사업개발 담당 매니저 2001년 3월	5	'86/07	A	낮음	아시아 태평양 (Asia Pacific) 사업개발 디렉터	▫ 미국 프로젝트에 12개월 동안 배정 ▫ 언어 교육

*EEO : 고용기회평등 Equal Employment Opportunity

석세션을 통한 성공

얼라이드시그널은 구체적 도구를 활용하여 석세션 프로세스를 운영하였으며, 이로 말미암아 인사관리 및 석세션에 대한 집중적인 토론과 과감한 결정이 가능하였다. 석세션플래닝을 주요 도구로 강조하는 조직의 분위기 및 경영진의 실행 의지는 얼라이드시그널의 인사체계 정비의 최종 목표였던 지속가능하고 측정 가능한 변화를 이룩해내는 기폭제 역할을 하였다. 1991년과 2000년 사이 얼라이드시그널의 주가는 몇 배나 상승해 같은 시기의 다우존스 공업주 평균 실적을 훨씬 뛰어넘는 쾌거를 이룩했으며 그 성과는 주주들에게 돌아갔다.

기업에서 석세션플래닝이 성공적으로 자리 잡게 되면 각 경영 부문의 리더들도 그 혜택을 받게 된다. 얼라이드시그널의 리더들은 얼라이드시그널에서의 경험과 훈련 덕분에 타 일류 기업의 최고경영자나 기타 고위직의 역할을 훌륭히 해 낼 수 있었다. 이들 모두가 얼라이드시그널에서 체득한 '사람' 중심 경영의 중요성을 새로운 회사에 알리고 또 실행에 옮겼음은 물론이다.

얼라이드시그널에서 훈련을 받은 경영진들의 개인적 성공은 인재관리와 석세션플래닝의 긍정적 효과를 단편적으로 보여주는 예라고 할 수 있다. 오늘날 미국 기업은 리더들의 짧은 임기, 세계화의 끊임없는 압박, 베이비붐 세대의 은퇴로 인한 인력 확보의 어려움 등 여러 가지 문제에 당면하고 있다. 허니웰의 사례가 위와 같은 문제의 해결에 훌륭한 본보기를 제시해 줄 것이라고 믿는다.

시사점

⤳ 기업이 흥망성쇠의 순환을 겪는 것은 자연스러운 일이다. 이번

사례 연구를 통해서 우리는 쓰러져가는 기업을 일으켜 세우기 위해 최고경영자들이 사용하는 전통적이고 단기적인 다양한 방법을 짚어보았다. 얼라이드시그널이 생산성 제고를 위해서 빈번하게 기업의 인수합병을 진행한 것도 이러한 전통적 방법 중 하나였는데. 이는 단기간의 효과를 가져올 수는 있지만 지속 가능하지 않다는 한계가 있었고, 또한 늘 성공적인 결과를 보장하는 것도 아니었다. 따라서 허니웰과 얼라이드시그널은 합병 이후, 기업의 장기적 변화와 성장을 위한 방법으로 석세션 관리체계를 채택하였다. 얼라이드시그널의 성공은 기회나 위기에 직면했을 때 장기적 관점에서 창의적인 해결책의 제시가 필요하다는 것을 단적으로 보여준다.

⇨ 얼라이드시그널이 단순히 석세션플래닝을 수립하고 실행하는 것만으로 문제를 해결하지 않았다는 사실은 시사하는 바가 크다. 포천 선정 50대 거대 기업으로서 허니웰 인터내셔널은 새로운 기업문화를 창조해야만 했다. 허니웰 인터내셔널이 성공할 수 있었던 것은 완전히 새로운 경영 원칙을 수립하였기 때문이다.

⇨ 기업 문화 전체를 급속하게 변화시키기 위해 허니웰은 직원 개개인에게 일일이 다가가 새로운 문화에 대해 세세하게 알리는 전략을 사용하였다. 모든 직원은 적어도 40시간의 관련 교육을 이수해야 했다.

⇨ 최고경영자가 기업의 변화를 이끌어나가는 주도적 역할을 한 점도 이번 사례에서 눈에 띄는 점이다. 석세션 체계 실행의 필수적인 추진력은 최고경영자인 래리 보씨디의 실행 역량에서 비롯했다는 점은 주목할 만하다.

⇨ 이전 사례들이 공통으로 석세션플래닝의 전사적 운영을 추구했던 것과는 달리, 허니웰 인터내셔널은 경영진 각자에게 부하직원에 대한 책임을 부여하는 쪽을 선택하였다. 경영진과 임원은 자신에게 맞는 각자의 방식으로 부하를 육성하고, 그 발전 정도도 나름의 방식으로 확인하였다.

인재의 효율적 관리를 위하여 인적자원 관리정책 및 세부적 수행계획이 조직 차원에서 융통성 있게 변경되었다. 허니웰 인터내셔널이 역량개발 프로그램과 석세션플래닝을 연계시킨 것과 인재들의 역량이 향상되었는지 여부 및 향상되어가는 속도를 확인하기 위해 사용한 기법에 대해 정리를 해둔 다면 큰 도움이 될 것이다.

↪ 허니웰 인터내셔널의 석세션 전략에 있어 가장 중요한 요소는 '경영 자원 리뷰'이다. 회의 세션과 실제적인 보고서 작성으로 구성되어 있는 경영 자원 리뷰는 경영진으로 하여금 부하직원의 육성에 대해 책임지도록 하고, 전사적 경영전략에 부합하는 관리가 가능하도록 그 과정을 확인하는 통합적인 기법이다. 회의는 정기적인 일정에 따라 1대1 미팅의 형식으로 진행되었고, 회의를 진행하기 위해서 참석자는 자신들의 인재관리 방식에 대해 사전준비도 없이 명확한 답변을 제시해야만 했다. 경영 자원 리뷰의 다른 요소인 보고서 작성은 회의에서 다루어진 각 부서의 석세션 절차를 지속적으로 기록하고 체계적으로 문서화하기 위한 것이었다. 보고서를 작성함으로써 목표와 전략을 공식화할 수 있었다.

도와 주신 분

대니스 젤레니(Dennis Zeleny)는 주로 포천 선정 50대 글로벌 기업의 최고경영자 및 경영진과 함께 직원과 조직의 성과향상을 위한 인적자원 프로그램을 개발하고 실행하는 업무를 수행해왔다. 그는 광범위한 분야에서 인적자원관리의 혁신을 지휘하였는데 대규모의 조직 및 문화혁신, 인수합병, 보상 및 복지 제도 설계, 기업 지배구조, 인재 확보, 평가 및 육성, 임원 코칭, 기업 교육, 팀 개발, 커뮤니케이션 관리, 지속적인 성장을 위한 국제적 프로세스의 구축 등이 전문분야이다.

젤레니는 펩시에서 사회생활을 시작하였으며, 그곳에서 다양한 업무를 체험하며 17년간 재직하였다. 그 후 허니웰, 듀퐁(DuPont)과 같은 세계적인 대기업의 인사관리 총 책임자로 활동하였고, 최근에는 캐어마크 Rx(Caremark Rx)의 경영지원부문 부사장으로 활동하고 있다.

젤레니는 글로벌 인사 관리 부문에 정평이 나있는 전문가이자 연설자이다. 코넬대학에서 학사 학위를, 컬럼비아대학 경영대학원에서 석사학위를 취득하였다.

6

록히드 마틴

LOCKHEED MARTIN

사례 학습

록히드 마틴(Lockheed Martin)은 1990년대 후반부터 부각된 소위 '인재 전쟁'에 가장 능동적으로 대응한 기업 중 하나이다. 전임 최고경영자와 인사부서의 주도 하에 단순하면서도 효과적인 장기적 인력개발 솔루션을 개발한 록히드 마틴은 리더십 파이프 라인을 구축하는 데 성공하였고, 결과적으로 외부인 재에 대한 수요를 줄일 수 있었다. 이러한 노력의 정점이 바로 '임원 평가 및 개발 프로그램(Executive Assessment and Development Program)'이며, 이는 조직 내 높은 잠재력을 지닌 임원의 역량을 개발하기 위해 고안된 체계적 프로그램이다.

이번 장에서는 임원 평가 및 개발 프로그램에 대한 깊이 있는 분석을 통해 록히드 마틴의 인력 개발 및 개인적 · 조직적 차원의 전략과제 평가 방법에 대해 살펴보고자 한다. 비록 다른 사례 연구보다 적은 지면이지만 구체적으로 설명되어 있으므로 인력 개발이나 평가에 관심 있는 독자에게 많은 도움이 될 것이다.

목차

회사 소개

1990년 후반 '인재 전쟁'의 가열된 분위기 속에서 록히드 마틴은 부사장을
포함하는 임원 수준에서 인재를 '확인(identify)'하고 '평가(assessing)'하며 '개발
(development)'할 수 있는 더욱 적극적인 접근이 필요하다는 것을 깨닫게 된다.
이에 2000년 록히드 마틴의 전 최고경영자는 리더십 풀의 확충과 역량개
발에 심혈을 기울이기로 결정하고, 인사부서와 협력하여 '임원 평가 및 개
발 프로그램'이라는 이름의 리더 역량개발을 가속화하기 위한 체계를 개발
하게 되었다. 임원 평가 및 개발 프로그램은 조직 내 현직급보다 한 두 단

계 위의 역할도 소화해 낼 수 있는 잠재적 역량을 갖추고 있거나, 다양한
직무를 맡겨도 실행에 옮길 수 있는 역량을 지닌 임원 및 부사장을 정의하
는데 그 목적이 있다. 도구를 통해 인재 각자의 강점 및 육성을 위해 필요
한 자원을 파악할 수 있고, 육성을 위한 평가, 코칭, 멘토링, 워크숍 및 액
션 러닝과 같은 다양한 활동도 포함하고 있다(그림 6-1 참조).

비록 임원 평가 및 개발 프로그램이 조직 내 통합된 인력관리를 위한 하나
의 도구에 불과하지만, 록히드 마틴은 이를 통해 전사적 수준에서 양질의
인력 풀을 구축할 수 있었다.

그림 6-1 통합적 인재 개발 피라미드

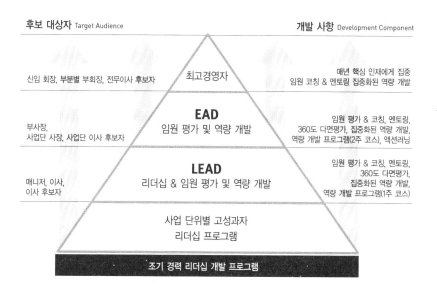

통합적 인재개발 피라미드

후보 대상자 Target Audience   개발 사항 Development Component

신임 회장, 부분별 부회장, 전무이사 후보자 / 최고경영자 / 매년 핵심 인재에게 집중 임원 코칭 & 멘토링 집중화된 역량 개발

EAD 임원 평가 및 역량 개발 / 부사장, 사업단 사장, 사업단 이사 후보자 / 임원 평가 & 코칭, 멘토링, 360도 다면평가, 집중화된 역량 개발, 역량 개발 프로그램(2주 코스), 액션러닝

LEAD 리더십 & 임원 평가 및 역량 개발 / 매니저, 이사, 이사 후보자 / 임원 평가 & 코칭, 멘토링, 360도 다면평가, 집중화된 역량 개발, 역량 개발 프로그램(1주 코스)

사업 단위별 고성과자 리더십 프로그램

조기 경력 리더십 개발 프로그램

또한, 임원 평가 및 개발 프로그램의 활용 전에는 잠재력이 높은 인재에 대해 전사적으로 공유할 수 있는 정보가 없었기 때문에 석세션 후보자 스스로 자신이 핵심 인재임을 인지하지 못하고 있거나, 알고 있다 하더라도 다른 어떤 인재들이 후보군에 속해 있는지 모르는 채 지내는 경우가 대부분이었다. 약 20명의 부사장을 대상으로 파일럿 테스트를 실시하고 난 후, 2001년에 총 120명의 임원 및 부사장들이 인재로 선발돼 프로그램이 실행되었다.

인재의 선발

임원 평가 및 개발 프로그램의 참여자는 현 직급보다 하나 또는 두 직급 높은 자리로 승진되어도 효과적으로 업무를 수행할 역량이 있거나, 더 복잡하고 규모가 큰 직무를 수행할 수 있는 잠재력이 있다고 판단된 임원 및 부사장으로 정의된다.

또한 록히드 마틴은 아래와 같은 핵심적 경영 역량 및 리더십 태도 요건을 임원 평가 및 개발 프로그램의 참여자 선발 기준으로 제시하였다.

□ 전략 개발(Develops Strategy): 조직의 향후 방향성과 연계할 수 있는 일련의 목표 및 장기적 행동계획을 수립할 수 있다.

□ 기업가적 사고(Demonstrates Entrepreneurial Thinking): 새로운 상품, 서비스 및 시장을 개척하기 위한 기회를 확인하고 개발할 수 있다.

□ 국제적인 사고(Thinks Globally): 모든 출처에서 필요한 정보를 수집하여 조직의 성과를 최대화할 수 있는 조직적이고 다양한 관점으로 발전시킬 수 있다.

□ 변화 촉진(Drives Change): 변화를 수용하고 급진적인 변화일지라도 실행에 옮길 수 있으며, 다른 직원으로 하여금 새로운 아이디어를 수용할 수 있도록 분위기를 조성할 수 있다.

□ 인재 육성(Advocates and Develops Talents): 사업의 니즈에 부합할 수 있는 적합한 기술과 동기를 가지고 있는 핵심 인재를 유치, 양성 및 유지하여 적합한 시기에 적합한 장소에 배치할 수 있다.

□ 동기부여(Motivates and Inspires Others): 공통의 목표에 도달하기 위해 다른 직원으로 하여금 열정과 헌신을 갖도록 한다.

□ 자원의 활용(Mobilizes Resources): 과제를 신속하게 해결하고 복잡한 목표를 달성하기 위하여 다양한 이해관계자, 역량 및 자원을 적극적으로 활용하고 연결시킬 수 있다.

□ 복잡성에 대한 통찰(Navigates Through Complexity): 여러 개의 핵심 이슈, 문제와 기회 요인이 복잡하게 얽힌 상황을 통찰력 있고 신속하게 포착하고 풀어내 자신의 행동에 반영시킬 수 있다. (기회를 이용하여 이슈를 해결하는 등의 행동을 취할 수 있다.)

□ 전사적 지원(Supports the Enterprise): 사업 전체 혹은 조직 단위를 지원할 수 있는 과감한 의사결정을 통해 주주들의 가치를 향상시킨다.

□ 손익 관리의 역량(Has the ability to manage Profit and Loss): 재무적 통찰력, 사업 지식 및 기술적 지식을 보유하고 있다.

□ 고객지향성(Has a positive Customer contact/interface)

□ 조직을 이끌 수 있는 리더십(Has the ability to be engaged in a Leadership capability in the community)

구성 요인

임원 평가 및 개발 프로그램은 평가 기간을 거치고, 역량개발 계획을 실행해 코치 및 멘토와 긴밀히 작업하고, 전체 커리큘럼을 마치는 데 총 2년이라는 시간이 소요된다. 임원 평가 및 개발 프로그램의 구성 요인은 다음과 같다.

1 임원 평가: 임원 평가는 성격 요인, 대인관계 역량, 관리 역량, 문제해결 역량 요인을 평가한다. 전반적 평가는 외부업체가 주관하며 록히드 마틴 내부에서는 인사 전문가가 360도 인터뷰를 진행한다. 약4~6주에 걸쳐 평가가 이루어진 후, 구두 및 서면을 통해 프로그램 참가자에게 피드백이 제공된다.

2 임원 코칭: 코칭 자격을 가진 내부 전문가가 프로그램 참가자와 짝을 이루어 인재들로 하여금 역량개발을 계획하고 이를 상사와 공유할 수 있도록 지원한다. 역량개발 계획이 최종적으로 결정되고 나면 코치는 참가자가 2년에 걸친 프로그램을 충실히 마칠 수 있도록 함께 작업을 하게 된다.

3 멘토링: 임원 평가 및 개발 프로그램의 참가자는 또한 각자 경영진으로부터 멘토링을 받을 수 있다. 멘토는 경력 개발, 전문적 역량개발, 직무를 수행하는 과정에서 맞이하게 되는 도전 및 기회 등에 대해서 해당 참가자에게 조언하고 안내하는 역할을 한다. 코치와 멘토의 역할은 명확히 구분되어 있으므로 이 두 가지 요인에서 얻는 효과도 각각 다르다 (그림 6-2 참조).

참가자의 상사, 코치, 멘토는 핵심 인재의 성장을 위해 '역량개발팀(Development Team)'으로서 함께 활동하게 된다(그림 6-3 참조).

그림 6-2 멘토의 역할

멘토의 역할	VS.	코치의 역할
▫ 경력 개발에 대한 조언을 함 ▫ 조직과 직업에 대한 넓은 시야를 제공함 ▫ 경험과 비전 그리고 시대 정신을 공유함 ▫ 역량 개발 계획 진행 과정을 감독하는 역할을 수행함 ▫ 인적 네트워크의 기회를 촉진함		▫ 임원 평가 및 개발 프로그램 참가자가 프로그램을 효과적으로 수료할 수 있도록 촉진하기 위해 역량 개발 과정 전반에 참여함 ▫ 참가자에 대한 종합적인 피드백을 제공하고, 강점과 역량 개발을 해야 할 항목, 그리고 개별적으로 가능한 코스에 대해 명확한 청사진을 제시함 ▫ 참가자들이 자신의 역량을 지속적으로 향상시켜 궁극적으로 리더로서 성장할 수 있도록 적절한 정보와 자원을 제공함 ▫ 참가자들이 역량 개발 목표를 달성하는데 자신의 지혜와 강점을 충분히 활용할 수 있도록 지원함

그림 6-3 역량 개발팀

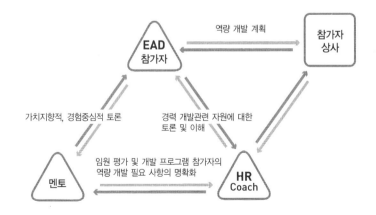

<u>**4**</u> 리더십 코스: 모든 참가자는 높은 직급으로 승진해서도 원활히 업무를 처리할 수 있도록 기술 수준을 높이는 2가지 코스에 참여하게 된다. 코스 각각은 1주일씩 진행되며, 그룹평가 자료분석을 통해 차이분석을 실시한 이후에 설계된다.

코스에 참여함으로써 인재들은 더 높은 직급에서 성공적으로 업무를 처리할 수 있도록 사고력과 운영 스타일에 대한 통찰력을 기르고, 회사의 다양한 분야에서 현재 임무를 다하고 있는 많은 리더와 네트워킹을 형성할 기회를 갖는다. 또한, 다른 사람들과 교류하는 방식이 어떤지 각자의 대인관계 기술에 대해서도 평가 받을 수 있다. 각 주의 교육 과정은 다음과 같다.

▫ **임원 평가 및 개발 프로그램 1** – 전략적 리더 체험(Strategy Leader Experience): 5일 간 진행되는 쌍방향 프로그램으로 리더로서 당면할 수 있는 국제적·정치적·법률적 이슈에 관한 다양한 정보를 습득하는 것을 목적으로 한다. 참가자들은 외부 컨설팅 기관에서 제공하는 비즈니스 시뮬레이션 활동에 참여하게 되고, 이를 통해 전략적 리더로서의 9가지 역할을 훈련 받게 된다.

▫ **임원 평가 및 개발 프로그램 2** – 임원으로서의 영향력(Executive Influence and Impact): 이 프로그램이 임원 평가 및 개발 프로그램의 중심이 되는 활동이라고 할 수 있다. 참가자의 기본적 역량 강화를 돕고, 경영자로서의 존재감을 강화시켜서 미래를 위한 역량 개발의 단계를 차례대로 밟게 된다.

5 액션 러닝(Action Learning): 프로그램의 첫 주가 끝나게 되면 모든 참가자들은 향후 6~8개월 동안 가상적으로 운영될 '전략 학습 그룹(Strategic Learning Group)'이라는 팀의 일원이 된다. 전략 학습 그룹은 행동 학습을

통해 전략적 성장 기회를 포착하기 위한 것으로 2주차 프로그램이 끝나고 나면 최고경영자, 최고재무관리자, 최고인사책임자와 그 결과가 공유된다.

평가 방법

다양한 평가를 수행하고, 참가자로부터 피드백을 받고, 프로그램의 진척 상황을 확인하는 등 인사부서가 알아두어야 할 다양한 연중 과업 및 프로그램의 사이클에 대해 살펴보자.

□ 인재 리뷰(Talent Review): 인재 리뷰 기간 중에 임원 평가 및 개발 프로그램(EAD)에 새롭게 참여할 인재가 선정된다. 모든 참석자가 다양한 직무를 담당하고 다양한 사업분야를 대표할 수 있는 후보자들로 선정되었는지, 후보자 각자가 적합한 수준의 프로그램에 참여하게 되는지를 전문 평가 도구를 통해 확인하는 것도 이 단계이다.

□ 차이 분석(Gap Analysis): 외부업체 주관 평가 및 360도 인터뷰 평가가 완료되면 특정 인재의 육성을 위하여 모든 자료가 검토되고 이를 바탕으로 커리큘럼의 내용이 평가된다. 필요 시에는 검토자료에 맞게 커리큘럼의 내용을 변경할 수 있다. 조직의 발전을 위해 원활한 석세션이 필수적인 핵심 사업분야에서 인재가 육성되고 있는지 여부를 따져보는 것도 이번 단계이다.

□ 참가자 평가(Participation Evaluation): 프로그램의 후반부에는 참가자를 대상으로 평가, 멘토링, 코칭 등 프로그램의 각 요인에 대해 '만족도'와 '유용

성'이라는 두 가지 관점에서 종합적인 조사가 실시된다. 실제평가 결과, 참가자들은 프로그램 과정에서 겪은 다양한 경험에 대해 5점 만점에 평균 4.9점을 주어 비교적 만족하고 있는 것으로 나타냈다. 특히 코스 활동에 높은 만족도를 보였으며, 그 중에서도 코칭과 멘토링 과정에서 경험한 리더들과의 네트워크 강화 부분에 대한 만족감이 가장 높았다.

▫ 발전 매트릭스(Progress Metrics): 마지막으로 인재 각자가 프로그램을 통해서 발전된 정도를 평가하게 된다. 모든 평가를 통틀어 가장 중요한 부분인 이 단계는 두 가지 요인을 통해 임원 평가 및 개발 프로그램 참가자의 발전 정도를 측정하는데, 첫째는 과거 7~8년간 조직에서 일어난 물리적 이동, 수평적 이동 및 승진에 참가자가 포함된 비율과 둘째는 석세션 후보군에 임원 평가 및 개발 프로그램의 참가자가 선정된 비율을 산정하는 것이다. 평가 결과 프로그램 시행 후 4년간 참가자의 23%가 물리적 이동을 하였고, 45%가 수평적 이동(역할의 확장도 포함)을, 40%는 승진을 하였다. 물리적 이동과 수평적 이동은 인재들로 하여금 새로운 과제를 수행하도록 하여 시야를 확장하도록 하기 때문에 중요하며 개인의 성장에 큰 원동력이 될 수 있다. 석세션 후보자로 선정된 비율도 임원 평가 및 개발 프로그램 참가자의 발전 여부를 측정해주는 척도로 보았는데 석세션 후보자로 포함되었다는 것은 조직의 핵심 직무를 수행할 잠재적 인물로 심각하게 고려되고 있다는 사실을 의미하기 때문이다. 프로그램 시작 후 3년 동안 참가자가 석세션 후보자로 선정된 비율은 44%에서 61%로 증가했으며 현재도 지속적으로 늘어나고 있는 추세이다.

요약

록히드 마틴의 임원 평가 및 개발 프로그램은 기업 내 석세션 후보군의 역량을 강화하는 획기적인 조직 변화 프로그램이다. 경영진의 지지 및 승인, 프로그램을 위한 적절한 지원, 그리고 이 모든 과정을 조직을 위한 '투자'로 인식한 리더십 마인드가 본 프로그램의 주된 성공 요인으로 평가되고 있다. 이번 사례 연구를 통하여 인사담당자를 코치로 성장시키기 위해서는 많은 준비와 육성 과정이 필요하다는 점, 멘토 한 명당 소수 참가자를 배정해 개개인에게 적절한 시간을 할애할 수 있도록 배려해야 한다는 점 등을 알 수 있었을 것이다. 결국, 록히드 마틴의 임원 평가 및 개발 프로그램의 실제 성공 여부는 앞으로도 지속적으로 훌륭한 인재의 풀을 확보해 리더십의 흐름을 깨뜨리지 않을 수 있을지에 의해 판가름날 것이므로 시간을 두고 지켜봐야 할 것이다.

시사점

이번 사례 연구를 통해 우리는 록히드 마틴의 전 최고경영자가 어떻게 석세션플래닝을 조직 목표로 정하고 실행에 옮겼는지 그 과정을 살펴보았다. 이번 사례는 석세션이라는 중요한 과제를 달성하는 데 있어서 최고경영자의 역할이 얼마나 중요한 변수로 작용하는지를 단적으로 보여준다.

임원 평가 및 개발 프로그램은 록히드 마틴 내 잠재력 있는 임원 및 부사장들의 역량 개발을 위해 고안된 체계적 프로그램으로, 잠재된 리더십을 평가하기 위한 타당한 기준을 만들었다는 데 그 의의가 있다. 모든 인재를 일관되고 표준화된 하나의 기준으로 평가해야 한다는 사실을 이미 록히드 마틴은 인식하고 있었던 것이다.

임원 평가 및 개발 프로그램은 2년에 걸쳐 잠재력 있는 임원들에게 개별화된 코칭과 멘토링을 제공한다. 이와 같은 사실을 통해서 우리는 록히드 마틴이 자사의 인재 양성에 얼마나 큰 열의를 가졌는지를 확인할 수 있을 뿐 아니라, 제대로 된 인재개발을 위해서는 상당한 수준의 시간과 자원이 투자되어야만 한다는 점을 알 수 있다.

임원 평가 및 개발 프로그램의 평가 프로세스는 프로그램 자체의 성과와 참가자의 발전 정도를 측정하기위해 구성된다. 구체적으로 인재 리뷰, 차이 분석, 참가자 평가, 발전 매트릭스를 통해 평가가 이루어진다.

도와 주신 분

메릴린 피그라(Marilyn Figlar)는 록히드 마틴의 리더십 조직개발을 담당하고 있으며 현재 부사장으로 역임 중이다. 조직 전체의 학습, 인재관리, 리더십 개발 전략과 프로그램을 진두지휘하고 있으며, 이전에는 임원 평가 및 개발 프로그램의 책임자로서 인재관리와 높은 잠재력을 지닌 임원급 인재 육성 프로그램 그리고 임원급 대상 내부 코칭 프로그램을 담당하였다. 또한, 피그라는 외부 컨설턴트로서도 꾸준히 활동 중으로 조직의 효과성 제고를 위해 변화 전략을 개발하고 있다. 피츠버그 대학에서 심리학과 커뮤니케이션 학위를 취득하였고, 레드포트대학에서 산업·조직심리학 석사학위를 취득하였다. 현재 버지니아공대에서 박사학위 논문을 준비 중이다.

7

랄스톤 퓨리나 애완동물 사료 회사의
고객개발그룹

(Ralston Purina Petcare Company's Customer Development Group)

사례 학습

퓨리나는 1894년에 창립되어 100여 년의 전통을 자랑하고 있는 애완동물 사료 회사이다. 글로벌화, 기업 간 인수합병, 전자상거래와 같은 다양한 시장 변화에 직면하게 되면서 영업부문인 '고객개발그룹'은 혁신을 선도하고 경쟁우위를 선점하기 위해 역량을 가진 리더와 경영진을 지속적으로 육성할 프로그램의 도입이 절실해졌다.

퓨리나는 이미 선진화되고 정교한 기업가치를 보유하고 있었으며, 고객개발그룹은 회사의 이러한 가치를 혁신적인 석세션플래닝 체계 속에 효과적으로 이식시킴으로써 성과를 낼 수 있었다. 선진적인 기업가치의 활용과 인재개발에 대한 유연한 접근을 시도했던 퓨리나의 고객개발그룹은 혁신적인 석세션 전략으로 인해 타 회사의 모범이 되고 있다.

목차

□ 평가하기

　직원 평가체계의 구체적인 내용과 훈련 과제

□ 피드백과 분석

　프로그램의 가시적 성과

□ 요약

　퓨리나의 석세션플래닝 사례를 통해 얻을 수 있는 교훈

□ 시사점

　요점 정리

만약 회사에서 중요한 직무를 맡고 있는 핵심 인물이 퇴사 의향을 밝힌다면 조직은 어떻게 대처해야 할까? 특히 퇴사의 이유가 보다 나은 조건으로 이직할 수 있는 기회가 찾아왔기 때문이라면? 주요 해결책 중 하나는 현재의 성과 관리 및 전략 수립 프로세스와 연계하여 조직화된 석세션플래닝 체계를 개발하는 것이다.

7장에서는 인재의 파이프라인을 안정적으로 유지하고 직원들의 근속연수를 늘리며, 기업의 성장을 촉진할 수 있는 석세션플래닝을 어떻게 수립할 것인가에 대해 살펴보려고 한다. 퓨리나의 경우 석세션 체계의 확립으로 인해 600명이 넘는 직원이 석세션을 경험하였고 이를 지원하기 위한 개별화된 육성계획을 세울 수 있었다. 시행 2년 차에 석세션플래닝의 대상자는 37명에서 179명으로 증가하였고, 임원급의 이직 빈도는 통제 가능한 수준으로 떨어졌으며, 이직이 일어난 경우에도 바로 석세션이 가능한 인재 풀을 확보할 수 있었다. 또한, 승진 여부를 결정할 때 일관성 있게 실행할 수 있는 구조화된 체계와 활용 역량을 갖추게 되어, 잠재력 있는 인재들과 합리적인 의사소통이 가능해졌다.

회사 소개

석세션플래닝을 도입할 당시 퓨리나(네슬레 인수 전)는 전 세계적으로 26개의 공장을 가지고 있었고, 글로벌 사료 산업에서 선도적인 역할을 담당하고 있었다. 고객개발그룹은 퓨리나의 많은 사업 부문 중 제조 부문 다음으로 두 번째로 큰 분야이며 직원 수도 600명 남짓이었다. 퓨리나는 1894년 설립 이래, 100년 이상 애완동물관련 시장의 선두 자리를 차지해왔고, 작은 상점에서부터 월마트(WalMart), 세이프웨이(Safeway)와 같은 대형 글로벌 마트에 이르기까지 퓨리나의 제품을 판매하지 않는 곳이 드물 정도다. 그러나 오랜 역사와 다양한 상품 구성에도 불구하고 퓨리나 역시 경쟁자들의 도전을 피할 수는 없었다.

고객 및 직원 중심의 변화

퓨리나는 프리스키스(Friskies: 당시 네슬레 브랜드로, 현재 퓨리나의 핵심 브랜드)나, 페디그리(Pedigree), 이암즈(Iams), 사이언스 다이어트(Science Diet)와 같은 강력한 경쟁자들의 도전을 받게 된다. 이러한 경쟁사의 출현뿐 아니라, 글로벌화로 인한 빠른 변화의 흐름, 인수합병, 그리고 전자상거래로 인해 창출된 새로운 시장 등 급속한 환경 변화를 피할 수는 없었다. 고객개발그룹은 기업의 지속적 성장 및 혁신, 장기적 수익 창출을 주도할 수 있는 유능한 경영진을 적합한 곳에 배치하거나 향후에 투입할 수 있도록 준비해야 할 필요성을 느끼게 된다. 회사의 성공을 이끌 리더십 역량을 한 차원 높일 수 있는 새로운 변화가 필요했고, 이는 곧 시급한 전략 과제로 정의되었다.

사업 전략

퓨리나 고객개발그룹의 석세션플래닝은 기업에 지속적으로 활력을 불어넣을 수 있는 세계적인 리더와 관리자들을 발굴하기 위한 목적으로 개발되었다. 100년의 전통을 자랑하는 퓨리나는 조직의 구석구석까지 배어 있는 견고한 기업가치를 이어가고 있었으며, 고객개발그룹 관리팀은 강인한 기업문화를 만들어 낸 이러한 가치체계를 석세션플래닝 체계에 반영시켜야 한다고 생각하였다. (그림 7-1 참조)

그림 7-1 **퓨리나의 가치**

Stand Tall	Smile Tall
자신감과 자존감을 갖고 자신의 업무를 수행하라.	어떠한 일도 수행할 수 있다는 믿음을 갖고 도전을 기꺼이 받아 들여라.
Think Tall	**Live Tall**
문제의 해결을 위해 혁신적인 해결책을 찾아라.	올바른 일을 올바르게 행하라.

고객개발그룹 관리팀은 기업의 가치체계를 전략적 인재운영 과정과 연계하는 것을 목적으로, 발전적이고 강력한 핵심인재 관리시스템 개발에 착수하였다. 퓨리나의 인재관리 시스템은 미래의 새로운 고성과자를 발굴하고, 현 리더와 관리자들을 지속적으로 유지할 수 있는 시스템이다. '적합한 기술을 가진 사람을 적절한 시기에, 적절한 일을 할 수 있도록 적합한 곳에 배치하는 것은' 매우 중요한 일이기 때문이다.

석세션 프로그램의 설계

퓨리나 고객개발그룹의 석세션플래닝 체계는, 영업담당 임원 및 전사 리더
십 협의회를 통해 확보된 자료뿐만 아니라, 일반인들에게도 익숙한 제너럴
일렉트릭의 'GE 모델' 을 벤치마킹하여 개발되었다. 고객개발그룹에서 석
세션플래닝 프로젝트를 진행하고 있다는 사실이 타 부서에 알려지면서 회
사 내 많은 직원이 각자의 부서에서 기존에 사용하던 석세션 방법에 대한
정보를 제공해 주었고, 그 결과 프로그램의 핵심적인 요소들을 하나로 정
리할 수 있었다. 퓨리나 고객개발그룹 리더십팀은 새로운 석세션플래닝 프
로세스가 다음 세 가지의 리더십 시스템과 연계되어야 한다는 의견을 제시
하였다.

1. 전략 기획 프로세스: 기업의 전략 과제 및 실행 계획을 수립함.
2. 성과 관리 시스템 및 개인 개발 계획 프로세스: 조직 및 리더십 역량을
   개발하기 위한 시스템으로서, 훈련 및 육성 지원 체계를 마련함.
3. 기존의 리더십 개발을 위한 액션 러닝 프로그램: 핵심 전략과제의 실행
   방법을 학습함으로써 리더십 역량을 개발함. (그림 7-2 참조)

5대 핵심 철학

사람 중심의 문화를 구축하기 위해서 고객개발그룹은 다음과 같이 5가지의
인재관련 철학을 개발하였다.

1 우리의 지적 자산인 직원의 성장과 관련된 모든 요소를 최고 수준으로
   개발하자.

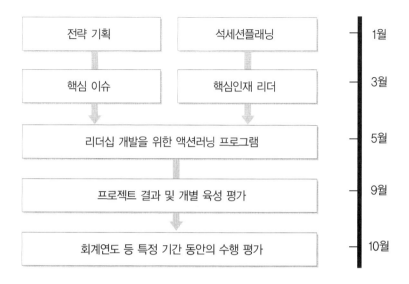

그림 7-2 통합적 리더십 시스템

전략 기획	석세션플래닝	1월
핵심 이슈	핵심인재 리더	3월
리더십 개발을 위한 액션러닝 프로그램		5월
프로젝트 결과 및 개별 육성 평가		9월
회계연도 등 특정 기간 동안의 수행 평가		10월

2 서로에게 존중과 열정, 그리고 애정을 표현함으로써 관계를 형성하고, 성공 신화를 창조할 수 있도록 우리의 성과에 대해 적극적으로 이야기 하자.

3 가족, 친구, 동료가 우리의 성공에 얼마나 큰 영향을 미치는지 인식함으로써 승리를 이끌어 내자. 그들의 격려와 응원이 있기에 기대 이상의 성과를 내고 결과에 도달할 수 있는 힘을 얻을 수 있다.

4 유연한 사고로 미래를 창조하자. 고객의 니즈 충족을 위해 필요 자원을 신속히 동원하고, 변화에 적극적으로 대응함으로써 미래를 창조해 나가자.

5 이러한 철학을 일상적인 행동과 관계 속에서 실천함으로써 다양한 성공 사례를 만들어 나가자.

위와 같은 5대 철학에 기반을 둔 체계를 만들기 위해 경영진은 우선, 석세션플래닝 프로그램이 변화에 신속하게 대응할 수 있는 조직을 만드는 촉매임을 직원들에게 홍보하였다. 그 결과 직원들은 석세션 프로그램이 회사의 핵심 가치와 철학에 반하는 방해물 혹은 성장을 저해하는 장애요소가 아니라, 고성과 창출의 원동력인 리더십을 개발하고 운영하는데 필수적 수단임을 인식하게 되었다.

퓨리나 고객개발그룹 리더십팀은 5대 철학을 염두에 두고서, 즉시 핵심적인 직무에 투입될 수 있거나, 맞춤화된 육성 교육의 수료 후 승진이 가능할 다양한 후계자를 선발하는 '석세션플래닝 프로세스의 개발'에 착수하였다.

석세션플래닝 수립 프로세스

석세션플래닝 프로세스의 목표는 다음의 세 가지이다. ❶육성 및 인사이동을 위한 인재의 선발 ❷채용 및 배치 계획의 수립 지원 ❸비즈니스 니즈에 부합하는 직원 육성 계획의 수립

조직과 임직원은 석세션 프로세스를 구축함으로써 매니저급 직무에 적합한 후보자를 보다 체계화된 방법을 통해 선발할 수 있게 되었고, 경력 관리 및 개발을 위해 보다 견고화된 프로세스를 인재에게 제공할 수 있었으며, 특히 석세션 후보자의 승진 준비도가 어느 정도인지 검토할 수 있는 표준화된 체계를 확보할 수 있었다. 석세션플래닝 프로세스에 포함되는 핵심 요소들은 다음과 같다.

ㅁ 이름, 연봉 등급, 직책, 부서, 근무연한, 보너스 대상자 포함 여부, 평가자의 이름 등을 포함한 개인 프로파일

□ 잠재 역량 평가 결과 및 현재와 과거의 성과 정도

□ 직무 역량, 리더십 역량 및 개발해야 할 역량(특정한 훈련과 개발 프로그램에 배정하는 데 활용됨)에 대한 정보를 포함하는 리더십 역량 평가 요소와 핵심 강점

□ 자격증, 면허 및 프로그램·워크숍 수료 사항 등 기타 참고할 만한 경력 및 스킬

□ 학위 취득 여부, 학위 취득 기간 및 출신 대학과 같은 학력 사항

□ 업무를 수행하면서 개인이 성취해낸 성과(최상위 2~3개 성과를 중심으로)

□ 개인의 장단기 잠재 역량과 선호 직무 및 지역 등을 고려한 차기 이동 가능 직책

□ 바로 석세션이 가능하거나 조만간 석세션이 가능한 예비 후계자 2명

□ 모국어 이외에 구사 가능한 언어와 그 구사 정도(국제적 역할을 담당하기 원하는 직원이라면 특히 주의를 기울여야 할 사항임)

□ 근무했던 최근 3개 회사에서의 담당 업무 및 직책 등 과거의 직장 경력

고객개발그룹 부서의 전 직원이 위의 요인들에 대한 개별 정보를 제공하였고, 이는 다시 예시 7-1에 나와있는 한 장의 워크시트로 정리된다. 상사와 부하를 막론하고 모두가 같은 양식을 활용하여 석세션플래닝을 수립하게 되고, 그 후 상사들은 직원에 대한 자신의 피드백과 직원이 제공한 피드백을 활용하여 석세션을 위한 토론에 사용될 최종본으로 정리한다. 석세션플래닝 과정에서 기재되는 정보는 대부분 자기기술식이며 그렇지 않을 때는 별도의 가이드가 제공되었다.

석세션플래닝의 개별 리뷰

이름	연봉 등급
직책	평가자
부서	리뷰 일자
근무 연한	보너스 계획

범주	평가	핵심 강점 (순위별로 3개까지)	우선적 육성과제 (순위별로 3개까지)
성과	작년도	1	1
	금년도	2	2
잠재 역량		3	3

당신이 성취해낸 성과와 회사에 기여한 바 중 가장 핵심적인 것 3가지를 간략하게 묘사하시오.
(순위별로 한 두 문장 이내)

1
2
3

잠재적 인사이동	부서	준비된 정도	Comments

잠재적 후계자(들)	준비된 정도	Comments

| 학력 사항 |

학위/전공	학교	재학 기간

기타 참고 가능한 경력 및 스킬 :
다른 업무로 이동하기 원하는가?(해당하는 곳에 모두 표기하시오)

☐ 이동불가   ☐ 국내에서의 이동

☐ 일시적으로 현재는 이동 불가   ☐ 국외로의 이동

모국어	기타 언어 구사 역량

| 이전 경력 사항 (지난 5년간) |

근무 시작일(00/00/00)	퇴직일(00/00/00)	담당 업무	근무 회사명

기타 코멘트 :

성과 평가 체계

고객개발그룹의 성과 평가는 5점 척도로 이루어지고(표 7-1 참조), 직원 각자는 분기 단위로 공식적인 평가 결과에 대한 직접적 피드백을 받는다. 직원들이 성과 측정 척도를 제대로 이해하고 있는 지의 여부가 석세션플래닝 과정에서 중요한데, 그 첫 번째 이유는 전 직원이 이해하고 있어야만 특정 직원의 성과에 대한 보편적인 이해가 가능하기 때문이고, 두 번째로 4점과 5점을 획득한 직원을 추려 내거나, 최상위 점수를 받은 3명을 선정하는 등 특정 기준에 맞는 석세션 프로세스의 대상자를 선별해내기가 쉬워지기 때문이다. 실제로 고객개발그룹 관리팀이 평가해야 하는 직원은 매년 200명에 달하였다.

전년도 및 금년도 성과 평가 결과는 해당 직원이 향후 새로운 직무에서 어느 정도의 성과를 보일 것인지, 그 잠재적 역량을 예측하기 위한 자료이다. 2년을 연속해서 5점을 획득한 직원은 바로 석세션이 가능한 후보로 선정될 확률이 높아진다.

표 7-1 　성과 평가 척도

5	기대 수준을 명확하게 초과 달성(명백한, 기대 이상의 성과): 모든 핵심적인 영역에서 요구되는 조건을 명확하게 초과하는 수준
4	기대 수준을 초과 달성(우수한 성과): 모든 핵심적인 영역에서 요구되는 조건을 일반적으로 초과하거나 혹은 충분히 만족시키는 수준
3	기대 수준 달성(만족스러운 성과): 목표를 만족시키거나 간혹 목표를 초과하는 수준
2	가끔 기대 수준 달성에 실패(개선 필요): 몇몇 사례에서 만족할 만한 성과를 내지만, 일반적인 업무 목표를 도달하기 위해 개선이 필요한 수준
1	기대 수준 달성에 실패(불만족스러운 성과): 기대 이하의 수준이며 성과 향상 플랜이 필요한 수준
M	자료 없음: 정보의 부족으로 정확한 판단을 내리기가 어려움

역량 모델

직원들은 크게 역량 평가와 기술 평가를 받게 된다. 역량 평가에서는 '기능별 · 영역별 역량(functional or domain specific competencies)'과, '일반관리 역량(general management competencies)'이 측정되고, 기술 평가에서는 성과 달성에 필수적인 핵심 기술이 평가된다. 역량 평가와 기술 평가는 두 가지 방법에 의해 확보된 자료를 토대로 이루어지는데, 직원들의 360도 다면평가 피드백 보고서 또는 자기 평가(360도 다면평가에 참여하지 못한 신입직원의 경우), 그리고 직속 상사의 의견이다. 역량 평가는 6점 척도로 이루어진다.

1 명백한 기대 이상의 성과: 기대되는 행동 및 기술을 체득하였으며, 다른 사람의 역할 모델로서 인정 받음

2 우수한 성과: 기대되는 행동 및 기술을 눈에 띌 정도로 능숙하게 수행함

3 만족스러운 성과: 넘치지도 모자라지도 않게 기대 수준에 부합함

4 개선 필요: 개발이 필요하고, 변화가 요구됨

5 불만족스러운 성과: 행동 및 기술에 있어서 절대적인 변화가 필요함

6 자료 없음: 지식, 혹은 관련 행동에 대한 정보가 없으며, 따라서 정확한 평가가 불가능함

역량 평가 및 기술 평가 결과는 특정 후보자를 어떤 직무 경험과 개발 프로그램에 참여시켜야 할지를 결정하는 데 중요한 역할을 한다. 만약 어떤 관리자가 코칭이나 팀 빌딩과 같은 영역의 기술을 개발해야 할 뿐만 아니라 일반관리 역량도 개발시킬 필요가 있다는 평가를 받았다면 리더십 개발을 위한 액션 러닝 프로그램에 참여할 수 있을 것이다. 반면, 이 모든 영역에서 최상위 수준의 평가를 받은 후보자가 있다면 바로 석세션이 가능한 후보로 선정할 수 있을 것이다.

인재의 활용과 이동

특정 직원이 다른 직무로 이동할 수 있는지를 확인하는 것은 차기 인사이동에 영향을 미칠 수 있기 때문에 매우 중요하고, 따라서 직원의 솔직한 의견을 듣는 것이 필수적이다. 물론 직원 스스로 향후 이동과 승진에 대한 생각을 구체화할 수 있도록 석세션플래닝 프로세스 이후 승진이나 이동이 있을 수 있다는 점을 미리 알려두는 것도 필요할 것이다.

육성 방법

석세션 프로세스는 훈련 및 육성 프로그램들과 연계되어야 한다. 육성 프로그램은 장기적인 경력 개발을 목표로 하거나 새로운 직무 이동을 준비하는 수단이다. 즉, 직무 순환이나 특정 과제의 부여, 프로세스 개선 프로젝트, 액션 러닝, 팀 개발 등은 직원 역량(직무 혹은 관리 역량)을 향상시키는데 활용된다. 고객개발그룹은 기술 개발, 재무 분석, 영업 기술, 문제 해결 역량 및 방법, 코칭 등 다양한 훈련 프로그램을 진행하였고, 새로운 직무에 바로 투입되거나 차기 역할을 준비하는 직원인 경우에는 보다 난이도 높은 프로젝트나 과제 등을 경험하게 하는 육성 프로그램에 참여시켰다.

또한, 고객개발그룹 석세션 체계가 공개적인 프로세스였다는 점도 주목할 만한 사항이다. 개인 석세션플래닝 워크시트(예시 7-1 참조)는 온라인으로 확인할 수 있고, 매년 평가 프로세스 시작 전 직원 개개인에게 워크시트에 대한 피드백을 제공하도록 설계되어 있다. 직원들은 모든 인사관련 일정(예를 들어, 성과 평가 주기, 석세션플래닝 주기, 리더십 개발 프로그램의 일정 등)을 숙지하였고(그림 7-3 참조) 당해 년도 성과 평가 프로세스와 석세션플래닝의 토의 결과가 함께 직원에게 전달되었다. 직원에게 특별한 훈련 및 육성 프로그램(예를 들어 프로세스 개선팀이나 액션 러닝)이 동시에 필요하다고 판단될 경우 훈련과 육성 프로그램을 연계하여 실시함으로써 역량 개발을 가속화하였다.

실행하기

퓨리나의 모든 결산은 10월에 이루어지며 성과 관리 및 석세션플래닝과 같은 핵심 프로세스도 이에 맞추어져 있다. 따라서 회계연도 말에 전년도와

그림 7-3   핵심인재 프로세스 일정표

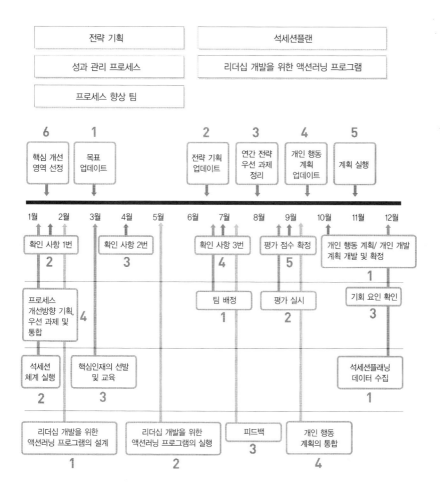

다음 연도의 성과 평가, 개인별 실행 계획, 그리고 자기 개발 계획(Personal Development Plans) 등의 석세션플래닝을 위한 모든 개인 정보 수집이 완료된다.

석세션 관련 미팅은 대체로 1월 한 달간 진행되며, 순차적인 프로세스에 의해 이루어진다. 먼저 직원이 해당 양식을 작성한 후 매니저에게 제출하면 매니저는 직원 평가를 완료한다. 자료가 중앙 시스템에 저장되면 리더십팀이 이를 검토한다. 직원들이 작성한 양식은 지역, 팀, 직무, 성과 등급에 따라 분류되어 저장되는데, 영업 담당자들의 경우 지역과 성과 등급에 따라 구분되어 오름차순으로 정리되는 식이다. 각 지역의 리더들은 직원 파일을 검토함으로써 직원에 대한 정보를 확인할 수 있고, 동시에 파일의 내용이 정확한지도 검토하게 된다. 수정 사항이 반영돼 최종적으로 중앙 시스템에 업데이트된다.

시니어 리더십팀(5명의 핵심 임원, 그리고 리더들로 구성)은 이틀 동안 열리는 회의에서 4점과 5점을 많이 받은 직원 즉, 최고 등급을 받은 직원들의 데이터를 검토한다. 이 회의는 비밀 유지와 정보 보안을 위해 사무실이 아닌 외부에서 실시된다.

전무급과 같이 상위 직책들이 먼저 검토되고, 어떤 후보자가 차기 리더로 적합할지 선정하게 되는데, 이 평가에서 가장 우수한 점수를 받은 두 명의 후보자만이 개발 프로그램에 참여할 수 있다. 전무급 직책의 석세션 후보자들은 한 번의 승진으로 전무가 될 수 있는 후보자와 두 번 승진으로 전무가 될 수 있는 후보자로 구분되고, 상황별로 좋은 평가를 받은 5명이 선정된다. 고위 직책일수록 다양한 배경의 리더들로 구성되어야 함을 경험을 통해 깨달은 고객개발그룹 리더십팀은 소수자와 여성 후보자의 역량 개발 정도를 지속적으로 주시해 왔고, 필요한 경우 특별 프로그램을 통해 이들의 역량 개발을 가속화시킨다.

그 외의 석세션 후보자들 역시 석세션플래닝 양식에 따라 그리고 역량에 따라 구분되어 관리되는데, 구체적으로 살펴보면 한 번 또는 두 번의 승진으로 전무급 석세션이 가능한 후보자, 이사급으로 석세션이 가능한 후보자, 그리고 팀 리더 및 기타 중요 직책으로 석세션이 가능한 후보자로 구분되었다.

모든 후보자들은 기능별 역량 및 일반관리 역량, 기술 역량, 과거와 현재의 업무 경험 및 지식, 이동과 승진 가능성 그리고 평균 고과 및 기타 사항(학력 사항, 취미, 우선적으로 요구되는 교육 프로그램)에 대한 평가를 받는다. 예시 7-2는 현재의 석세션 후보자 그룹 또는 잠재적 석세션 후보자 그룹 등 여러 그룹별로(혹은 석세션 대상이 되는 직책별로도 그룹화할 수 있다: 전무급 및 영업 이사, 팀 리더 그 외 중요 직책의 석세션 후보자 그룹 등) 후보자들을 평가하기 위해 개발되었다. 이때 확보한 정보는 인재에게 맞는 경력 경로나 인사 이동을 결정할 때 사용되고, 특정한 직책에 오르기 위해 요구되는 경력 경로 및 인사 이동을 판단하는 데에도 활용된다. 예를 들어 소수자 집단에 속하는 팀 리더 중 한 명을 전무급으로 이동시키는 석세션플래닝을 세웠다고 가정하자. 우선 팀 리더로서 개발해야 할 조건들(역량, 기술, 필요한 직무 경험 등)을 검토해야만 할 것이다. 이를 위해 전무급의 직무를 성공적으로 수행하기 위해 어떤 경력이 필수적일 지를 판단하고 필요한 직무 경험, 훈련 및 개발 방안을 자세히 정리해야 할 것이다. 이와 같은 사항을 리더십팀이 정리한다면 인재의 경력 경로를 쉽게 설계할 수 있다.

석세션 후보자로 검토되고 있는 모든 대상 직원은 각자 차기에 어떤 직책으로 이동할 수 있을지, 어떤 영역을 개발해야 하는지에 대한 피드백을 받게 된다. 그러나 소수자, 여성, 그리고 최고 수준의 성과자로 평가된 몇 명만이 각자의 경력 계획 맵(Career Planning Map)과 관련된 피드백을 받을 수 있다. 고객개발그룹이 선정한 최상위 50명의 인재에 대해서는 경영진이 직접 리뷰를 실시한다. 고객개발그룹은 효과적이고 일관성 있는 석세션 체계를 구축하였고, 모든 석세션 관련 양식 및 지침은 직원들이 쉽게 접근하여 편집할 수 있도록 온라인 시스템으로 운영된다.

역량, 스킬, 지식의 측정 – 5, 4, 3, 2, 1, 결여

항 목														
기능별 역량														
고객 관리 능력														
영업 관리력														
회계 및 재정 관리 능력														
물류 관리 능력														
일반 리더십														
일반관리 역량														
결과 지향성														
감성 능력														
신뢰성														
개념적 사고														
체계적 사고														
용기														
스킬														
코칭 · 멘토링														
변화 순응력														
직원 육성														
의사 소통력														
협상력														
문제 해결력														
팀웍														
역량 및 기술 종합														
경험 및 지식														
일반 관리력														
재무														
제조 및 공급망 관리														
영업 및 마케팅														
전략 기획														
지식의 활용														
인사														
조직 개발 및 변화 관리														

국제적 감각								
IS / 엔지니어링 / R&D								
인사이동 및 승진 가능여부								
재배치 여부 (Y/N/DN)								
단기 인력 활용　(12개월)								
장기 인력 활용　(12~36개월)								
기능/지역간 인력 활용								
다음 이동 가능한 Career (이름)								
기타								
학력								
취미								
우선적으로 받아야 할 육성 프로그램								
성과 평가 결과								
2년간 업적 평가 평균								

평가하기

석세션 체계의 개발이 순탄하게 진행된 것만은 아니었다. 석세션플래닝 도입 첫해, 리더십팀은 전 직원을 대상으로 일일이 평가를 실시하기로 결정했으나, 너무도 방대한 작업량으로 인해 결국 성과 평가에 의해 선발된 상위 고성과자들(3점, 4점, 5점 득점자)만을 대상으로 평가하는 것으로 계획을 수정해야만 했다. 리더십팀은 이러한 과정을 통해 지역 혹은 조직 내 역할 등과 같은 카테고리별로 구분하여 직원을 여러 개의 그룹으로 묶은 뒤, 그룹별로 평가하는 것이 더 효율적이라는 교훈을 얻을 수 있었다. 따라서 전무급 임원은 전무급 임원 그룹 내에서 평가되었고, 마찬가지 방식으로 이사급, 팀 리더급 등 다른 직책에 대한 평가도 그룹별로 이루어졌고 이러한 평가를 통해 바로 석세션 가능한 후보자와 조만간 준비가 완료될 후보자의 명단을 작성할 수 있었다. 전무급에서 다른 핵심 직급에 이르기까지 직책별로 차별화된 평가를 실시함으로써 석세션 리뷰가 일관성 있고 철저하게 실시될 수 있도록 하였다.

이렇게 석세션플래닝이 도입된 첫 해에 직원들은 영역별 역량을 평가받게 되었는데, 이 평가 결과만으로는 일반관리 역량 및 기술 수준에 대한 파악이 어려웠다. 직원들의 역량 및 기술 수준을 평가해야만 360도 평가 및 개인 개발 계획, 액션 러닝 프로세스 등의 다양한 리더십 개발 프로그램을 개발할 수 있기 때문에 리더십팀은 전반적인 리더십 역량 평가 프로세스를 개선해야만 했다.

석세션플래닝 관련 데이터를 알파벳 순으로 정리하거나 찾기 쉽도록 번호를 부여하는 방법, 그리고 석세션 후보자들을 역할과 지역별로 그룹화하여 보다 쉽게 평가를 실시할 수 있도록 하는 등 프로세스 개선을 위한 간단한 이슈들 또한 제기되었다. 석세션 관련 회의에 참가하는 모든 리더에게는 후보자를 평가할 때 고객개발그룹의 가치와 부합하는 정도를 점수화할 수 있도록 고객개발그룹이 직원들에게 기대하는 역량 및 평가 등급을 정의한 자료를 제공해야만 했다. 석세션 후보자들은 일관성 있는 훈련 및 역량 개발 기회를 받을 수 있도록 고객개발그룹과 제휴한 모든 교육 단체의 육성 프로그램을 스스로 확인하고 효과적인 프로그램을 선별하여 정리해야만 했다. 이러한 작업은 고객개발그룹의 비즈니스 니즈에 부합하는 프로그램을 선정하는 데 도움이 되었다. 표 7-2는 고객개발그룹 내 직원들이 이용할 수 있는 다양한 육성 프로그램의 예를 제시하고 있다. 각각의 활동은 하나 이상의 역량 및 기술을 향상시킬 수 있도록 구성되어 있어 기술과 일반관리 역량 모두를 개발해야 하거나, 직무 경험과 지식 개발이 동시에 필요한 경우라 하더라도 액션 러닝과 같은 육성 프로그램 하나에 참여하는 것으로 충분하다.

육성 프로그램에 대한 정보는 개인 개발 계획을 논의할 때도 활용된다. 즉, 해당 후보자가 역량 개발을 위해 적절한 프로그램에 참여하고 있는지, 후보자 자신이 어떠한 차기 인사이동을 위해 육성되고 있는지를 인식하고 있는지를 점검하는 데 활용되는 것이다. 이러한 정보는 직원들이 적합한 워크숍과 프로그램에 참여할 수 있도록 조직활성화팀에 제공된다. (표 7-3 참조)

표 7-2 **고객개발그룹 육성 프로그램**

내부 프로그램	외부 프로그램
▫ 고객 관련 활동 참여: 고객 대응 기술에 관한 컴퓨터 기반 학습 활동(Account Call), 사업 계획 활동, 고객만족도 향상 액션 플랜, 프레젠테이션 기술 향상 활동 ▫ 시스템 개발에 필요한 폭넓은 시야를 얻기 위해 다른 부문과의 협업에 참여: 마케팅, 유통, 대고객 활동 등 ▫ 특별 과제나 프로젝트를 리드하거나 참여 ▫ 고객개발그룹 또는 ULC 훈련 프로그램을 리드하거나 공동 리드 ▫ 공식적인 직무 순환에 참여(관리자가 되기 위해 일반적으로 참여해야 하는 프로그램) ▫ 외부 코칭 ▫ 공식적인 모니터링 관계 구축 ▫ 다른 직원의 멘토 역할 수행 ▫ 리더십 개발 프로그램에 참여(오른편의 '외부 프로그램' 참고) ▫ 다양성에 대한 인식을 높이기 위해, 소수자 혹은 여성의 리더십 회의 및 포럼에 참여 ▫ 팀 미팅 혹은 그룹 미팅 주관 ▫ 자신만의 비전, 브랜드, 그리고 실행계획 수립 후 개인을 브랜드화 ▫ 조직 내 또는 외부의 인적 네트워크의 개발	**소수자/여성 대상 리더십 프로그램** ▫ 아프리칸-아메리칸 리더십 프로그램 ▫ 여성 리더십 프로그램 ▫ 리더십 정상에 오른 여성들 ▫ 다양성 콘퍼런스 ▫ 흑인 MBA 콘퍼런스 ▫ 라틴 아메리칸 MBA 콘퍼런스 ▫ SIFE 대회 **리더십 개발** ▫ AOP 액션 러닝 ▫ 리더십 기초 ▫ 리더십 개발 프로그램 ▫ 팀 콘퍼런스 **리더십 심화 과정** ▫ 이머징 리더 프로그램 ▫ 전략 리더 만들기 ▫ 리더십과 고성과팀 구축 **영업 관리(Sales Management)** ▫ 펜실베니아주립대, 미시간주립대, 애리조나주립대의 공급망 관리 과정 **고객 관계 관리** **고객 관리** ▫ 남가주 대학 식품 유통 산업 과정 ▫ 코넬 대학 식품 유통 산업 연구소 ▫ St. 요셉 대학의 리더십 프로그램

표 7-3 **개발 방안 리스트 (예)**

이름	차기 이동 가능한 직무	개발 프로그램 (개인당 TOP 1~2개 기술)
		1 2

피드백 및 분석

고객개발그룹의 석세션플래닝 프로세스는 다음의 두 가지 노력 하에 여러 해 동안 진화해 왔다. 먼저 석세션 관련 토론 직후 프로세스 전반에 대해 평가하는 시간을 마련함으로써 프로세스의 효율성을 제고하고 토론 시간을 단축할 수 있었다. 다양성 개발이 이슈가 되자 이를 극복하기 위해 새로운 경력 경로가 설계된 것도 하나의 성과인데, 영업 담당 리더 직책을 맡으려면 소매 환경 내 다양한 고객 및 팀을 경험해야 하고, 영업관련 전 영역에서 활동해 보아야 한다는 것이 프로세스의 평가 결과 밝혀졌고, 이에 후보자들이 영업 관리자로 성장하기 위해 밟아야 하는 새로운 공통적 경력 경로가 확립된 것이다.

두 번째 노력으로는 인재 육성의 가치를 인정하는 분위기를 조성한 것이다. 퓨리나는 직원 육성을 적극적으로 지원하는 회사였고, 그 중에서도 특히 고객개발그룹은 사람 중심의 문화를 개발하기 위해 끊임없는 노력을 기울이고 있었다. 인사이동의 기회는 언제든지 주어질 수 있고, 이를 지원하는 다양한 육성 및 훈련 프로그램이 준비되고 있다는 사실을 직원들에게 지속적으로 숙지시켰다. 훈련과 육성을 위한 예산이 약 2백만 달러에 달하였다는 사실은 직원 중심의 문화를 얼마나 강조하고 있는가를 증명하는 하나의 사례에 불과하다.

효율적인 석세션플래닝을 수립하고, 리더십 개발을 위한 액션 러닝과 같은 교육 프로그램을 효과적으로 연계시킨 결과, 고객개발그룹은 1999년부터 2001년까지 시행 3년 만에 다음과 같은 사업 성과를 달성하게 되었다.

- □ '산업 내 고객 만족도 조사' 결과 1위(과거 15위)
- □ 경쟁이 심화되고 경기가 둔화되었음에도 매출액과 시장 점유율이 유지 혹은 향상됨
- □ 최상위 3개 리더십 계층에 강력한 '벤치의 힘' 구축
- □ 매년 15명이 승진하거나 새로운 직무를 맡게 됨
- □ 임원직의 근속 연수를 연장시킴으로써 지속적이고 일관성 있는 사업 추진이 가능함
- □ 당면 이슈를 해결함으로써 개발 프로그램의 프로세스를 강화하였고, 조직 차원의 새로운 기회를 창출함
- □ 직원 오리엔테이션과 신입 직원 채용 시 석세션플래닝 프로세스의 효율성과 다양한 경력 개발 기회에 대해 홍보함으로써 보다 많은 인재를 유치함

요약

석세션플래닝은 최고 경영층의 확고한 의지가 조직 하부까지 전달되고 다른 인적자원 시스템과 체계적으로 연계되었을 때 비로소 성공을 거둘 수 있다. 퓨리나의 고객개발그룹이 효과적인 석세션 프로세스를 구축하는 데 성공할 수 있었던 필수적 요인을 다음의 세 가지로 정리할 수 있다.

1 리더십팀이 많은 에너지와 시간을 프로세스 구축을 위해 투자하였고,

이를 직원 승진을 위한 방안으로 효과적으로 활용하였다.

2 자기 개발 및 경력을 계획하고 개발하는 활동을 적극적으로 장려하는 조직 문화가 기존에 구축되어 있었다. 전 직원이 석세션플래닝에 참여하는 석세션 체계를 설계할 수 있었던 것도 조직문화를 바탕으로 가능했던 것이다. 전 직원이 시니어 매니지먼트 팀에 의해 검토되고 평가받는 것은 아니지만, 개인의 잠재력에 대한 피드백과 어떠한 성과 프로세스와 개인 개발 계획이 필요한 지에 대한 정보는 모두에게 제공되었다.

3 프로세스의 각 단계와 형식을 설계하고 체계화시킨 품질 담당 임원과 석세션 관련 회의를 주관하고 수집된 정보를 정리하는 등 많은 지원 활동을 전개한 조직활성화팀 임원의 노력과 헌신 덕분에 석세션 체계의 개발이 가능하였다. 조직활성화팀 임원은 특히 성과 관리, 리더십 개발, 육성 프로그램, 모니터링, 360도 역량 평가와 같은 다양한 지원 체계를 관리함으로써 이를 석세션 체계와 통합시키는 데 큰 공헌을 하였다.

고객개발그룹이 개발한 석세션 체계는 전사 차원에서 활용될 정도로 큰 성공을 거두었다. 네슬레(Nestle)와 합병되었을 때에도 체계적으로 정리된 고성과 인재 명단과 핵심인재에 대한 정보가 유용하게 활용되었다.

고객개발그룹의 당면 과제는 고성과자들의 이직을 막고 잠재력 있는 인재들을 외부에서 유치해 올 수 있도록 경쟁사와 차별화된 고객개발그룹만의 강점을 살리는 것이었다. 당시 고객개발그룹의 부사장이었던 제임스 화이트(James White)는 "비즈니스는 경쟁하지 않는다. 사람이 경쟁할 뿐이다. 따라서 성공을 위해서는 누가 훌륭한 인재들을 얼마나 많이 영입할 수 있는지가 결정적이다."라고 말하였다.

시사점

⇨ 새로운 석세션 체계를 구축하고 실행하기 위한 고객개발그룹의 노력이 시사하는 바를 제대로 이해하기 위해서는 이 회사가 100년이 넘는 역사를 가지고 있었다는 사실을 염두에 두어야 한다. 석세션 체계는 퓨리나와 같이 오랜 역사를 지닌 회사가 세계화 및 소매 시장의 합병, 전자상거래의 확대와 같은 시장 변화와 경쟁 심화에 즉각적이고 유연하게 대응할 수 있는 강력한 무기로 활용되었다.

⇨ 고객개발그룹 내 직원 개개인을 중시하는 문화는 큰 강점으로 작용하였다. 직원들은 각자 석세션 관련 조언을 구하거나, 다른 회사의 경험을 공유하는 등의 다양한 방식으로 석세션 체계를 구축하는 데 공헌하였다.

⇨ 직원 개개인에 대한 고객개발그룹의 관심을 반영하는 또 하나의 증거로는 석세션 후보자뿐만 아니라 전 직원에 대한 석세션플래닝과 평가 결과가 정리되었고, 따라서 직원 수만큼의 직원 프로파일이 구축되었다는 사실을 들 수 있다.

⇨ 고객개발그룹의 석세션 프로세스를 완성하는 데는 세 개의 리더십 시스템이 부가적으로 사용되었는데 전략 수립 프로세스, 성과 관리 시스템, 리더십 개발을 위한 액션 러닝 프로그램이 바로 그것이다.

⇨ 고객개발그룹은 직원들의 구체적인 사항까지 프로파일로 정리해 놓았다. 후보자 평가 시 이전 회사에서 받은 평가나 기타 언어 구사 역량까지도 고려하였다.

⇨ 대부분의 성공적인 석세션 프로그램이 그러하듯 고객개발그룹은 투명한 프로세스를 갖추고 있었다. 그룹 내에서의 그들의 위치, 잠재적 역량 수준, 경력 이동이 가능한 옵션 및 개발 기회에 대해 직원들에게 지속

적으로 업데이트해 주었다.

     ↪ 고객개발그룹의 석세션 프로그램은 다양한 영역에서 활용 가능
한데 인재 스카우트, 인재 평가, 성과 및 잠재 역량의 맵핑, 목표 수립, 개
발, 직원의 유지, 훈련에 이르기까지 여러 영역에서 활용되었다.

도와 주신 분

제니스 뒤스(Janice Duis)는 인사 및 조직 분야에서 18년 이상의 경력을 지닌 컨설턴트로서
액션 러닝 및 변화 리더십을 전문으로 하고 있다. 여행, 보험, 소매, 교육, 건강 및 의료 등
다양한 산업 분야의 프로젝트를 수행하였으며, 특유의 사업적 통찰력으로 비즈니스 이슈를
날카롭게 밝혀내고 그에 대한 대응 방안을 제시함으로써 시스템 전반에 변화를 이끌어 내는
것으로 명성을 떨치고 있다. 뒤스는 퓨리나 고객개발그룹의 조직효과성 담당 임원으로서 큰
역할을 하였으며, 세이프웨이 컨슈머 브랜드(Safeway consumer Brand)에서 전략 및 사
업 프로세스를 담당하였다. 그전에는 '오센틱 패스웨이(Authentic pathways)' 라는 개인 컨
설팅 회사를 운영하였다.

제임스 화이트(James White)는 세이프웨이에서 코퍼레이트 브랜드(Corporate Brand) 부
문의 부사장을 역임하고 있다. 코카콜라(Coca-Cola), 네슬레 퓨리나(Nestle Purina), 질레
트(Gillette), 세이프웨이와 같은 포천 선정 500대 기업을 성공적으로 이끈 혁신적인 리더이
다. 화이트는 타고난 전략가로서 조직 성장의 핵심인 직원 개발에 높은 가치를 두고 있다.
화이트가 이끌었던 모든 조직의 긍정적 결과와 재무 부분의 성공은 그가 있어서 가능했다고
해도 과언이 아닐 정도이다. 성과를 향상시키기 위한 직원 개발과 혁신적인 사고가 주된 관
심 분야이며, 현재는 세이프웨이에서 새로운 신화 창조를 위해 노력 중이다.

8

유니레버
U N I L E V E R

사례 학습

> 사람이 비즈니스의 핵심이다. 직원의 스킬과 에너지, 몰입을 유도하고,
> 개발하며, 보상하는 것이 우리의 우선 과제이다.
> **– 유니레버의 기업 목표 중에서**

'유니레버'는 세계에서 가장 성공적인 소비재 회사 중 하나이며, 전 세계에
걸쳐 가정용품, 생활용품, 식품 분야에서 신뢰받는 브랜드를 보유하고 있
다. 유니레버의 브랜드 포트폴리오는 럭스(Lux), 도브(Dove), 폰즈(Pond's), 립톤
(Lipton), 크노르(Knorr)와 같은 세계적인 인기 제품과 함께 지역 및 로컬 제품
을 포함하고 있다. 세계적으로 가장 존경받는 회사 중 하나인 유니레버의
명성은 직원들 스스로 자신의 성장 목표를 전문적으로 추구할 수 있도록
다양한 기회를 제공함으로써 얻게 된 것이다. 또한, 진정한 글로벌 회사로
서 지속적 성과 창출을 달성하기 위해, 직원의 다양성과 이질성을 유지하
는 데에도 주안점을 두고 있다. 유니레버의 근무 윤리는 전 세계 모든 비즈
니스에 전파되고 있다.

유니레버 인도네시아는 다국적 및 로컬 기업들과의 경쟁이 가속화 되어 가

던 상황에서 5년 이내에 1억 불에서 2억 불로 비즈니스를 2배 이상 성장시킨다는 목표를 수립하였고, 이러한 높은 목표를 달성하기 위해 새로운 석세션플래닝 체계가 필요해졌다. 이번 장에서는 유니레버 인도네시아가 로컬 환경에서 성장을 이루어 5년 안에 목표를 달성하기 위해 글로벌 체계를 어떻게 변화시킴으로써 강력하고 차별화된 석세션 체계를 구축하였는지 그 과정을 살펴보려고 한다. 많은 다국적 기업들이 그렇듯 핵심인재관리는 본사 주도로 시도되는 경우가 대부분이다. 그러나 이번 사례 연구의 경우 유니레버 인도네시아의 석세션플래닝이 본사의 원칙에 기초하였으나 차별화된 운영을 하였으며, 바로 이러한 차별성 때문에 석세션플래닝이 성공할 수 있었다는 점은 시사하는 바가 크다고 할 수 있다.

유니레버 인도네시아의 석세션플래닝은 단순히 자원을 효과적으로 배치하고 핵심인재 풀을 규정하는 것을 목표로 하는 프로그램과는 다르다.

석세션플래닝은 핵심인재관리의 일부분이 아니다. 인재관리의 전부라고 해도 과언이 아닌데, 석세션플래닝은 조직 내부의 모집, 선발, 평가 및 육성 프로세스 전부를 하나의 맥락에서 전체적으로 관리하는 것이기 때문이다. 위의 각 부분이 하나로 통합되어야만 미래의 핵심인재를 선발할 수 있을 뿐만 아니라, 언제든지 활용 가능한 핵심인재 풀을 보유할 수 있게 된다. 효과적이고 강력한 석세션플래닝 체계를 구축하기 위해 필요한 수단은 다음과 같다.

□ 경영진 훈련 프로그램
□ 경력자 채용 프로그램
□ 성과 개발 계획
□ 균형 잡힌 업무별 사업 계획(균형 성과 기록표)
□ 인적자원 계획 세션
　　· 핵심인재 리뷰

- · 강제 서열화
- · 석세션 파이프라인
- · 새로운 임명
- · 조직 구조
- □ 최고위직 석세션
- □ 핵심인재 개발
  - · 코칭 및 멘토링
  - · 경력 상담
  - · 리더십 개발

이러한 석세션플래닝 수단은 현 직무 수행에 필요하거나, 이미 보유한 역량 및 스킬 일체를 강화하는 '역량과 스킬 중심의 접근 방식(competency and skill-based approach)'에 바탕을 두고 있다. 모든 메커니즘은 비즈니스 운영상의 니즈를 충족시키고, 강력한 핵심인재 풀을 창조하려는 목적에 충실하도록 설계되었다. 이는 조직이 기대한 효과를 달성하는 것뿐만 아니라, 직원들에게 다방면의 경력 기회를 제공하는 것을 목표로 한다. 이번 장에서는 유니레버 인도네시아가 석세션플래닝 체계를 설계하기 위해 시도했던 모든 차별적 실험들을 살펴 볼 수 있을 것이다. 또한, 유니레버 인도네시아가 어떻게 인도네시아 시장의 소비자 니즈를 효과적으로 충족시키고, 탁월한 비즈니스 성과를 창출할 수 있도록 석세션 체계를 개발했는지, 어떻게 핵심인재 파이프라인을 최고의 인재들로 채웠는지 그 과정도 함께 살펴보도록 하자.

목차

- □ 들어가며
  유니레버와 유니레버 인도네시아 지사에 대한 개요

- □ 비즈니스 전략 및 배경
  구조화되고 잘 정의된 석세션 전략을 위한 비즈니스 사례

- □ 직원 중심의 체계

직원의 니즈와 비즈니스 니즈의 연계 방법
성과 개발 계획 및 균형적 비즈니스 계획의 개념

□ 설계와 실행
직원 개발에 대한 유니레버의 철학
경영진 훈련 프로그램, 경력자 채용 프로그램, 역량 및 스킬의 강화, 성과 개발 프로그램, 균형 성과 계획, HR 계획 세션, 강제 서열화, 최고위직 석세션, 핵심인재 개발, 주요 리더십 개발 시도, 생산적 코칭 모델

□ 피드백 및 분석
매년 진행되는 리뷰 프로그램
새로운 석세션 체계의 개선 과정

□ 평가하기
유니레버 인도네시아 석세션 체계의 평가 방법

□ 시사점
요점 정리

들어가며

> 우리의 장기적 성공을 위해서는 보통을 뛰어넘는 성과 및 생산성 수준, 효과적인 협업, 새로운 아이디어의 창출, 지속적 학습에 대한 총체적 몰입이 필요하다.
>
> **– 유니레버의 기업 목표 중에서**

유니레버는 글로벌 소비재 시장에서 세계적인 선도 기업 중 하나로서 가정용품, 생활용품, 식품 분야 등 14개 카테고리에 이르는 400개의 브랜드를 보유하고 있는 거대 조직이다. 유니레버의 미션은 '다양한 브랜드를 통해 소비자의 일상적인 영양 · 위생 · 자기 관리의 니즈를 충족시키고, 소비자들이 보다 기분 좋게, 보기 좋게 변하고 더욱 풍요로운 삶을 누릴 수 있도록 활력을 불어 넣는 것'이다. 오늘날 유니레버는 100개 이상의 국가에서 234,000명의 직원을 거느리고 있다.

유니레버 인도네시아는 1933년에 설립되어 현지화된 기업으로서 지금까지 커다란 성장을 해 왔다. 2000년에 약 2,500명의 직원을 고용하였으며 약 20,000여 명의 협력사 및 하청 기업 직원들과 다양한 관계를 맺고 있다. 1,200개가 넘는 중소 규모의 기업이 유니레버 인도네시아에 제품을 납품하거나, 원료를 제공하거나, 유니레버 인도네시아의 포장 업무를 대행하고 있다. 1988년에는 중소기업의 발전에 기여한 공을 인정받아 인도네시아 정부가 수여하는 유파칼티(Upakarti) 상🅙을 수상하기도 하였다.

유니레버 인도네시아를 포함한 유니레버 전 계열사는 유니레버가 선도적 기업으로 거듭나기 위해서는 지역공동체 개발에 기여하고, 사회봉사를 위한 다양한 프로젝트를 지속적으로 수행해야 한다고 믿고 있다. 또한, 유니레버의 전 직원은 사회적 책임감을 느끼고 사업을 진행한다면, 사회발전에도 기여할 수 있을 것이라는 신념을 지니고 있다. 그들은 조직 내부뿐만 아니라 지역공동체에서 부와 지식을 창출 및 공유하고 로컬 경제에 투자하며, 사람의 역량을 개발에 공헌할 수 있도록 노력하고 있다. 유니레버 사람들의 가치, 그들의 차별성, 그들이 사회에 기여하는 방식을 지켜본다면 '활력' 이라는 단어가 저절로 떠오를 것이다.

비즈니스 전략 및 배경

유니레버는 직원이 사업의 기반이며 회사가 하는 모든 활동의 핵심이라고 굳게 믿고 있다. 이러한 문화는 그룹 전반에 확산되어 있기 때문에 만약 독

🅙 : 중소기업 발전에 이바지한 선도적 기업을 치하하는 상

자들이 어떤 국가 또는 사업 부문에 소속된 유니레버 직원 중 누구에게 질문하더라도 그들은 '자신에게 유니레버는 하나의 조직이기보다는 가족 혹은 공동체와 같은 존재' 라고 대답할 것이다.

이러한 사람 중심의 문화로 인해 석세션플래닝은 단지 '있어서 좋은 것(nice-to-have)'이 아닌, '반드시 있어야 하는 것(need-to-have)'인 동시에 '성공하기 위해 필요한 것(need-to-win)' 으로 인식되었다. 이는 사업 성장을 위해서는 먼저 사람을 성장시켜야 한다는 비즈니스 전략과 궤를 같이하는 발상이기도 하다. '직원의 성장을 통해서 회사가 성장한다.' 라는 이념은 결코 공허한 주문이 아닌, 깊게 뿌리 내린 믿음이고 진실로 신봉되는 가치인 것이다. 유니레버가 기울인 모든 노력은 이러한 믿음을 실행에 옮기기 위한 것이다. 적합한 사람을 발견하고 개발시키며, 그들의 만족도를 높여 역할에 몰입시키는 일련의 과정은 유니레버의 가치를 현실화시키려는 하나의 목표 아래 계획되고 실행되었다.

비즈니스 케이스

구조화되고 효과적인 석세션플래닝에 대한 비즈니스 사례가 왜 유니레버 인도네시아에 필요했는지는 비교적 분명하다.

□ 경쟁은 나날이 치열해지고 고객의 요구 수준은 높아지기만 하는 시장 상황에서 살아남기 위해서는 적합한 인재를 선발해 언제든지 적합한 직책을 맡길 수 있도록 석세션 체계를 구축하는 것이 필수적이었다. 이는 경영진 계층에게만 해당하는 것은 아니며, 조직 전반의 주요 직책에도 해당하는 것이었다.

□ '인재 전쟁' 이 피부에 와 닿기 시작하였다. 직원들이 입사 및 이직을 결정할 때 금전적 보상 이외의 것도 고려한다는 사실을 인정하지 않을 수가 없었다. 체계화된 개발계획과 경력 로드맵, 그리고 확대된 기회의 제

공만이 핵심인재의 확보 및 유지를 가능하게 하고, 결국 지속적인 조직 성과 달성에도 기여한다.

□ 새롭고 간결해진 리더십과 조직 구조는 현 석세션플래닝이 체계화될 수 있는 이상적인 플랫폼 및 프레임워크가 존재한다는 것을 의미한다. 석세션플래닝 체계는 이러한 환경 속에서 성공을 거둘 수 있고, 더불어 아래와 같은 비즈니스 목표를 충족시키는 데 기여할 수 있다.

· 더 빠른 성장

· 소비자와 실제 구매자의 통합

· 소비자 관리

· 스피드와 단순화

· 더 낮은 비용

□ 글로벌 시장의 다양한 도전에 대처하기 위해서는 석세션 파이프라인을 구축할 수 있는 다양한 핵심인재 풀을 보유하는 것이 필수적이다. 이를 통해 혁신적인 마인드와 창의적인 아이디어로 무장한 회사로 거듭날 수 있고, 소비자 트렌드와 긴밀하게 연계된 조직 운영이 가능해지며, 궁극적으로 경쟁에서 앞설 수 있다.

직원 중심의 체계

유니레버 인도네시아 내부의 석세션플래닝 체계가 선형적(linear) 프로세스든 순환적(cyclical) 프로세스든, 그 프로세스의 시작은 '직원'이었다. 직원 각자에게 어떤 진로를 희망하고 있는지를 질문함으로써 석세션플래닝이 시작되고, 이 내용은 이후 개별 직원의 성과 개발 계획에 반영된다. (이 장의 '성과 개발 계획' 부분에서 상세히 설명될 것이다.) 물론 이러한 성과 개발 계획은 조직의 니즈와도 연계된 것이어야 한다. 또한, 각 사업분야별로 균형 잡힌 사업 계획이라 불리는 균형 성과표(Balanced Scorecard)를 작성하게 되는데, 이 역시 직원과 조직의 니즈를 모두 반영하고 있다. (이 장의 '균형 잡힌 사업 계획' 부분에서 더 상세하게 설명될 것이다.)

한마디로 성과 개발 계획과 균형 잡힌 사업 계획은 석세션플래닝의 모든 영역들을 추진하기 위한 거점 역할을 하는 반면, 경영진 훈련 프로그램과 경력자 채용 프로그램은 시스템의 사전 투입물의 역할을 하게 된다(그림 8-1 참조). 즉, 채용은 조직에 핵심인재 풀을 만드는 데 필요한 자원(인적 자본)을 제공하므로, 핵심인재가 채용되면 바로 석세션플래닝 프로세스가 시작되는 것이다. 달리 표현해 보자면, 채용은 석세션플래닝을 위한 '원료(raw material)'를 제공하는 것이고, 성과 개발 계획과 균형 잡힌 사업 계획은 제공된 원료의 품질(직원 니즈와 역량)을 평가하여, 석세션플래닝 프로세스를 적절히 추진할 수 있도록 하는 '시험장(testing ground)'의 역할을 하는 것으로 비유해 볼 수 있다.

그림 8-1 유니레버 인도네시아의 석세션플래닝 체계

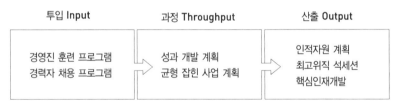

투입 Input	과정 Throughput	산출 Output
경영진 훈련 프로그램 경력자 채용 프로그램	성과 개발 계획 균형 잡힌 사업 계획	인적자원 계획 최고위직 석세션 핵심인재개발

주: 본 그림은 유니레버 또는 유니레버 인도네시아의 공식적인 석세션플래닝 모델이 아니며 오직 설명을 목적으로 사용됨

따라서 그림 8-1에서 보는 바와 같이 직원 니즈는 석세션플래닝 프로세스 중 '과정' 채널을 통하여 조사된다. 그러나 직원의 니즈가 실제로 충족되는

것은 '산출' 요소를 통해서인데, 예를 들어 리더십 개발 워크숍, 경영진 혹은 동료 코칭, 멘토링, 진로상담과 같은 일련의 핵심인재 육성 과정을 통해 직원의 니즈가 충족될 수 있을 것이다. 만약 석세션플래닝의 어떤 요소든 직원 니즈를 직접적으로든 간접적으로든 반영하지 못하는 것이 있다면 개인과 조직 간 니즈 충족에 불균형이 발생한 것이다. 직원들은 불균형이 존재하는 석세션 체계를 공허한 경력 로드맵으로 인식할 것이고, 이로 인해 발생하는 직원의 냉담, 무관심 혹은 불만족 때문에 결국 활용도가 떨어지게 될 것이다.

설계와 실행

유니레버 인도네시아의 석세션플래닝 체계는 다음 2가지의 주요 성공 요인에 기반했다. ❶ 필요한 시기에 적합한 사람을 적합한 위치에 배치할 수 있고, ❷ 핵심인재 풀 내부에 다양한 전사핵심인재가 포함되도록 했다는 점이다.

전사핵심인재 풀을 보유한다는 것은 유니레버 인도네시아의 인재들이 특정 부문의 핵심인재 풀(예: 마케팅)에 포함되기 전에, 다양한 경력 개발 기회를 제공 받아야 하고, 여러 영역에 걸쳐 잠재력에 대한 충분한 평가를 받아야 한다는 것을 의미한다. 유니레버 인도네시아는 인재의 풀이란 각 사업 부문의 것이 아니라 회사 전체를 위한 것이라고 생각하고 있었다. 즉, 풀에 포함된 직원은 기능별 전문가(즉, 마케팅, 감사, 회계, 인적자원 등과 같은 특정 기능의 전문가)의 집합이기 이전에, 회사의 일반적인 인재들의 집합이라는 사고방식을 가지고 있었던 것이다. 이러한 접근 방식은 경영진 훈련 프로그램에 참가한 경영진 훈련생들에게 특별히 강조되었다. 그렇다고 해도 유니레버 인도네시아가 한 분야에서 뼈가 굵은 인재들을 배척하는 것은 아니다. 줄곧 한 분야에서 전문성을 길러왔지만 이제 다른 경험을 원하거나, 중도에 바꾸기를 원하는 직원들도 열린 마음으로 수용하고 있음은 물론이다. 유니레버 인도네시아는 개발 계획의 일부분으로서, 직원들에게 다양한 역할을 경험할 수 있는 기회를 부여해야 한다고 믿고 있다.

유니레버 인도네시아의 석세션플래닝을 체계화시킨 2개의 성공 요인은 상호 의존적이면서도 상호 보완적이다. 전통적으로는 대학 전공을 직무에 맞추거나 특정 분야에 한정된 전문가를 양산함으로써 최상의 성과를 이끌어낼 수 있다는 시각이 우세하였다. 그러나 이는 회사 내에서 가치 있는 자산으로 성장할 수 있은 잠재성이나 숨겨진 인재, 진정한 직무 적합성 탐색을 고려하지 않은 사고방식이다. 만일 처음부터 다양성을 갖추지 못한 인재 풀이라면, 이 풀에서 선택된 어떤 사람이 승진하더라도 적합한 사람이 적합한 직무에 배치되었다고 생각하기 어려울 것이다. 또한, 만약 최고의 인재를 확보하지 못했거나, 인재가 직무에 만족하며 수행할 수 있도록 직무 체계를 만들지 못한 경우에는 다양한 전사핵심인재 풀의 구축은 아무런 의미가 없는 공허한 작업에 그치고 말 것이다.

유망한 후보자를 선정하였고 적합한 후계자를 계획하는 단계가 지났다면, 이제 실질적인 질문을 던져 보자. "언제라도 원하는 시간 내에 결원을 채울 수 있는가?" 유니레버 인도네시아의 경우, 특정 직책을 채우기 위한 수용 가능할 정도로 짧은 기간이란 약 1개월을 의미한다. 만일 이에 대한 답변이 부정적이라면 그들은 "처음부터 다시 시작하라."라고 말할 것이다. 이는 효과적인 방식으로 인재들을 관리하고 활용하고 있는지 끊임없이 변화하는 비즈니스 니즈를 충족시킬 수 있을 만큼 충분한 리더 후보자들이 확보되고 있는지를 확인하기 위하여 유니레버 인도네시아가 스스로 설정해 놓은 기준이다.

경영진 훈련 프로그램 (The Management Trainee Program)

유니레버 인도네시아의 경영진 훈련 프로그램은 석세션 파이프라인이 이미 제자리를 잡은 상태였던 1970년대 초반에 도입되었다. 대다수 최고경영진과 약 70%의 임원진이 경영진 훈련 프로그램의 훈련 대상이었다. 경영진 훈련 프로그램은 직원의 학력이나 직무 경험에 상관없이 똑똑하고 우수한 사람들을 채용한다는 기본적인 접근 방식을 가지고 있었다. 우수한 성과와 대인관계 기술, 의욕적인 태도와 압박적인 상황에서도 성과를 낼 수 있는 역량을 선별 기준으로 삼았다. 어떤 직원이 회계를 전공하였다고 해도 자동적으로 회계 업무를 맡기는 경우는 생기지 않는다. 특히 입사 초기에 직원 자신의 강점과 역량을 발휘할 수 있도록 이끄는 것이 바로 경영진 훈련 프로그램이다.

채용된 직원은 1년 과정의 오리엔테이션 프로그램에 참여하게 된다. 직원 각자는 회사 내 여러 부문을 경험하고서 자신이 가장 잘 할 수 있는 분야 및 그 성과에 대해서 평가를 받게 되고, 그 후 라인 관리자 및 인사부서가 직원 각자에게 적합한 부문을 추천하게 된다. 경영진 훈련 참가자들의 열정과 흥미에 부합하면서도 조직의 성과를 극대화할 수 있도록 회사 차원에서 기꺼이 시간과 노력을 투자하려는 의지가 있기 때문에 대부분의 경우 강력하고 역동적인 '윈-윈' 효과가 발현될 수 있었다. 일견 이러한 체계가 회사의 이익 추구를 목적으로 설계된 비교적 간단한 프로세스라고 생각할 수 있지만, 실제로 이러한 접근 방식을 실행하기 위해서는 상당한 인내심이 요구된다. 얼마나 많은 조직이 항공 엔지니어를 회계담당으로 전환했다고 자랑할 수 있겠는가? 그전에 이러한 전환을 원하는 조직이 과연 얼마나 되겠는가? 마케팅 관리자를 사내 학습담당 관리자로 전환하고자 할 조직은 얼마나 되겠는가? 유니레버 인도네시아에서는 이러한 사례들이 실제로 있었으며 이제는 일반화 되었다.

이와 같은 접근 방식은 사람의 잠재력을 장기적 관점에서 바라볼 수 있는 조직의 역량으로부터 비롯된다. 여기에는 몇 가지 유형들이 있을 수 있다.

1 직원의 기존 성과를 파악하고 향후 그의 잠재력을 예측함

2 직원을 회사의 핵심인재로 대우하고 현재 소속된 사업 부문보다는 회사의 다른 부문에서 더 큰 가치를 창출할 수 있는 숨겨진 역량을 지속적으로 발굴함

3 회사가 직원에게 더 많은 책임을 져야 하는 역할 혹은 지위를 맡겨도 되겠다는 결심이 생길 때까지 직원의 잠재력에 대한 결정을 보류하고 위험을 감수함

경력자 채용 프로그램(The Mid-Career Recruits Program)

유니레버 인도네시아는 경력자 채용을 위해서 외부 헤드헌터를 활용하기도 한다. 많은 회사에서 경력자를 채용하는 것은 일반적인 현상이지만, 유니레버 인도네시아는 경력자 채용에 특별한 주의를 기울이며, 따라서 구체적이고 전략적인 니즈를 적절히 반영한 경력자 채용 프로그램을 개발하게 되었다. 많은 조직과는 다르게 유니레버 인도네시아의 경력자 채용 활동은 내부 인재가 없는 경우에 활용되는 마지막 수단만을 의미하지는 않는다. 경력자 채용 프로그램은 보다 광범위한 조직 및 인사 전략의 일부분이며, 몇 가지의 구체화된 역할을 담당하도록 설계되었다.

1 내부 인재가 다룰 수 없는 영역(예를 들어, 새로운 비즈니스를 인수하는 경우)에 대해서 전문성을 신속하게 제공함

2 조직 내 다양성을 확보하고, 정체와 내부 파벌 형성을 방지함. 이는 경쟁 우위를 유지하고, 경쟁에서 최소한 뒤지지 않도록, 지속적으로 사고 방식의 개선을 장려하고, 혁신적인 아이디어를 중시하는 조직적 토양

을 유지하려는 것임

3 기존 직원들의 역량 및 스킬 전반을 향상시킴

유니레버 인도네시아에서는 장기 근속자들이 가족적인 분위기를 만들어가고 있었는데, 경력 입사자에 대한 이들의 부정적 인식을 방지하기 위하여 경력자 채용 프로그램으로 인해 업무를 빼앗기는 등의 불이익이 발생하지는 않을 것이라는 내용의 커뮤니케이션이 우선적으로 실시되었다. 또한, 1999년에 소개된 '버디(Buddy)'라는 프로그램을 통해 신입 당 한 명의 '버디'를 배정함으로써 경력 입사자들이 최단 기간 내에 회사 및 팀과 원활하게 통합될 수 있도록 지원하기도 한다. 대개 버디는 다른 사업부문의 직원으로 배정된다.

1999년 인재 부족이라는 위기를 맞았을 때 이 프로그램은 보다 큰 성과를 낼 수 있었고, 유니레버 인도네시아는 더 나아가 도전적인 성장 목표를 수립할 수 있었다. 새로 만든 대외관계 부서와 새로운 사업 확장으로 말미암아 더 많은 인재들을 외부에서 수급해 올 필요가 생긴 것이다. 프로그램의 성공 지표인 현재 경력자의 유지율은 비교적 높은 76%를 기록하고 있다.

역량 및 스킬의 강화

유니레버 인도네시아의 석세션플래닝 체계의 구성 요인들이 어떻게 설계되고 실행되었는가를 살펴보기에 앞서 조직 내 모든 개발 프로세스의 핵심인 '역량 및 스킬 중심의 접근 방식'을 먼저 이해해 두는 것이 도움될 것이다. 유니레버 인도네시아는 역량을 비즈니스의 모든 단계에서 성과를 내는 탁월한 리더들이 보이는 공통된 특성으로 정의한다. 또한, 리더십은 특정 계층(hierarchy)이 아닌 특별한 사람들이 보이는 행동 양식으로 정의하고 있다. 따라서 '리더십 성장 프로파일(Leadership Growth Profile)'이라고 불리는 유니레버 인도네시아의 역량 모델은 초급 관리자를 포함해 모든 관리자 계층

에 적용될 수 있다. 이는 개인 혹은 팀을 직접적으로 책임지는 사람만이 아니라, 프로젝트를 비공식적으로 이끌고 다른 사람들에게 간접적인 영향을 미치거나, 심지어는 독자적으로 일하는 사람들에게도 해당되는 것이다.

리더십 성장 프로파일은 3개의 클러스터와 11개의 역량으로 구성되어 있다 (예시 8-1 참조). 이는 유니레버 인도네시아의 모든 리더들이 성장하기 위한 필수 역량들이다. 어떤 관리자가 리더로서의 기대 수준에 도달하였는지를 역량별로 확인하고, 문제가 되는 역량을 강화하는 데 목적이 있다. 역량별로 기초, 개발, 성장, 심화의 4가지 수준으로 나누어 진다.

예시 | 유니레버 인도네시아의 11가지 역량들   8-1

성장 비전의 창출
1. 성장에 대한 열정
2. 혁신적 사고력
3. 조직 인식

성장 유도
4. 미래 지향
5. 변화 촉진
6. 자신과 타인의 개발
7. 책임성 부여
8. 권한 위임

성장을 위한 몰입 구축
9. 전략적 영향력
10. 팀 몰입
11. 팀 리더십

위와 같이 기대 수준과 현 도달 수준 사이의 차이를 규명하고 줄여나가는 접

근 방식은 치열한 경쟁과 고객 니즈의 다양성에 따라 기능적 스킬의 변화 및 개발의 필요가 있을 때에도 적용될 수 있다. 이러한 스킬의 업데이트가 필요했던 최근의 상황들로는 브랜드 마케팅 사업부가 '브랜드 개발'과 '브랜드 구축' 부서로 양분되었을 때, 트레이드 마케팅 부서가 '트레이드 카테고리 관리'와 '소비자 마케팅' 부서로 분리되었을 때를 꼽을 수 있다. 새로 탄생한 부서 모두는 새로운 직무와 필요한 스킬에 대해 되짚어 봐야만 했다.

회사가 조인트 벤처에 참여하거나 새로운 비즈니스를 인수할 때에도 특정한 역량의 습득이 필요할 것이다. 그 예로 유니레버 인도네시아가 2000년에 콩 소스 회사를 인수하고 새로운 상품을 출시했을 때를 꼽을 수 있는데, 당시 유니레버 인도네시아는 콩 소스와 관련된 많은 기술을 단기간에 습득하고, 콩과 같은 원료 상품을 조달하기 위한 새로운 모델을 성공적으로 개발했었다.

성과 개발 계획(Performance Development Plan)

유니레버 인도네시아의 '성과 개발 계획'은 성과 평가에 대한 전통적 방식과 비슷한 접근을 따르고 있다. 관리자와 부하 간에 목표 수립, 개발 계획, 희망 경력 순으로 논의가 이루어지는 방식이다. 역량 및 스킬 간의 갭이 규명됨으로써 직원별 강점 및 약점이 추려지고, 이를 바탕으로 명확한 개발 계획이 수립되어 해당 직원은 이를 따라 역량을 개발하고, 상사는 지속적인 관찰을 통해 필요한 코칭 및 지도를 제공해야만 한다. 또한, 잠재력 높은 후보자로 선정되면 자신의 직속 상사에게서 코치를 받는 것과 더불어 경영진 코치도 함께 받을 수가 있다. 그러나 원칙적으로 팀 개발에 대한 전적인 책임은 직속 상사에게 있다. 인사부서는 조력자, 조언자, 또는 정책 수립자로서의 역할만을 수행한다(예시 8-2참조).

본 성과 개발 계획 양식은 성과 개발 계획 프로세스의 일부분입니다.

계획 수립 시 관리자와 평가자가 모두 참여해야 하며, 성과 달성에 대한 책임도 모두 공동으로 집니다. 프로세스 상에서 자기 개발 및 자기 평가는 중요한 역할을 담당합니다.

연초에 목표가 수립되고, 연말에 진척도에 대한 평가가 이루어지고 나면 프로세스가 종료됩니다. 본 양식에 전반적인 성과 및 진로계획을 요약하여 기록하시기 바랍니다.

| 목표 수립 및 리뷰

목표	달성도		
비즈니스 성과 목표 (2개 이상)			
개인 목표			

	목표 수립		목표 달성
관리자		관리자	
평가자		평가자	
일시		일시	

| 스킬 및 역량 개발 계획

개발 영역	개선 및 행동 계획	진척도

계획에 대한 동의   진척도에 대한 동의

관리자   관리자

평가자   평가자

일시   일시

| 전체 평가 및 진로 계획

성과 요약
진로 계획 – 본인 희망
진로 계획 – 회사의 관점(잠재력 포함) *

* 경영진 작성 부분

관리자		서명	일시
평가자		서명	일시
평가자의 상급자		서명	일시

| 성과 개발 계획 가이드라인

성과 개발 계획은 관리자 개개인이 비즈니스 전반에서, 자신의 성과 및 부하 직원의 성과를 지속적으로 개선할 수 있도록 돕는 도구입니다.

성과 개발 계획은 다음과 같은 단계로 진행된다:

1 당해 년도 목표의 달성도 리뷰

2 차년도 목표 논의

3 스킬 개발 진척도 리뷰

4 스킬 개발 계획에 대한 동의

5 역량 개발 진척도 리뷰

6 역량 개발 계획에 대한 동의

7 성과 요약에 대한 기록

8 본인 희망 사항에 대해 논의 및 기록

9 '진로 계획 – 회사의 관점'에 대해 논의 및 기록

80:20 법칙[주]에 따라서 개선 후 비즈니스에 더 크게 기여할 수 있는 역량 혹은 스킬 2~3가지를 선정하고 우선순위를 부여한다. 직원별로 각자 다른 우선순위를 보일 수는 있지만, 직원들의 업무 수준(Work Level: WL)에 따라 기대되는 역량 및 역량별 숙련도의 조합은 공통적이다. 예를 들면, WL2(관리자 레벨)의 직원의 경우, 대부분의 역량이 개발 레벨(developing level)에 도달해야 하며, 각 클러스터에서 적어도 하나 이상의 역량은 성장 레벨(growth level)에 도달해야만 한다.

어떠한 역량의 기대 수준과 도달 수준의 갭을 줄여야 할 경우, 2~3가지의 우선순위 역량을 규명하고 교육 및 훈련에 기반한 개발 계획을 상세히 수립한다. 그러나 이것이 끝이 아니다. 직원 각자가 관련 목표 영역들에서 스킬을 향상시키면 회사로서는 더욱 경쟁력 있는 직원을 보유하게 되는 것이므로, 그들의 새로운 스킬이 적절하게 활용될 수 있도록 추가로 노력해야 한다. 이는 직원이 해당 교육 및 훈련을 받은 후, 효과적으로 적용할 수 있는 다양한 범위의 프로젝트, 직책, 업무들을 탐색하고 계획함으로써 이루어진다. 끝으로 직원들의 성과에 따라 보상을 차별화하는 방식으로 다양한 종류의 성과급에 직원 각자의 수행 결과를 반영시켜야 한다. 이처럼 성과 개발 계획은 유니레버 인도네시아에서 중요한 역할을 하고 있는 것이다.

유니레버 인도네시아는 또한 "직원 스스로가 자신의 개발에 책임진다."라는 인식이 전사적으로 확산될 수 있도록 많은 노력을 기울여 왔다. '성과 개발 계획 워크숍' 및 '연례 리프레셔 워크숍(Annual Refresher Workshop)'에 참여하면서, 직원들은 점차 "이것은 나의 성과 개발 계획이다."라는 생각, 즉 "나는

[주] 80%의 효과는 20%의 노력으로 얻어진다는 경제학자 파레토(Pareto)가 발견한 법칙

나의 경력을 스스로 책임진다."라는 생각에 동의하게 된다. 이를 통해서 직원 스스로 자신을 돕지 못한다면 회사도 직원을 도울 수도 없다는 메시지를 전달한다. 직원들은 적합한 교육 및 훈련 프로그램을 선택하고, 실현 가능한 경력 경로를 상세히 수립하며, 자신의 상사와 진로 희망 및 이에 필요한 교육·훈련에 대해 커뮤니케이션하는 모든 과정의 책임이 자신에게 있다는 것을 깨닫게 된다. 이는 유니레버 인도네시아의 전 직원으로 하여금 자신의 경력을 만들어 나가는 특권을 행사하도록 하는 것이고, 경력 계획은 직원과 회사 간의 공동 파트너십이지, 회사가 주도하는 일종의 '개입'이 아니라는 사실을 깨닫게 하였다. 또한, 이러한 활동을 통해서 의도치 않았던 부가적 혜택도 얻을 수 있었는데, 직장 내의 인간관계에서도 책임감 있는 분위기를 조성할 수 있었던 것이다. 전 직원이 자신의 진로에 대해 스스로 책임져야 한다고 생각하게 되면 이러한 생각은 석세션플래닝의 각 측면에 영향을 미칠 것이고, 자연스럽게 특정 업무에서 자신은 어디까지 책임을 져야 할지, 그리고 상사, 동료, 그리고 부하 직원과 어디까지 책임을 나누어야 할 지 고민하게 되기 때문이다.

균형 잡힌 사업 계획 (Balanced Business Plan)

유니레버 인도네시아는 전 조직으로 하여금 전략적 시도를 달성하도록 격려하는 프로세스인 '실천하는 전략'에 착수하였다. 이는 사고(think), 계획(plan), 전달(delivery), 리뷰(review)의 순환적인 프로세스이다. 이 프로세스의 결과물이 바로 '균형 잡힌 사업 계획 보고서'이며, 여기에는 전 조직 및 각 사업 부문의 목표, 우선순위, 지표들이 차례대로 기술되어 있다. 이는 시장, 운영, 사람과 조직, 재무적 결과에 대한 한 장의 균형 성과 기록표 양식으로 제출된다(예시 8-3 참조).

회사와 각 사업 부문의 목표는 동일한 균형 잡힌 사업 계획 양식을 사용하는 부서별 목표로 연계되고, 더 나아가 관련 있는 직원의 성과 개발 계획

유니레버 인도네시아
회사 균형 사업 계획 Corporate Balanced Business Plan *2006*

유니레버 미션

- 고객의 니즈 및 희망 사항을 충족시켜 1위가 되고 최고의 자리에 오른다.
- 고객, 공급자, 지역공동체가 가장 선호하는 파트너가 된다.
- 전 프로세스에서 부가가치가 없는 활동을 제거한다.
- 고성과자들이 선택하는 고용주가 된다.
- 수익성 있는 성장을 위한 도전적 목표를 수립하고, 직원과 주주를 위해 평균 이상의 보상을 지급한다.
- 성실함과 지역공동체 및 환경을 보살피는 기업으로 존경받을 수 있도록 노력한다.

활력 미션

우리의 다양한 브랜드를 통해, 소비자의 일상적인 영양·위생·자기 관리의 니즈를 충족시킴으로써 소비자들이 보다 기분 좋게, 보기 좋게 변하고, 더욱 풍요로운 삶을 누릴 수 있도록 활력을 불어 넣는다.

유니레버 인도네시아의 핵심 가치

- 고객, 소비자, 사회 공동체 중심
- 팀워크
- 성실성

- 실행력
- 즐거움의 공유
- 우수성

시장 Marketplace	운영 Operations	사람과 조직 People and Organization	재무적 성과 Financial Outcomes
목표와 측정	목표와 측정	목표와 측정	목표와 측정

우리는 이러한 주요 전략적 시도들을 통하여 해당 목표들을 성취할 것이다.

양식상의 개인 목표로도 연결된다.

HR 계획 세션(HR Planning Sessions)

전 사업부가 참여하는 HR 계획 세션이 유니레버 인도네시아 석세션플래닝의 핵심이라고 할 수 있다. 세션에서 다루어지는 주제는 다음과 같다.

□ 인재 리뷰
  - 잠재력이 높은 직원 및 지속적 고성과자의 명단
  - 세심한 주의가 요구되는 저성과자의 명단
  - 주재원

□ 강제 서열화
  - 성과 대 잠재력

□ 석세션 파이프라인

□ 새로운 임명

□ 조직구조
  - 현재 대 미래

HR 계획 세션은 매년 시행하는 것을 원칙으로 하는데 세션 초반부는 사업부 단위에서, 후반부는 전사적 단위에서 이루어진다. 최고경영진 미팅 이전에 최고인사책임자와 육성담당 관리자는 각 사업부문 임원들과 개별적으로 미팅을 가진다. 부문별 관할 직원 수 및 이슈의 복잡성에 따라 최종적으로 경영진 미팅이 실시되기 이전에, 동일한 부문과의 미팅이 여러 번 개최될 수도 있다. 경영진과 임원들은 HR 계획 세션을 우선으로 시행해야 할 중요 프로세스로 여기고 있기 때문에 활발한 논의를 통해 효율적인 방안을 제시하다 보면 약 2주가 지나서야 프로세스가 종료되곤 한다.

강제 서열화(Forced Ranking)

옳고 그름을 떠나서 대개 강제 서열화 프로세스는 석세션플래닝 시스템에서 상당한 비중을 차지하기 마련이다. 인재 리뷰 및 석세션 파이프라인의 대부분은 강제 서열화 시스템이 어떻게 구축되고 실행되는지에 달렸다. 강제 서열화는 석세션플래닝에 막대한 영향을 미치기 때문에 종종 세심한 주의를 요하기도 한다. 제너럴 일렉트릭이 잠재력 대비 수행 성과를 평가하기 위해 '9블록 평가 시스템'을 개발하였듯이, 유니레버도 전 직원을 하나의 체계 안에 배치하기 위해 '9박스 매트릭스'라는 평가 시스템을 개발하였다.

| 예시 | 유니레버 강제 서열화 매트릭스 | 8-4 |

직원의 잠재력을 나타내는 축과 직원의 성과를 나타내는 축으로 이루어진 9박스 매트릭스는 이 두 요인 모두가 상, 중, 하로 서열화되는 원리이다(예시 8-4 참조). 성과 요인은 스킬 및 역량이 어떠한 결과물을 산출하였는가에 관한 것이고, 잠재력은 보다 높은 업무수준에 도달하기 위한 개인의 역량에 관한 요인이다.

한 직원이 매트릭스 상 어느 위치에 배치되어야 할지는 담당자가 상사로부터 대상자에 대한 잠재력과 성과에 관한 정보를 얻고 이를 바탕으로 평가한 결과에 따라 결정된다. (개인의 성과 개발 계획 보고서를 참고하는 것이 일반적이다.) 처음에는 사업부문 단위로 논의되고, 그 후에는 모든 경영진이 참여하여 전사적 단위에서 토의된다. 높은 잠재력을 가진 후보자가 WL3(경영진에 보고하는 직급)로 승진하기 위해서는 경영진의 승인이 필요하고, 반면에 WL3보다 하위 직급으로 도달하기 위해서는 경영진과 인사부서의 승인이 요구된다.

또한, 매트릭스에 반영된 결과는 잠재력이 높은 직원과 지속적 고성과자의 명단을 만들 때 참고하게 된다. 간단히 설명하자면, 잠재력이 높은 직원들은 높은 잠재력을 보유하고 높은 성과를 달성한 직원들이며 지속적 고성과자들은 지속적으로 높은 성과를 달성하지만, 자신의 현 업무수준을 능가하는 수준으로 발전할 수 있을만한 잠재력은 보유하지는 않은 직원이다. 특정 직책에 공석이 생겨 내부 인재로 충당해야 할 경우나, 주재원으로 파견되어 근무할 기회가 생겼을 때 잠재력이 높은 직원 명단에 포함된 직원들에게 우선권이 부여된다.

경영진 석세션 (Top Succession)

유니레버 인도네시아의 경영진 석세션은 기존 경영진의 적극적 참여 및 의사결정을 포함하는 엄격한 프로세스로 이루어진다. 경영진 석세션에 대한 기존 경영진의 실질적 관여는 필수불가결한 것이며, 프로그램의 성공 여부를 결정하는 결정적인 요인이다. 누가 경영진의 석세션을 대비하여 교육받아야 할지, 누가 다음 직급으로 승진해야 할지에 대한 논의가 해마다 진행될 수 있도록 엄격히 규정하고 있다. 이 프로세스는 인사부서가 독자적으로 담당하는 것이라기보다는 전체 경영진의 권한으로 인식되고 있다.

어떤 직원이 추천을 받았음에도 불구하고 경영진에게서 아무런 지원도 받지 못하고 있다면 현 경영진으로부터 자격 미달로 평가 받았음을 의미하고, 자동으로 후보자에서 제외된다. 후계자로 지명되기 위해서는 해당 후보자의 추천자를 제외하고 최소한 3명의 경영진으로부터 지원을 받아야 하며, 또한 차기 직급을 맡을 수 있는 역량이 있음을 증명해내야만 한다. 즉, 기존 경영진의 충분한 동의나 스폰서십 없이는 경영진으로의 석세션이 불가능하도록 엄격하게 정해져 있다.

어떤 사람이 경영진에 적합한 재목인지를 결정하고 나면 다음으로는 "그가 어떤 자리에 적합한가?"라는 질문이 제기된다. 이때, 이 사람이 경영진에 어울리는 재목으로 판단되었다고 해서 꼭 그를 상향 수직적으로 승진만 시키지는 않는다는 점을 주목해야 한다. 그의 잠재성을 실현할 수 있는 가장 적합한 직책이 어디인지도 중요하지만, 어떻게 하면 가장 돋보이고 균형 있는 자리로 이동시킬 수 있는가 하는 문제도 그에 못지않게 중요하기 때문이다. 위의 질문에 대한 답을 찾고 나면 해당 인재를 새로운 자리로 무리 없이 이동시키기 위한 준비가 즉각적으로 실행되는데, 이는 체계적인 인수 과정을 통해서 이루어진다. 또한, 효율적이고 맞춤화된 '조기 정착(on-board-ing)' 프로세스도 유니레버 인도네시아 석세션플래닝의 성공에 큰 역할을 한다. 이는 다음 두 가지 수준에서 추진된다.

1 개인 차원: 사전에 직원 각자로 하여금 새로운 직무를 효과적으로 수행할 수 있도록 다양한 준비 작업을 하도록 하고, 특히 이동 직후 100일

동안 어떤 일들을 어떻게 수행해야 할지에 대한 코칭이 이루어진다.

<u>**2**</u> 조직 차원: 만약 직원을 정해진 직무 역할에 맞추려 하기보다 직무 역할을 인재의 강점에 맞추어 변화시켜 나갈 수 있다면, 성격이 다른 새로운 형태의 직무를 창조해 나갈 수 있다. 또한, 특정 직원에게 적합하지 않거나 강점을 제대로 활용하지 못하도록 하는 직무 요소는 제거하고, 그 기능을 보다 효과적으로 수행할 수 있는 다른 직원들에게 이양할 수 있다. 많은 조직이 석세션플래닝을 상자 채우기 놀이처럼 취급하는 실수를 저지르곤 한다. 하지만, 유니레버 인도네시아에서는 경영진을 위해 특정 직무가 만들어지고, 그의 잠재력과 역량을 최대한 발휘시켜 해당 직무를 성공적으로 수행할 수 있도록 새로운 형태로 재구조화하고 있다.

인재 육성 (Talent Development)

마지막으로, 유니레버 인도네시아 석세션플래닝을 보완하기 위해 공식적 혹은 비공식적으로 실행되고 있는 다양한 인재개발 도구에 대해 살펴보도록 하자. 이는 석세션플래닝 체계의 일부분으로서 많은 후계자를 효과적으로 지원하는 것으로 평가되고 있다. 코칭 및 멘토링, 진로 상담을 비롯하여 다양한 리더십 개발 도구들이 리더, 팀, 직원 각자의 지속적인 개발 및 개선에 활용됨으로써 석세션플래닝 체계를 유지하고 지속시키는 데 큰 몫을 하고 있다. 개발 계획의 내용을 명확화하기 위한 체계적 도구를 통해 높은 잠재력을 지닌 차기 리더들에게 동기를 부여하거나, 내부 혹은 외부 코치에 의해서 시행되는 정기적 코칭을 이용하여 인재들로 하여금 각자의 개발 계획에 충실히 따르도록 직원들의 기대 수준을 관리하고 있다.

유니레버 인도네시아에서 실행되고 있는 코칭의 다양한 방식을 차례로 짚어보자.

1 외부 컨설턴트를 영입하여 회사 내 최고 관리자 중 최상위급 몇 명을 위한 경영자 코치로서 활용한다.

2 상위 관리자 개발 프로그램을 통하여, 관리자들의 코칭 역량을 향상시키고 코칭 툴(tool) 및 기술들을 습득할 수 있는 기회를 제공한다.

3 비공식적 동료 코칭의 개념인 'MCR 버디 프로그램'을 도입하였다.

4 WL4 혹은 WL3 직급의 직원들이 생산적 코칭을 각자 자신의 부하 직원에게 제공한다(생산적 코칭 모델 부분 참조).

유니레버 인도네시아가 회사 내부에 코칭 문화를 전파시킨 것은 직원들이 서로 열린 마음으로 대하고 신뢰할 수 있는 분위기를 조성하기 위한 것이며, 이는 최고 수준의 인재들을 유지하는 데 큰 도움이 된다. 코칭 문화를 회사의 가치 있는 자산으로 생각한 유니레버 인도네시아는 이를 체계적으로 구축하기 위하여 외부 컨설턴트를 영입하기도 하였다. 많은 회사가 코칭 문화의 혜택에 대해 언급하고는 있지만, 유니레버 인도네시아처럼 진지한 태도로 코칭 문화가 자리잡을 수 있도록 필요한 단계들을 밟아 온 회사는 드물 것이다. 이뿐 아니라 유니레버 인도네시아는 직원 마음 속의 흥미와 열정을 고취시키기 위해 실질적인 노력을 해왔다. 회장을 포함한 경영진이 코칭을 받음으로써 경영진이 몸소 코칭 문화를 지원 및 정착시키기 위한 모범을 보인 것이다. 이는 회사 내 누구도 경영자 코칭이 필요 없을 정도로 높은 지위에 있거나 성공한 것은 아니라는 메시지를 전달한 것이다. 사실 모든 유니레버 인도네시아의 전·현직 회장들은 경영자 코칭을 받기 희망하였고 적극적으로 참여하였다. 이렇게 코칭에 참여하고 수용하는 문화는 회사의 최상부에서부터 올바르게 정착되었고 나머지 직원들에게 원활히 전파되었다.

핵심 리더십 개발 도구 | 유니레버 인도네시아는 외부 코치를 영입하여 회장 및 회사 내 최고 관리자 중 몇 명을 대상으로 경영자 코칭을 시행하도록 함으로써 '핵심 리더십 개발 도구'를 실행에 옮겼다. 이어서 회사의 최상위 100명을 대상으로 경영진 개발 프로그램을 실시하였는데, 이는 외부 컨설턴트가 진행하는 3일 동안의 리더십 개발 워크숍으로 구성되어 있다. 이는 경영자들로 하여금 자신의 에너지 원천(즉, 무엇을 하기를 원하는가: want)과 실행 역량(즉, 무엇을 할 수 있는가: can)을 조직 및 개인이 기대하는 바(즉, 무엇을 해야 하는가: should)와 연계할 수 있도록 돕는 일련의 활동들로 이루어져 있다(그림 8-2 참조).

그림 8-2 유니레버 인도네시아 경영진 개발 프로그램의 Want-Can-Should 모델

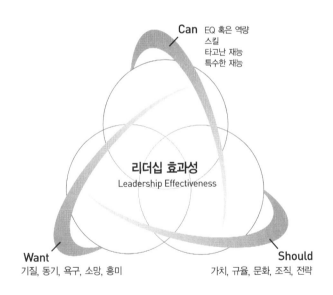

경영진 개발 프로그램은 경영자들이 과거에는 잘 볼 수 없었던 자신의 여러 가지 측면과 리더십 스타일 및 역량을 수용하고 파악하는데 기여하였

다. 이로써 경영자 자신과 조직을 위해 개인의 동기, 역량, 가치를 발현하고 궁극적으로 최적의 결과를 산출해 낼 수 있게 되었다. 구체적인 구성을 살펴보면, 워크숍의 첫째 날에는 다양한 평가 도구를 활용하거나 강의를 통하여 경영자 개인의 학습 성향 및 성격 유형, 동기에 대해 파악하는 작업이 진행된다. 둘째 날에는 360도 피드백 보고서, 강의, 액션 러닝을 통하여 개인별 역량의 숙련된 수준과 역량의 효율적인 사용법에 대해 알아보고, 경영자를 소진시키고 좌절시키는 여러 가지 요인들에 대해 살펴보게 된다. 그리고 마지막 날에는 실제 업무현장에서 경험할 수 있는 직무상 도전에 효과적으로 대처하는 법과 개인별 활동계획의 단계를 충실히 밟아 나가는 방법에 초점을 두고 활동이 진행된다.

3일 동안의 경영진 개발 프로그램 이외에도 경영진 개발 프로그램과 동일한 대상자에게 하루 과정의 코칭 워크숍을 별도로 제공하였는데 이는 대상자가 코칭 역량을 갖추고 다수의 코칭 도구, 기술, 모델을 습득하도록 지원하는 것을 목적으로 한다. 코칭 워크숍에서는 GAPS(Goals-Abilities-Perceptions-Standards) 모델, GROW(Goal-Reality-Options-Wrap-up) 모델, 막스 란츠베르그(Max Landsberg)의 Skill-Will 모델 등 다양한 도구들이 다루어진다.

생산적 코칭 모델 | 유니레버 인도네시아는 코칭 문화를 구축하기 위하여 생산적 코칭 모델을 채택하였다. 이는 관리자/리더의 직책을 맡은 직원들이 코칭을 하거나 팀 관계를 구축할 때에 활용할 수 있도록 하는 데 목적이 있고, 이와 같은 코칭 문화를 체계적으로 확립하기 위해 에레원(Erehwon)의 컨설턴트들이 투입되었다. 생산적 코칭 모델은 계층 타파(Delayering), 오픈 하우스(Open House), 대인간 연계(Interpersonal Alignment)와 같은 도구를 포함하고 있으며, 이들은 높은 개방성(High Openness), 높은 연계성(High Alignment), 높은 주도성(High Initiative)을 이룩하도록 촉진하는 역할을 한다.(예시 8-5참조)

생산적 코칭 모델은 겉으로는 아무리 개방적으로 보이는 토의 상황이라도, 가치에 대한 사적인 수준의 대화가 이루어지지 않는다면 그저 피상적인 이야기일 뿐이라는 철학에 기반을 두고 있다. 아무리 치열한 논의가 이루어진다고 하더라도 가치에 대한 대화가 이루어지지 않는다면 이는 업무 수준의 대화일 뿐이라는 것이다. 즉, 겉으로 솔직하고 개방적인 논의가 이루어지는 것처럼 보인다고 해도, 개인적인 이야기가 나오지 않는다면 개방적이라고 보지 않는 것이다. 생산적 코칭 모델의 적용은 직원들로 하여금 보다 개방적인 회의를 진행하도록 하기 위한 것이었고, 말하기 꺼렸을 만한 극히 현실적인 이야기도 꺼낼 수 있게 함으로써 전사적으로 새로운 바람을 몰고 왔다. 또한, 이 모델은 어떠한 막연한 가정도 허락하면 안 된다는 전제하에 수립된 도구로, 유니레버의 석세션플래닝에서 앞으로 더욱 강력한 역할을 하게 될 것으로 예상하고 있다. 어떠한 가정도 허락하지 않으므로 회사는 더욱 심도 있게 파고들어 현상을 파악해야만 하고, 직원들은 각자 자신이 진정으로 원하는 진로 희망을 이야기할 수 있게 되며, 궁극적으로는 더 효과적이고 진실된 석세션플래닝을 실천할 수 있게 된다.

예시 | 생산적 코칭 문화의 구축　　　　　　　　　　　　　　　　8-5

유니레버 인도네시아의 현 상황

유니레버 인도네시아는 단순히 좋은 회사가 되는 데 만족하지 않고 '훌륭한 회사'가 되기를 원한다. 따라서 '미래 성장 리더'를 한 데 모아 놓은 방대하고 변화에 민감한 하나의 풀을 만드는 것이 회사의 장기적 비전이다. 이는 현재 회사를 이끄는 리더들이 사업 성과를 독려하는 역할에만 머무르지 않고, 미래 성장 리더의 양성에 초점을 두는 생산적 코치의 역할을 할 때에만 실현될 수 있다.

│ 생산적 리더십

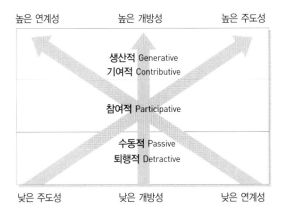

│ 생산적 코치로서의 리더 : 4단계 프로세스

| **Level 4** | **미래 리더 수의 증가** |

4단계 리더는 미래 리더를 지속적으로 양성하기 위한 구체적인 활동들을 제도화할 수 있다. 깊이 있고 창의적인 도전과제들을 만들 수 있으며, 직원들로 하여금 그러한 도전에 대처할 수 있도록 한다.

| **Level 3** | **성과 개입 수준의 증가** |

3단계 리더는 개개인의 성과뿐만 아니라 팀 전체의 성과를 향상시키기 위한 활동을 의식적으로 만들 수 있다.

| **Level 2** | **오너십 및 몰입도의 증가** |

2단계 리더는 직원에게 높은 수준의 오너십 및 몰입도를 함양시킬 수 있다.

| **Level 1** | **개방성 및 투명성의 증가** |

1단계 리더는 높은 수준의 개방성 및 투명성을 갖춘 환경을 창출할 수 있다.

출처 : 에레원 이노베이티브 컨설팅(Erehwon Innovative Consulting)

피드백 및 분석

유니레버 인도네시아에서는 매년 석세션플래닝 체계에 대한 리뷰가 시행되지만, 석세션 체계 자체의 변화는 대개 중요하게 고려되지 않는다. 체계에 변화가 일어난다고 해도 어차피 석세션플래닝 체계 전반이 따르는 견고한 원칙 아래 일어난 것이기 때문이다. 예를 들어 최근 대두한 새로운 비즈니스 니즈를 반영하기 위해 인재 풀이 새로 확충되거나, 새로운 역량 모델에 기반을 두도록 역량 평가 방식이 업데이트될 수는 있다. 그러나 이 모든 변화는 전사 및 부문별 인재에 대한 원칙이나, 강제 서열화와 같은 유니레버 인도네시아의 기본적인 원칙을 유지하는 범위 내에서 이루어지게 된다.

회사 전반의 석세션플래닝 체계를 강화하기 위해서 유니레버 인도네시아는 또한 관리자들이 성과 개발 계획 관련 사항들을 상기시킬 수 있도록 '성과 개발 계획 리프레셔 워크숍'을 하루 동안 진행한다. 보통 워크숍은 매년 개최되며, 참가자가 편한 시간에 참가할 수 있도록 2주간에 걸쳐서 진행된다.

평가하기

비록 확정된 기준은 없지만 주요 성과 지표 및 성과물이 유니레버 인도네시아 석세션플래닝 체계의 효과성을 측정하기 위한 수단으로 활용된다. 여러 개의 측정 도구들이 있으며, 그 측정 결과도 손쉽게 구할 수 있다. 유니레버 인도네시아가 시행하는 평가는 기본적으로 2가지 유형으로 나누어 볼 수 있는데 내부 평가와 외부 평가가 바로 그것이다.

내부 평가(Internal Evaluation)

글로벌 직원 의식 조사 | 글로벌 직원 의식 조사는 2년마다 시행되며, 12

가지 특성에 의거하여 자사 직원들이 유니레버를 어떻게 평가하고 있는지를 파악하는 것을 목적으로 한다(예시 8-6 참조). 이를 통해 유니레버는 직원의 목소리를 듣고 참여를 유도하며, 활기를 불어넣어 줄 수 있으며 리더로 하여금 실질적인 변화를 이끌어나가도록 지원할 수 있었다.

조사 결과는 유니레버 인도네시아가 석세션플래닝을 얼마나 성공적으로 진행하고 있다고 생각하는지, 직원들의 평가 수준을 파악하기 위한 지표로 사용된다. 과거의 자료를 살펴보면 직원들은 유니레버 인도네시아가 경쟁력 있는 인재들을 적합한 직무로 이동시키고 있다고 생각하고 있고, 따라서 유니레버 인도네시아의 평가 결과는 보통 다른 유니레버 그룹사들의 결과보다 높은 성적을 기록한다.

| 예시 | 유니레버 글로벌 직원 의식 조사의 진단 요소 | 8-6 |

1 리더십
2 직원 가치의 존중
3 전략
4 현 재직 부서
5 직속 상사
6 직무
7 몰입도
8 개인 개발
9 보상
10 고객 지향
11 변화 관리
12 조직 내 책임

중간 펄스 체크 | 펄스 체크는 글로벌 직원 조사 결과를 바탕으로 계획된 후속조치들이 제대로 실행되고 있는지를 진단하기 위한 중간 서베이를 의

미한다.

직원 트렌드 조사 | 유니레버 인도네시아의 직원 유지 수준 및 채용 성공률은 자사의 석세션플래닝 체계의 효과성을 나타내는 가장 믿을 만한 지표일 것이다. 매년 약 98%의 직원 유지율을 보이고 있고, 약 75~80%의 채용 성공률을 나타내고 있다.

또한, 기타 지역이나 국외 지사를 담당하는 인도네시아 출신 관리자들의 수가 증가 추세를 보이고 있다. 현재 10% 정도의 인도네시아 출신 관리자들이 그 외 지역을 담당하거나 국외에서 일하고 있다.

글로벌 랭킹 | 유니레버 인도네시아는 유니레버 그룹 내 영업이익 및 수익 측면에서 가장 높은 성과를 달성하는 회사 중 하나이며, 가장 성공적으로 기업 문화를 구축한 곳으로 평가받고 있다.

감사 시스템 | 생산적 코칭 프로그램과 같은 몇몇 프로그램들에 대해서는 지도 및 감사 작용을 하는 시스템을 적용시키고 있다. 현재 에레원 컨설팅이 유니레버 인도네시아의 생산적 코칭 모델의 실행을 평가하기 위한 감사자로서의 역할을 하고 있으며, 개선이 필요한 사항을 확인하고 있다. 감사는 WL3급 리더들과의 1대1 인터뷰 및 WL3급 리더에게 보고할 책임이 있는 팀과의 포커스 그룹 토의 과정을 통해서 진행된다. 감사 결과, 회사 내 개방성 수준과 관련된 사항 및 코칭 프로그램으로 인해 회사 내 인간관계 및 수행 성과가 얼마나 개선되었는지 등의 이슈가 지적되었다.

외부 평가(External Evaluations)

유니레버 인도네시아는 효과적인 직원 육성 체계를 수립한 결과, 2004년에 왈타 에코노미(Warta Ekonomi) 매거진 선정 인도네시아 최고의 직장으로 뽑히는 등 저명한 비즈니스 잡지 및 출판물로부터 권위있는 상을 받게 되었다. 유니레버 인도네시아의 화려한 이력은 석세션플래닝의 효과성을 입증해 주는 또 다른 증거로 볼 수 있다(예시 8-7 참조). 최고의 직장으로 선정되었다는 사실이 석세션플래닝의 성공 여부 자체를 구체적으로 보여주지는 않지만, 회사가 직원들을 어떻게 대우하고 있는지 그 문화를 반영하는 척도임엔 틀림이 없다. 직원들에게 명확한 경력 경로를 제공하는지, 더욱 힘든 도전을 경험할 수 있도록 기회를 주는지, 성장 및 발전을 위한 기회는 충분한지, 개인의 지식과 역량을 충분하게 개발시킬 수 있는 환경인지를 간접적으로나마 엿볼 수 있을 것이다.

종합적 평가 : 정량적 지표를 넘어서

만일 누가 유니레버 인도네시아의 석세션플래닝 체계가 본래 목적을 제대로 달성해왔는지 물어 온다면, 대다수의 유니레버 인도네시아 직원들은 한 치의 망설임도 없이 '그렇다.'라고 대답할 것이다. 정량적 지표들이나 많은 수상 내역은 제쳐놓더라도 유니레버 인도네시아의 리더들은 회사의 직원 육성 체계가 승진, 포스팅, 임명, 그리고 물론 석세션이 필요한 모든 이동 상황에서 훌륭한 인재들을 효과적으로 흐름을 깨뜨리지 않은 채 유지해 왔다는 사실을 자부심을 느끼며 대답할 것이다. 비록 눈앞에 보이는 재무적인 지표는 아니지만, 석세션 파이프라인을 현명하고 유망한 인재들로 계속해서 채우고 있다는 사실은 회사의 성공 여부를 가장 확실하게 나타내는 지표 중 하나임에 틀림없다. 주요한 툴 즉, 리더십 파이프라인이 없는 석세션플래닝 체계의 실행이 무슨 소용이 있을까? 만약 파이프라인의 충원이라는 결정적인 성공을 이뤄내지 못했다면, 유니레버 인도네시아는 다른 정량적인 지표들이 나타내는 긍정적 결과도 달성하지 못했을 것이다.

인재 풀에 다양성 및 유연성을 반영시킨 점도 유니레버 인도네시아 내의 학습 발전을 이룩하게 한 중요한 요인이다. 새롭고 차별적인 시각이 과거의 제도화된 아이디어들과 혼합될 수 있었고, 직원들은 이제껏 담당해 온 업무 외에도 다른 지역에서 일하거나, 타 부문과 연계한 다기능 역할을 수행하는 등 새로운 이동을 위해 보다 많은 준비를 하게 되었다. 이에 유니레버 인도네시아는 조직 구조 내의 큰 변화도 수용할 수 있는 힘을 가지고 있다는 평가를 받게 되었고, 또한 인적자원을 기능 간에 이동시킬 수 있는 유연성을 지니고 있음을 증명할 수 있었다.

인사 관리자 중 한 명이 마케팅 관리자 역할을 맡아 성공적으로 수행해 냈던 사례는 유니레버 인도네시아의 유연성을 보여주는 진정한 성공 스토리로 평가되고 있다. 내부의 불필요한 프로세스를 제거하기 위해 비즈니스 프로세스 리엔지니어링이 추진되고 있을 당시, 그는 인사 관리자로서 리엔지니어링의 전 과정을 총괄하고 해결책을 제안하는 책임을 맡고 있었다. 이후에 기획 담당자로서의 책임을 맡았으며, 그 후에도 자신의 포트폴리오를 넓히기 위해 한두 개의 역할을 더 맡았다. 이렇게 이미 몇 가지의 역할들을 맡아 성공적으로 수행해 본 경험이 있기 때문에 마케팅 역할로 옮겨 갈 때에도 수행하는 데 아무런 문제가 없을 것이라고 확신할 수 있었다고 한다. 결국, 그는 자신의 재능을 가장 효과적으로 사용할 수 있는 자리는 마케팅 부문이라는 사실을 깨닫게 되었다. 전 인사 관리자였던 그는 현재 마케팅 관리자라는 새로운 자리에서 마음껏 역량 발휘를 하고 있다.

No.	상	수여자	날짜	비고
01	2004년 최고의 직장	와타 에코노미 매거진	2005. 12	1위 수상
02	2004년 무재해 기업 대상	인력이민부	2005. 1. 17	
03	2005년 인도네시아 소비자 로열티 대상	SWA 매거진 및 MARS (마케팅 리서치 기관)	2005. 1. 24	세면 용품-비누(Lux) 화장품(Vaseline) 화장품(Pond's)
04	2004년 광고 대상	마케팅 리서치 인도네시아	2005. 1. 16	Pepsodent 패밀리 TV 광고(Lowe)
05	2005년 우수 콜 센터 상	마케팅 매거진 · 고객 만족도 및 충성도 센터	2005. 3. 9	소비자 자문단
06	우수 기업지배구조 대상	에셋 매거진	2005. 3	인도네시아 지역 부문 1위
07	2004년 아도이 광고 대상	LOWE(광고회사)	2005. 4 수여	유니레버 인도네시아: 올해의 고객으로 선정
08	2005년 레코 인도네시아 대상	Museum Rekor-Dunia Indonesia (MURI)	2005. 6. 18	유니레버 인도네시아 (Clear Gel): 선도 기업 부문 및 90˚ 패션 쇼의 인도네시아 주최자 부문
09	2005년 올해의 존경 받는 CEO 10	와타 에코노미 매거진 조사	2005. 6. 13	유니레버 인도네시아 회장인 마우리츠 라리상 (Maurits Lalisang) 2005년 올해의 10대 CEO 중 7위로 선정
10	2005년 인도네시아 최고 브랜드 대상	SWA 매거진 및 MARS	2005. 6. 29	액체 식기용 비누(Sunlight) 샴푸(Sunsilk) 비누(Lifebuoy) 액체 비누(Lux) 치약(Pepsodent) 핸드 및 바디 로션(Citra) 페이스 화이트닝(Pond's) 파우더 세제(Rinso) 섬유 유연제(Molto)
11	2005년 인도네시아 가장 존경 받는 지식 기업	듀나미스 조직 서비스 인도네시아	2005. 7. 21	인도네시아 지역 부문 1위
12	아시아 최고 기업 대상	파이넨스 아시아	2005. 7	주주배당 정책 부문 2위 기업지배구조 부문 6위 경영 부문 7위

13	2005년 인도네시아 가장 존경 받는 기업 대상	비즈니스 위크 매거진 및 프론티어	2005. 8	세면 용품 부문
14	2005년 인도네시아 고객 만족 대상	SWA 셈바다 매거진 및 프론티어	2005. 9. 30	티백(Sariwangi) 마가린(Blue Brand) 비누(Lifebuoy) 샴푸(Sunsilk) 핸드 및 바디 로션(Citra) 데오드란트(Rexona) 치약(Pepsodent) 파우더 세제(Rinso) 섬유 유연제(Molto)
15	2005년 아시아 가장 존경 받는 지식 기업	텔레오스, 영국	2005. 10. 14	수상 기준: – 협력적 지식 공유를 위한 환경의 창출 – 학습 조직의 창출
16	가치 챔피언– 아시아의 Top 50 매니지먼트 팀	CFO 아시아 매거진	2005. 10. 14	아시아 50대 매니지먼트 팀 중 39위 – 5년간 연평균 총 주주수익률 기준
17	2005년 EVA(경제적 부가가치) 대상	SWA 셈바다 매거진 및 프론티어	2005. 10. 23	Golden EVA 2005 (3년간 EVA로 선정)
18	2005년 국제 에너지 글로브 대상	에너지 글로브, 오스트리아	2005. 11. 19	수질 카테고리 내 환경 부문 1위
19	2005년 e–Banking 인도네시아 대상	시티그룹 인도네시아	2005. 11. 30	'e–Banking 얼리 어답터' 카테고리
20	2005년 패키징 소비자 브랜딩 대상	SWA 매거진 및 믹스 마케팅 매거진	2005. 12. 5	1위 아이스크림(Wall's) 간장(Kecap Bango) 마가린(Blue Brand) 티백(Sariwangi) 파우더 세제(Rinso) 섬유 유연제(Molto) 액체 접시세척제(Sunlight) 크림 접시세척제(Sunlight) 액체 바닥세척제(Superpell) 화장용 비누(Lux) 비누(Lifebuoy) 치약(Pepsodent) 샴푸(Sunsilk)

| 20 | | | | 2위
스낵(Taro)
살충제(Domestos Nomos)
화장용 비누(Dove)
치약(Close up)
칫솔(Pepsodent)
샴푸(Clear)

3위
구강 청정제(Pepsodent)
아기용 기저귀(Huggies)
액체 바닥용 세척제
(Domestos Wipol)

4위
세척제(Surf)
팬티라이너(Kotex)

5위
샴푸(Lifebuoy) |

시사점

교훈 1: 당신의 직원이 어떠할 것이라고 가정하지 마라.

인재를 위한 장기 계획을 수립할 때 직원에게 적합한 최상의 경력 경로가 현재 해당 직원이 맡은 자리일 것이라거나, 또는 그 직원의 학력 사항과 관련된 자리일 것이라는 가정을 하지 말아야 한다. 도전적 과제를 주거나, 직무 순환을 경험하게 하거나, 혹은 새로운 임무를 부여하는 등의 방식으로 직원의 흥미와 강점을 찾아 최적의 경로를 개발하고, 궁극적으로 조직의 성과에 도움을 줄 수 있도록 노력해야만 한다. 이는 또한 더욱 유연한 인재의 풀과 석세션플래닝 체계를 구축할 수 있도록 할 것이다.

교훈 2: 인재 풀의 다양성을 확보하라.

다양성의 중요성은 아무리 강조해도 지나치지 않다. 글로벌화와 지역화를 맞이하여, 다양한 인력의 확보는 글로벌 시장을 이해하고 운영하기 위해서 필수적인 요소로 자리 잡게 되었다. 새롭고 차별적인 관점과 오래되고 굳어져 버린 아이디어들을 혼합시키는 것은 학습 환경을 강화시키며, 조직이 급변하는 세계에서 정체되거나 뒤처지지 않도록 예방한다. 따라서 파이프라인 상에 다양한 인재의 수혈이 부족하지 않도록 인재의 풀은 지속적으로 개선되어야만 할 것이다.

교훈 3: 중요한 직무를 맡을 수 있도록 직원을 준비시켜라.

많은 경영자는 한 직급에서 높은 성과를 낸 직원은 다음 직급에 올라가서도 높은 성과를 달성할 수 있을 것이라고 예상을 한다. 물론 이 가정이 맞는 때도 있다. 하지만 많은 경우에 경험도 없는 상태에서 갑자기 팀을 관리해야 하는 직책을 주거나, 이제껏 하나의 기능만을 필요로 했던 직무에 있던 사람을 다기능 팀을 관리하는 직급으로 승진시킬 경우, 제대로 된 준비가 없이는 십중팔구 실패하기 마련이다. 여기에서 말하는 준비에는 인적 네트워크의 구축, 사람 혹은 팀 관리를 위한 스킬 개발, 필요한 기능적 스킬의 훈련, 또는 단순하게 다기능적 프로젝트를 맡아보는 경험을 하는 것 등이 포함될 수 있다.

수백 명의 부하를 데리고 공장을 운영할 때는 뛰어난 리더였던 사람도 제대로 된 준비 없이 다기능적 프로젝트를 갑자기 맡게 되었을 때, 고작 10명의 직원을 이끄는 데 실패했다는 사례는 시사하는 바가 크다.

교훈 4: 최고 성과자에게 주요 직무를 맞춰라.

석세션플래닝은 '박스 채우기 놀이'가 아님을 기억하라. 직무는 인재가 자신의 역량을 최대한으로 발휘할 수 있도록 직원의 재능과 강점에 맞게 재구성되어야 한다. 이는 직원으로부터 최적화된 결과물을 확보하고 최고의 성과를 달성하도록 할 뿐만 아니라, 직원의 몰입도 및 직무 만족도를 향상시키는 수단이 된다.

교훈 5: 모든 직급의 참여와 수용을 유도하라.

석세션플래닝 체계는 전사에 걸친 참여 및 수용 없이는 효과적일 수 없다. 직원들의 참여와 수용이 커질수록 석세션 체계는 더욱 효과적으로 체계화된다. 즉, 원인과 결과 간에 정비례 관계가 성립하는 것이다. 이는 체계가 제대로 작동하느냐의 여부가 모든 이해관계자들의 몰입도 및 오너십에 달렸기 때문이다. 최고 경영진의 스폰서십은 프로세스의 전반(특히, 경영진 석세션플래닝 프로세스)을 이끄는데 필수적이며, 또한 경영진 수준에서 석세션 체계를 체계화시킬 수 있는 모든 요소들에 대한 전폭적인 지원을 보여줌으로써 시스템에 대한 자신의 몰입 및 신념을 하부로 전달해야 한다. 인사부서나 관리자급은 역동적이고 다양한 인재 풀을 구축하기 위하여 인재를 선발하고, 확인하며, 육성하는 것에 중점을 두고 제반 프로세스를 지켜나가야만 한다. 또한, 전 직원이 스스로 자신의 경력을 책임 지고, 자신과 회사를 위해서 지속적으로 자기 개발에 힘써야만 한다.

이를 위해서는 무엇보다도 모든 이해관계자들로부터 최대한의 참여를 이끌어 낼 수 있는 정책 및 절차, 석세션플래닝 시스템을 뒷받침하는 기본 규율과 철학이 있어야 한다. 마지막으로 이러한 실천 사항들을 공유하기 위한 효과적인 커뮤니케이션 계획은 직원들의 수용과 참여를 이끌어내는 중요한 채널로서 작용한다.

교훈 6: 코칭 문화를 창출하라.

코칭 문화의 구축은 석세션플래닝 체계를 크게 향상시키고 보완할 수 있게 해준다. 코칭 문화는 지속적인 학습을 장려할 뿐만 아니라, 개인 개발 계획에 보다 몰입하여 실천에 옮길 수 있는 환경을 만들어 낸다. 또한, 제대로 수행된다면 상사, 부하 및 동료 간에 개방적이고 신뢰에 바탕을 둔 관계를 구축하는 데에도 보탬이 될 수 있다. 코칭 문화는 개인과 조직의 목표 및 흥미를 어떻게 하면 효과적으로 연계시킬 수 있을 지에 대한 커뮤니케이션을 활성화할 수도 있다.

도와 주신 분

조셉 바타오나(Josef Bataona)는 인적자원담당 임원이며, 유니레버 인도네시아 이사회의 일원이다. 바타오나는 25년 이상 인사업무를 담당해 왔으며, 아시아 지역에 속한 여러 국가의 운영을 책임지는 로컬 및 지역 담당자로 활동하였다. 유니레버 인도네시아의 비즈니스가 매출 1억 불을 기록하는 조직으로 성장하면서 3,000명이 넘는 직원이 바타오나의 관리를 받고 있다. 인사 실무 전반을 포괄하는 경험을 쌓아온 바타오나는 글로벌 비즈니스 파트너 및 인사 전문가로 정평이 났다. 이렇게 광범위한 인사 실무 경험을 가지는 것은 시장에서 경쟁하기 위해 필수불가결한 조건일 것이다. 바타오나는 풍부하고 다양한 인사관련 업무 경력으로 인해 노련한 실무자로 자리매김할 수 있었고, 유니레버 인도네시아는 HR 시장의 최고 사례로 그리고 최고의 벤치마크 대상으로 평가 받고 있다. 이 모든 명성과 성과는 "사람을 키워야 사업이 클 수 있다."라는 바타오나의 신념 때문에 가능하였다. 그는 "소신 있게 자신의 생각대로 행동하라, 그리고 매일 성장하라."는 생활신조를 실천에 옮기고 있다.

데슬리 큐(Desley Khew)는 유니레버 인도네시아의 상위 관리자 개발 프로그램의 컨설턴트 및 조력자로 활동하였으며, 실제 프로그램의 설계 및 개발에도 참여하였다. 그녀는 현재 링키지 아시아(Linkage Asia)의 컨설턴트로 재직 중이다.

사무엘 M 람(Samuel M. Lam)은 링키지 아시아 컨설팅의 회장이며, 유니레버 인도네시아의 전·현직 회장 및 경영진 코칭을 담당하였다. 람은 상위 관리자 개발 프로그램을 포함한 유니레버 인도네시아의 리더십 개발의 수석 컨설턴트이다. 람은 싱가포르, 아시아, 유럽 내 다수의 저명한 최고경영자 및 정부 고위관료를 위한 경영자 코치이자 조언자로서 활동 중이며, 전문 분야로는 리더십 개발, 경영자 코칭, 경영자 선발, 경영진의 성과 개선, 핵심인재관리 분야를 꼽을 수 있다. 최근에는 공공 부문 및 글로벌 다국적 기업들을 위한 리더십 개발 프로그램을 설계 및 운영하고 있다.

Part

3

Succession Planning
Toolkit

석세션플래닝 도구

9

도구에 대한 소개

INTRODUCTION TO THE TOOLKIT

데이비드 기버(David Giber)

그림 9-1에서 보는 바와 같이 전체 석세션 프로세스는 8가지의 주요 단계로 구분될 수 있다. 이해를 돕고자 프로세스 단계별로 구분해 놓았지만, 항상 정확한 순서대로 발생하는 것은 아님을 기억하길 바란다. 그러나 성공적인 석세션의 실행을 위해서는 이 모든 단계가 고려되고, 이해되며, 실행되어야 한다는 점에는 이견이 없을 것이다.

이 책의 Part 3은 석세션의 주요 단계에 대한 설명으로 이루어져 있다. 이 장에서는 각 단계를 개관하고, 이 단계들이 전체 프로세스에 어떻게 영향을 끼치는지 그 과정을 살펴보고자 한다.

독자가 석세션의 각 단계를 쉽게 이해할 수 있도록 다양한 도구를 제시함으로써 실질적인 학습 방식으로 접근하려고 노력하였는데, 이러한 도구 및 평가에 관해서는 Part 3의 나머지 장에서 상세하게 다루어지고 논의될 것이다.

그림 9-1의 '석세션 관리 주기(Succession Management Cycle)'가 지나치게 자세히 설명된 것처럼 보일 수 있지만, 이는 고객이 아닌 실무자를 위한 것이기 때문이다. 이를 기반으로 링키지(Linkage)에서는 사이클의 각 단계가 효과적일 수 있도록 필수적인 요소들을 한 데 모아 단계별 청사진을 설계할 수 있었다. 첫 번째 단계는 석세션플래닝을 통해 얻을 수 있는 이익과 투자비용 그리고 조직 준비도 관점에서 석세션 체계 도입을 위한 비즈니스 케이스를 개발하는 과정이다. 이 단계를 효율적으로 수행한다면 이후 단계인 석세션 플래닝 구조의 개발, 그리고 석세션 체계의 설계 및 실행과 관련된 많은 이슈가 초기 진단의 과정에서 제대로 분석될 수 있다. 초기 단계를 촉진하고 석세션이 작동할 수 있도록 강력한 기반을 이루는 도구들의 예는 10장에서 자세히 소개될 것이다.

어떤 석세션 프로젝트이든 그 핵심은 육성에 있다. 즉, 석세션 후보자를 분석하고, 특정 후보자의 강점 및 개발 니즈를 리뷰 하는 것뿐만 아니라, 육성, 학습, 미래의 핵심인재 유지의 단계별 계획을 하나로 통합시키는 것이 모두 '육성'에 포함된다. 이러한 주요 영역에 대한 도구 세트가 11장에서 제시될 것이다. 육성계획의 질이 좋고 나쁜 정도, 피드백이 유용한 정도, 멘토링, 코칭, 직무에 직접 투입되는 현장 학습의 기회가 있는지 등을 통해 참가자들은 회사가 석세션을 위해 얼마나 진지한 노력을 기울이고 있는지를 판단하게 될 것이다.

마지막으로 측정을 통해 학습하는 과정 즉, 평가 단계를 살펴본다. 이 단계에는 인적자원 관리 시스템, 비즈니스 자체, 개인별 후속 개발 계획의 효과성 및 회사 내 주요 직원들의 역량 성장과 관련된 지표를 살펴봄으로써 석세션 체계가 얼마나 효율적으로 작동하고 있는지를 측정하고 학습하는 과정이 포함된다. 12장에서 제시되는 도구들은 전반적인 석세션 체계를 효과적으로 도입하고, 유지하며, 측정하는데 그 목적이 있다. 이 책에 소개된 도구 세트를 잘 활용한다면 독자들이 직접 조직으로 하여금 석세션플래닝 사이클의 주요 단계 및 절차를 착실히 밟도록 하는 데 적지 않은 도움을 받을 수 있을 것이다. 이는 어떤 조직이 석세션 체계를 수용 및 활용할 준비가 얼마나 되어 있는지를 진단하고, 석세션 체계가 비즈니스에 어떤 영향을 끼치고 있는가를 측정하며, 인재가 비즈니스의 경쟁 우위 및 성공을 이끌 수 있는 영역은 어디인가를 살펴보는 것을 의미한다.

그림 9-1 석세션플래닝 사이클 베스트 프랙티스

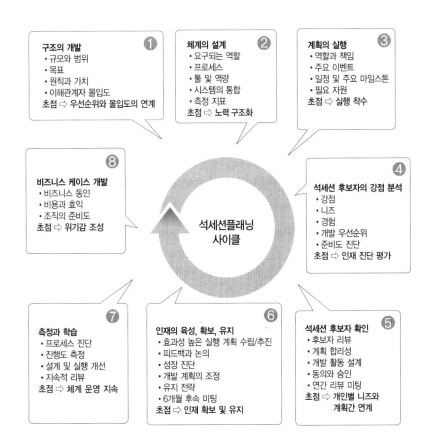

10

진단 도구

ASSESSMENT TOOLS

석세션플래닝의 첫 번째 단계는 '진단 또는 평가(Assessment)'이다. 석세션플래닝 측면에서 진단은 몇 가지의 다른 개념을 의미할 수 있다. 물론 여기에는 석세션 후보자들에 대한 진단이 포함된다. 전반적으로 진단의 단계를 어떻게 구조화시킬 것인지, 어떤 도구와 절차를 사용할 것인지, 어떠한 방식으로 직원들과 정보를 공유할 것인지 등의 몇 가지 문제에 관해 전략적으로 선택해야 한다. 조직을 미래지향적으로 이끌어가기 위해 필요한 역량 검토 결과를 바탕으로 진단 체계를 설계해야 하며 개인적, 사업적 측면과 기타 필요한 다른 특성 간의 균형점을 잡을 수 있도록 해야만 한다. 만약 석세션 후보자와 임원을 육성하는 촉매로서 석세션 절차가 육성관련 피드백과 개입을 제공하는 프로세스라면, 진단 절차도 또한 육성을 강조하는 측면이 반영되도록 설계하는 것이 논리적으로 맞을 것이다. 여기서 육성을 강조한다는 것은 후보자로 하여금 자신이 어떤 방향으로 진로 개발을 해나가길 원하는지 고민하게 하고, 리더로 성장하기 위한 강점과 보완해야 할 부분에 대해 이해할 수 있도록 일련의 진단 도구를 갖춘다는 것을 의미한다.

또한, 석세션플래닝은 조직의 인재에 대한 니즈를 진단함을 의미한다. 아직도 대부분 조직에서 미래의 전략 수행을 위해 필요한 인재 규모와 수준을 진단하지 않고 있는 실정이다. 조직의 미래를 진실로 걱정하고 있다면 인재에 대한 니즈를 파악하는 것을 넘어서서, 다음과 같은 질문도 해볼 수 있을 것이다: "현재 우리가 보유하지 못한 경쟁 우위를 창출하기 위해 어떤 인재를 선발하고 어떠한 역량을 확보해야만 하는가?" 몇 안 되는 회사만이 비즈니스 패러다임의 한계를 어떻게 뛰어넘어 새로운 영역에서 경쟁자들보다 앞서나갈 수 있을지, 그 방법을 미리 생각해 낼 수 있는 강력한 무기로써 '석세션플래닝' 을 사용하고 있는 실정이다. 게다가 몇몇 회사는 석세션플래닝 관리를 경영진의 필수적인 의무라기보다는 인사부서의 업무로 치부해 버리는 치명적 실수를 범하고 있다. 향후 진단 도구를 활용함으로써 석세션플래닝을 재구성하고, 도입된 석세션 체계가 명확하고 실용적이며 긍정적인 영향을 미칠 수 있도록 설계 되었는지를 확인할 수 있을 것이다.

이번 장에서는 네 가지 진단 도구를 설명하려고 한다. 첫 번째 도구는 석세션플래닝의 초기 단계에서 사용되는 석세션 단계별 체크리스트이다 (예시 10-1). 이 도구는 석세션 체계를 직접 진행하는 실무자들로 하여금 석세션플래닝이 조직 내에 적절하게 자리를 잡았는지, 조직 내 이해관계자들과 인사부서 간의 주요 관계는 제대로 설정되었는지를 생각해 보도록 하고, 조직 개발 절차가 수립되었는지 확인하는 것을 목적으로 제작되었다. 석세션 단계별 체크리스트는 이해관계자들의 석세션 프로세스에 대한 주요 역할과 책임을 유동적으로 체크할 수 있도록 되어있고, 다음 단계로 넘어가기 이전에 완료되어야 할 필수 사항인 이해관계자들의 몰입 정도 및 다른 HR 프로세스들과의 연계 등과 관련 이슈들을 언급할 수 있도록 구성되어 있다.

어떤 도구인가:

✧ 석세션플래닝을 개발, 설계 및 실행하는 주요 책임자들을 규명하는 데 도움이 되도록 차트 형식으로 개발되었으며, 특히 성공적인 프로세스를 위해 그 실천과 완료가 필수적인 역할 및 책임을 제시하고 있다.

언제 도구를 사용하는가:

✧ 석세션 프로세스의 초기 단계에 가장 유용하며, 석세션 프로세스가 진행되기 시작하면 단계별로 돌아와 다시 점검하는 과정이 필수적이다.

어떻게 도구를 활용하는가:

✧ 석세션플래닝 실행 팀이 각 역할과 책임을 나누기 위한 논의를 진행할 때, 기초 자료로서 사용할 수 있다. 어떤 일을 누가 해야 할지 그 역할을 나누고 난 이후에는 석세션플래닝 실행에 도움이 될 수 있는 주요 이해관계자, 스폰서 및 분야별 전문가는 없는지 만약 있다면 어느 정도의 지원이 필요하고, 이를 위해 어떤 절차에서 어떤 일을 수행해야 하는지를 규명하는 데 활용될 수 있다.

비즈니스 케이스 개발

단계		책임자	지원의 수준 (저·중·고)	해야 할 일
목적	관련 환경, 변수 및 석세션의 니즈 확인			
주요 활동	▫ 조직의 미래 방향성에 대한 주요 요소들을 규명 ▫ 석세션에 영향을 미치는 외부 요인의 규명 ▫ 석세션에 영향을 미치는 조직의 시스템과 문화 분석 ▫ 향후 요구되는 리더의 유형과 규모 예측 ▫ 석세션 체계의 주요 전략적 동인과 범위를 정의			
유용한 통합 포인트	▫ 전략적 계획 프로세스 ▫ HR 계획 프로세스			

주요 역할과 책임		누가?	지원의 수준 (저 · 중 · 고)	해야 할 일
석세션플래닝 챔피언	▫ 시니어 HR 리더와 함께 주요 전략적 동인 및 인재에 대한 니 즈를 규명함			
시니어 HR 리더	▫ EDO와 함께 비즈니스에 최대 한의 가치를 부여할 수 있는 방 향으로 전략적 동인 및 인재의 요건을 설정하고 석세션 체계 를 구조화함			
임원 육성 부서 (EDO: Executive Development Office)	▫ 경영진과 검토할 석세션 범위, 구조(architecture) 및 실행의 일정을 예비적으로 정의함			
EDO와 HR 부서	▫ 현장의 핵심 직원들과의 미팅을 통해 다음을 규명함 · 비즈니스 동인 · 인재에 대한 니즈 · 고객의 요구사항 · 갭, 리스크, 이슈 및 기회 등			
최고 경영진 및 실무 책임자	▫ MSP 설계를 위해 비즈니스 요건 에 대해 의사소통함 ▫ 현재와 미래의 인재에 대한 니즈 를 규명함 ▫ 설계 시 고려해야 할 사항들에 대 해 예비적인 프로그램들을 제공 · 범위 · 핵심 직무 · 현재의 조직 내 인재 보유 상황 · 논의해야 할 강점 및 다양성 상 의 갭 · 리스크와 이슈들(업무량, 인력 대 체에 대한 준비도 등) · 기회(예비 인력의 깊이와 범위, 개발 및 육성 기회, 멘토 등)			

단계		책임자	지원의 수준 (저 · 중 · 고)	해야 할 일
목적	석세션 니즈를 표명하는 체계적인 접근법의 개발			
주요 활동	▫ 각 활동의 척도와 범위 정의 ▫ 목적 정의 ▫ 원칙과 가치의 정의 ▫ 이해관계자들의 몰입 유도			
유용한 통합 포인트	▫ 성과관리 체계 ▫ 경력개발 체계 ▫ 스태핑과 승진 체계 ▫ 보상 및 인정 체계			

주요 역할과 책임		누가?	지원의 수준 (저 · 중 · 고)	해야 할 일
석세션플래닝 챔피언	▫ HR 리더 및 EDO와 함께 석세션 체계의 미션, 비전, 목표, 원칙, 목표 역할 및 사전 설계 등을 점검함			
시니어 HR 리더	▫ EDO와 함께 석세션 체계의 목적, 원칙, 목표 역할 및 사전 설계 등을 개발함			
임원 육성 부서 (EDO: Executive Development Office)	▫ 석세션 체계의 미션, 비전, 목표, 원칙, 목표 역할 및 사전 설계에 대한 권고안을 개발함 ▫ 인재 확보, 유지 및 전략적 스태핑에 대한 권고안을 개발함 ▫ 다른 HR 체계와의 운영상의 통합을 위한 사전 계획을 개발함			
EDO와 HR 부서	▫ 석세션 체계의 미션, 비전, 목표, 원칙, 목표 역할 및 사전 설계에 대한 데이터를 확보함 ▫ 전략적 접근을 위한 인재에 대한 니즈 및 획득, 유지에 대한 데이터를 확보함			

주요 역할과 책임		누가?	지원의 수준 (저·중·고)	해야 할 일
EDO와 HR 부서	▫ 추후 실행을 위하여, 사전적 운 영상의 고려사항을 논의함 ▫ 기타 HR 시스템들과의 통합 진 행 시 고려사항을 점검함			
최고 경영진 및 실무 책임자	▫ 석세션 체계의 미션, 비전, 목표, 원칙, 목표 역할 및 사전 설계에 대한 데이터를 제공함 ▫ 전략적 접근을 위한 인재에 대한 니즈 및 획득, 유지에 대한 데이 터를 제공함 ▫ 사전적인 운영상의 고려사항 논 의와, 체계 설계에 필요한 정보 를 제공함 ▫ 석세션플래닝 챔피언 및 EDO(Senior Management Team)와 함께 설계 요인들에 대해 최종적으로 점검함			

예시 10-2의 준비도 진단은 두 번째 도구로서 이 역시 석세션 프로세스 초기에 유용하게 활용할 수 있는 도구이다. 석세션 프로세스가 전략적으로 바람직한 영향을 미치고 있는지에 대한 논의를 이끌어 내는 데에도 사용할 수 있다. 준비도 진단은 석세션과 직접적으로 관련되고 성공적인 시스템을 위한 필수적 요인들을 15가지의 주요 영역으로 나누어서 다루고 있다. 독자 중에 컨설턴트가 있다면 관리팀과 함께 준비도 진단 도구를 활용함으로써 석세션 프로세스 논의에서 점검해야 할 맹점이나 예상되는 갭 또는 장애물을 쉽게 파악할 수 있을 것이다. 석세션 프로젝트가 성공을 이루려면 컨설턴트가 다양한 조직 체계와 연계하여 비즈니스 상의 이론적 근거와 논리를 구축해야만 한다.

어떤 도구인가:

⇨ 이 설문은 조직이 석세션 관리 및 인력 운영 계획을 실행하는 데 있어서 어느 정도 준비가 되어 있는지, 그 준비도를 진단하기 위해서 개발되었다.

언제 도구를 사용하는가:

⇨ 석세션 체계 구성 및 계획 수립 이전이 석세션 프로세스가 조직 문화와 어떻게 연계되어 있고, 보다 상위의 인재 및 HR 관리 시스템들과는 어떻게 관계되어 있는지를 알아보는데 가장 적합하다.

어떻게 도구를 활용하는가:

⇨ 이 도구는 석세션 관리와 관련된 시니어 매니지먼트와 이해관계자들 간의 대화를 촉진하는 매개체로 활용될 수 있다.

⇨ 이 설문의 핵심 부분은 평가를 내리는 것이 아니라, 왜 그러한 점수를 주었는지에 대한 논리적 근거를 팀이 공유하는 것이다. 평정된 점수는 석세션 관리를 통해 성취하려는 목표와 현재 회사의 신념 및 관행 간에 발생할 수 있는 마찰이나 장애물이 어떠한 영역에서 생길 수 있는지 확인하도록 도와주는 역할을 한다.

⇨ 또한, 회사에 의해 효과적으로 지원되고 있는 석세션 프로세스의 영역과 이와 연계하여 어떤 부분이 강화될 수 있을지의 이슈들을 표면화하는 데 도움을 줄 수 있다. 도구의 사용법은 비교적 간단한데, 직원들로 하여금 아래의 15개의 영역과 관련하여 조직이 준비되었다고 생각하는 정도를 0%~100% 사이로 평가하게 한다.

백분율 (0 ~ 100%)	준비도 요인	해당 점수를 준 근거
	사업 동인 - 석세션 관리의 니즈에 영향을 미치는 요인들이 명확하고, 타당하며, 설득력 있는 지의 여부	
	조직 변화 - 조직의 성공적인 변화를 경험했는지의 여부로서, 변화 요구에 대한 대응성, 효과적인 변화 과정 및 목표의 성취를 포함	
	측정 도구 - 개인, 팀, 프로그램이나 조직 전반의 성과를 측정하는 데 있어서, 명확하고 정렬된 측정 도구를 가지고 있는지의 여부	

백분율 (0 ~ 100%)	준비도 요인	해당 점수를 준 근거
	리더십 – 리더들이 사업 방향성을 제시하고 사업 전략 및 목표 달성을 위해 직원 개개인이나 팀을 리딩하는데 효과적인지 여부	
	직원 사기 – 직원들이 조직에서 즐겁게 일하고, 미션, 비전 및 주요 전략들에 대한 신념을 갖고 있는지의 여부	
	성실함과 공정함 – 경영진과 조직이 자신과 타인들을 공정하게 대하고 있다고 믿으며, 이러한 기본적 인식을 바탕으로 비즈니스와 사람에 대한 의사결정이 이루어진다고 인식하는지의 여부	
	보상 – 인정과 보상 체계가 개인과 조직의 성공과 연계되어 있는지의 여부	
	조직 구조 – 조직 구조가 조직의 방향성 및 주요 전략을 지원하고, 효과적인 의사결정이 적시에 이루어지며, 조직 내에 의무감과 공유된 책임을 만들어내는지의 여부	
	프로세스 지향 – 조직의 명확하고 효과적인 프로세스에 의해, 비즈니스와 HR 시스템이 지원되는지의 여부(예: 석세션 체계를 지원하기 위해 프로세스의 수용도를 개선한다.)	
	커뮤니케이션 – 정보의 흐름, 학습 및 의사결정을 지원하는 필수적인 수직적·수평적 의사소통 도구의 존재 여부	
	리더십 도전과 역량 – 조직 내 주요 계층별로 경험하게 되는 도전 및 필요 역량이 잘 이해되고 있는지 여부(예: 개인, 상사, 관리자, 임원)	
	성과 관리 시스템 – 성과 및 역량 측면을 모두 고려할 뿐만 아니라, 효과적인 목표설정, 지속적인 모니터링 및 개인과 팀의 성과에 대한 평가를 지원하는 시스템의 존재 여부	
	육성 체계와 문화 – 직원 및 관리자들이 경력 향상과 효과적인 성과를 위해 필요한 역량을 개발하는데 시간과 노력을 투입하는지 여부. 관리자들은 또한 부하 직원의 개발 및 성과 지원을 위해, 유용한 피드백과 코칭을 제공하는데 몰입하는지 여부	

백분율 (0 ~ 100%)	준비도 요인	해당 점수를 준 근거
	변화 이행 – 조직의 주요 변화를 지원하는 시스템이 존재하는지 여부(예: 정보, 육성, 네트워크 지원 등)	
	스폰서십 – 다음과 같은 스폰서가 석세션 운영에 지침을 제공하고 있는지의 여부: 적절한 직책에 있으며, 석세션플래닝을 통해 배출되었고, 조직에서 존경을 받으며, 자원에 대한 의사결정과 정책을 수립할 수 있는 권한을 지닌 후원자	

준비도 진단 결과표

	0	25	50	75	100
사업 동인					
조직 내 변화					
측정 도구					
리더십					
직원 사기					
성실함과 공정함					
보상					
조직 구조					
프로세스 중심적					
커뮤니케이션					
리더십 도전과 역량					
성과 관리 시스템					
육성체계 및 문화					
변화 이행					
스폰서십					

링키지의 준비도 진단과 유사한 윌리엄 로스웰(William Rothwell)의 석세션플래 닝 실천도 체크시트가 세 번째 도구이다(예시 10-3). 이 리스트는 석세션을 실행에 옮기기 위한 조직의 준비도에 대해 보완적인 점검 사항을 제공한 다. 기술 혹은 전문부서의 현장 관리자들을 대상으로 시행하는 이 진단은 꼭 필요한 기능이나 훈련을 받은 숙련된 기능 전문가들을 대체할 수 있도 록 해당 부서가 적절한 계획을 세웠는지를 점검하는 것을 목적으로 한다. 많은 조직이 베이비 붐 세대의 대거 퇴직으로 인해 숙련된 전문가들을 잃 는 상황에서 이 도구는 특히 유용하게 활용될 것이다.

예시 | 석세션플래닝 실천도 체크시트   10-3

어떤 도구인가:

⇨ 기술 분야의 석세션플래닝은 문자 그대로 경쟁우위를 확보하는 데 있어서 원천이 되는 독점적인 비즈니스 지식을 가진 '기술 및 전문 분야 근로자' 들의 연속성에 대한 계획이 다. 따라서 기술 분야의 석세션플래닝 프로그램은 주요 직책의 원활한 대체가 가능하도 록 후계자를 선정하고 육성시키는 데 중점을 두는 만큼, 역대 기술 및 전문 분야 근로자 의 노하우를 조직차원의 정보로 축적하고 전수하는 데에도 큰 비중을 둔다.

⇨ 체크시트는 정년퇴직, 갑작스러운 퇴사 또는 기술 및 전문 분야 인재의 이탈로 인한 손 실 등에 직면했을 경우, 조직이 회사 차원에서 인재들이 보유하고 있던 기술적이고 전문 적인 정보를 효율적으로 전수해 나갈 수 있도록 계획하고 있는지를 평가할 수 있도록 개 발되었다.

언제 도구를 사용하는가:

⇨ 조직의 관리자들이 엔지니어, 경영정보 시스템 전문가, 연구원 등과 같이 기술 전문 지 식을 가진 사람들이 보유하고 있는 노하우의 손실에 얼마나 잘 대비하고 있는지에 대해 논의를 시작하는 수단으로써 활용한다.

⇨ 해당 관리자들에게 체크시트를 작성하도록 하고, 경영진들에게 그 결과를 제공해 논의를 진행할 수 있도록 한다.

어떻게 도구를 활용하는가:

⇨ 기술 전문 분야 석세션플래닝이 어떤 것이며 경영진 석세션플래닝과 어떤 점이 다른지를 설명한다.

⇨ 이메일로 체크시트를 발송하거나, 관리자 그룹의 미팅 시 체크시트를 배부해 작성하도록 한다.

⇨ 체크시트 작성을 완료한 사람들에게 점수를 합산하도록 한다.

⇨ 관리자들에게 조직의 기술 전문 분야 석세션플래닝의 평가 결과를 제공한다.

⇨ 관리자들에게 조직의 기술 전문 분야 석세션플래닝의 니즈를 충족시키기 위해서는 무엇을 해야 하는지를 묻는다.

> 이 체크시트는 조직의 기술 전문분야 석세션플래닝 상태를 측정하기 위한 것입니다. 왼쪽에 보이는 각각의 이슈들에 대해서 현재 상태를 생각해 보고, 오른쪽 난에 적합한 숫자를 표기합니다.
>
> (1= 전혀 적절하지 않다; 2=별로 적절하지 않다; 3=적절하다; 4=좋다; 5=훌륭하다)

석세션플래닝 프로세스 측정 체크시트

다음의 사항들을 얼마나 잘 실행하고 있습니까?	그렇지 않다				매우 그렇다
1 특수한 지식·기술을 보유한 사람들이 퇴직 등 여러 가지 사유로 회사를 떠나기 전에, 특정 지식을 규명하고 확보하여, 회사 차원에서 인재들이 보유하고 있던 기술적이고 전문적인 정보를 전수해 나갈 수 있도록 할 필요성이 있음을 알고 있고 이를 실천에 옮긴다.	1	2	3	4	5
2 조직의 미션과 전략적 목표를 달성하는데 핵심이 되는 업무 프로세스가 무엇인지 명확화한다.	1	2	3	4	5
3 누가 업무 프로세스에 관한 특수한 지식을 보유하고 있는지 명확히 한다.	1	2	3	4	5
4 가장 숙련된 직원은 어떤 프로세스로 업무를 하는지를 명확히 한다.	1	2	3	4	5
5 특수한 기능을 보유한 사람들로부터 업무 프로세스에 관련한 지식을 확보하고 추출한다.	1	2	3	4	5
6 특수한 지식을 어떻게 유지하고 전달할 것인지 그 방법을 고민하고, 효과적이고 효율적인 운영의 연속성을 확보할 수 있도록 누가 해당 지식을 전수받아야 할지를 고려한다.	1	2	3	4	5

	그렇지 않다			매우 그렇다	
7 지속적으로 지식 상의 갭을 진단하고, 측정된 갭을 해결하기 위한 실행 전략을 평가하며, 그 실행 결과를 측정한다.	1	2	3	4	5

합산 점수 매기기

당신의 점수를 더하여 오른쪽 빈 칸에 기록하십시오.

합산 점수 보는 법

합산 점수: 35점 – 25점   축하합니다. 열심히 노력하고 있습니다.

합산 점수: 24점 – 19점   이러한 이슈들에 대해 더 많은 시간과 관심을 기울여야 합니다.

합산 점수: 18점 – 0점   경고: 당장 이 문제를 해결해야 합니다!

출처: 윌리엄 J. 로스웰(William J. Rothwell)

네 번째 도구는 진단을 위한 도구가 아니라 진단 결과를 기초로 작성하는 하나의 양식으로 볼 수 있다. '석세션 도구를 위한 비즈니스 케이스(예시 10-4 참조)'는 석세션플래닝의 당위성을 확인하거나, 준비도 진단의 결과를 통해 얻은 정보를 활용하기 위한 양식이다. 이 도구는 왜 이러한 석세션이 조직의 목표에 시급하고 중요한지에 대해 생각을 정리하는 데 도움이 되므로 이를 석세션 체계의 목표 및 의도에 관한 '미션 선언문(mission statement)'의 기초로 활용하는 것도 가능할 것이다.

예시 | 석세션 도구를 위한 비즈니스 케이스   10-4

어떤 도구인가:

↪ 비즈니스 케이스를 정교화하는 도구로서 긴급한 실행을 유도하거나, 석세션 관리의 향상을 목적으로 한다.

언제 도구를 사용하는가:

⇨ 이 도구는 다음과 같은 측면에서 도움을 줄 수 있다:

비즈니스 동인과 석세션 관리상 우선순위 갭 간의 관계를 명확히 제시한다. 인재를 어떻게 관리해야 하는지에 대한 설득력 있는 근거를 보여주고, 인재관리 프로세스의 개선에 대한 당위성을 제공한다.

어떻게 도구를 활용하는가:

⇨ 아래의 예시처럼 박스형 표를 그린다.

- Step 1

비즈니스 동인과 시사점		그러나 (But,)
현재 상태		~ 한 결과를 가져올 (which produces)
리스크와 비용		반면에, 만약 (On the other had, if)
미래 상태		~ 한 결과를 가져올 (which would produce)
효용		그러므로 (therefore)
첫 번째 단계		

- Step 2

두 번째 칼럼에는(각 주제 옆 난에) 직원들이 이해하기 쉽도록 각 비즈니스 케이스의 주요 요소들을 적어 둔다.

비즈니스 동인과 시사점: 주요 비즈니스와 조직의 트렌드 및 역학이 인재에 미치는 영향

현재 상태: 미래에 필요한 인재를 확보하기 어렵게 만드는 당면한 이슈와 그 요소들로 조직 준비도 요인들도 포함함. 조직이 현재 경험하고 있는 인재의 갭, 부적절한 시스템(예: 프로세스, 도구, 역량 등)과 비협조적인 문화 등

리스크와 비용: 현 상태를 계속해서 유지함으로써 초래되는 실제적이고 부정적인 효과와 이러한 이슈들을 해결하려고 노력하지 않을 때 일어날 수 있는 결과

미래 상태: 실현 가능하고 새롭게 수정된 상황 – 해결책이 있는 경우에 한하여

효용: 미래 상태를 달성하였을 때 나타나는 실질적이고 긍정적인 효과

첫 번째 단계: 현재 상태와 미래 상태 간의 갭을 줄일 수 있도록 하는 일련의 계획 중 첫 번째 단계로서 그러한 단계에 필요한 관련 직원들의 참여를 포함함

- Step 3

두 번째 칼럼에서부터 세 번째 칼럼까지 각 행을 순서대로 읽고 필요한 경우 부분적으로 재기술하여 하나의 문장으로 비즈니스 사례를 구성한다.

- Step 4

적당한 형식으로 문장을 확장시킨다. – 몇 페이지에 걸쳐 써보거나, 불릿 포인트를 사용하여 정리하거나, 대화를 진행할 때 주의해야 할 사항을 추가로 적거나 하는 과정을 거친다. 자신이 표현하고 싶은 바를 효과적으로 전할 수 있고, 보는 사람이 핵심적인 내용을 쉽게 이해할 수 있도록 하는 방법이라면 어떤 것이든 관계없다.

11

육성 도구
DEVELOPMENT TOOLS

석세션 체계를 통한 직원의 육성 여부는 조직 구성원들에게 큰 영향을 미친다. 이는 석세션 체계가 조직 가치 및 문화와 연계된다는 것을 반영하는 것이기도 하다. 또한 석세션플래닝의 강력한 동인인 육성 프로세스를 활용하기 위해서는 높은 수준의 몰입과 자원의 투자가 요구된다. 제대로 된 자원을 확보하지 않은 채 육성계획을 수립하는 것이 아예 육성과정 자체를 계획하지 않고 진행하는 것보다 어떤 의미에서 더 비효율적이라고 할 수 있다.

조직 내 학습에 관한 연구 결과는 공통적으로 다양한 접근법을 사용하여 학습이라는 주제를 다루어야 한다는 점과 직원의 유지율 향상을 위해 현장에서 진행할 수 있는 학습활동이 필요함을 지적하고 있다. 이것이 모든 조직이 모든 형태의 육성 기회를 반드시 제공해야 한다거나 제공할 수 있다는 것을 의미하는 것은 아니지만, 다양한 형태의 학습이 연계되어야만 효과적인 프로세스가 가능하다는 것은 자명한 사실이다. 또한, 좋은 석세션플래닝이란 어떻게 하면 경영진 각자가 최상의 학습 및 육성 과정을 경험할 수 있을지를 고민하는 기회가 되어야 한다는 것을 알 수 있다. 어떤 임원에게는 여태껏 접해보지 않은 도전적인 수준의 과제를 부여하거나, 난이도 있는 학습을 경험해 볼 수 있도록 육성 계획을 수립할 수 있다. 예를 들어 분석 능력이 뛰어난 임원이 있다고 하자. 그는 숫자 및 도형을 사용하여, 사업 평가를 하는 데에는 아무런 어려움도 느끼지 않을 것이다. 이럴 때에는 이미 효과적으로 수행 중인 재무적인 측면을 다루는 것보다 심층 인터뷰와 같은 방법을 통해 직원들과 커뮤니케이션을 하고, 사람이라는 핵심 요소에 중점을 두고서, 비즈니스의 전체 맥락을 파악해 보도록 하는 과제를 부여하는 것이 더 큰 의미가 있을 것이다.

이번 장에서는 네 가지의 육성 도구에 대해 살펴 볼 것이다. '육성 과제 체크리스트(Development Initiatives Checklist)'와 윌리엄 로스웰(William Rothwell)의 '인재관리 프로그램 목적 명확화(Clarifying the Goal of a Talent Management Program)'는 활용 가능한 육성 도구들을 유형별로 구분하기 위한 것이다. 다음으로 링키지(Linkage)의 '직무 프로파일의 개발(Developing a Job Profile)'과 '개인 육성 계획 체크리스트(Individual Development Checklist)'를 살펴보도록 하자.

'육성 과제 체크리스트(예시 11-1)'와 '인재관리 프로그램 목적 명확화(예시 11-2)'는 특정 인재 및 석세션 체계가 어디에 초점을 두고 있고, 어떤 방식으로 육성 단계를 반영하고 있는지, 그 접근법을 확인하기 위한 목적으로 개발되었다.

| 예시 | 육성 과제 체크리스트 | 11-1 |

어떤 도구인가:

⊹ 전 세계의 선진화된 기업들이 육성을 위해 사용하는 도구 및 과제 중 최고의 과제를 선정하여 목록으로 정리한 도구이다.

언제 도구를 사용하는가:

⇨ 육성 대안에 대한 논의를 이끌어낼 필요가 있는 경우

⇨ 강의 방식의 육성 도구가 아닌 새로운 접근의 육성 방법을 고안해낼 필요가 있는 경우

어떻게 도구를 활용하는가:

⇨ 현재 사용 중인 육성 체계의 강점 및 갭을 규명하여 사용 가능한 육성 자원을 어디에 집중시킬 것인지 결정하기 위해, 석세션 프로세스와 관련된 경영진 및 이해관계자들에게 배부하고 생각나는 대로 해당 사항을 기재하도록 요구한다.

육성 과제	현재 사용중인가?		우선순위 (저,중,고)	석세션 프로세스 상에서 실천되고 있는 구체적 도구
	Yes	No		
360도 다면평가와 피드백				
핵심 경영진과의 대면 인터뷰				
전략 계획 프로세스에 참여				
전략적 직무 이동				
글로벌 직무 이동				
국제적 프로젝트에 참여				
액션 러닝 프로그램				
코칭(내부 또는 외부)				
멘토링(공식적 또는 비공식적)				
개인 육성계획 수립				
비공식적인 코칭과 멘토링				
내부 경영 사례 학습				
리더십 육성 워크숍과 전문 기관 교육				
인사부 직원 교육 및 강화 (직접 육성 과제를 진행할 수 있을 정도로)				
경영자 MBA 프로그램				

어떤 도구인가:

⇨ 조직 차원의 목표 중 많은 부분은 인재관리 프로그램을 통해 성취할 수 있다.

⇨ 이 도구는 최고 경영진들로 하여금 인재관리 프로그램을 활용해서 성취하고자 하는 목표를 명확화할 수 있도록 개발되었다. 또한, 이후에 인재관리의 성과를 측정하기 위한 이론적 기반을 마련해 주기도 하는데, 목표가 명확해야 인재관리 프로그램이 소정의 목적을 달성했는지도 측정할 수 있을 것이기 때문이다.

언제 도구를 사용하는가:

⇨ 최고 경영진들이 인재관리 프로그램을 통해 어떠한 결과를 달성하려고 하는지에 대해 논의를 시작하는 시점

⇨ 최고 경영진 혹은 인재관리 프로그램에 대한 의사결정을 책임지는 직원들이 활용할 수 있다.

어떻게 도구를 활용하는가:

⇨ 최고 경영진에게 인재관리 프로그램이 '모든 사람들을 위한 것'이 될 수 없음을 설명하고, 따라서 우선순위 설정의 필요함을 피력한다.

⇨ 경영진마다 인재관리 프로그램에 대한 기대가 다를 수 있음을 강조하고 숙지시킨다

⇨ 경영진들로 하여금 미팅에 참석하기 전에 질문지 작성을 마치도록 하고, 이를 한 명의 담당자가 수거하도록 한다.

⇨ 한 명이 수거한 모든 질문지의 점수를 집계하고, 미팅에서 경영진 각자에게 피드백할 수 있도록 준비한다.

⇨ 어떤 인재관리 프로그램의 목표가 우선적이라고 대답했는지 그 전반적인 평균치를 모든 경영진과 공유하고 난 후, 세 개의 우선적 목표를 추려내기 위해 경영진끼리 서로 합의하는 과정을 거치게 한다. (왜 해당 목표가 중요하다고 생각하는지 그 이유를 밝히고 합의해 가는 과정이 필수적임)

지시 사항: 아래 표의 왼쪽에 나열된 인재관리 프로그램의 목표들을 읽고, 오른쪽의 평가란에 당신의 조직에서 각각의 목표를 달성하는 것이 얼마나 중요한지를 다음의 척도를 사용하여 표기하십시오. (0 = 목표 적용 불가능함; 1 = 전혀 중요하지 않음; 2 = 어느 정도 중요함; 3 = 중요함; 4 = 매우 중요함)

목표	당신의 조직에서 이 목표를 달성하는 것이 얼마나 중요한가?				
	목표 적용 불가	중요 하지 않음	어느 정도 중요	중요	매우 중요
1 잠재력이 높은 직원들에게 더 많은 기회를 부여한다.	0	1	2	3	4
2 요구에 부합하는 훈련, 직원 교육 및 육성을 실시하기 위하여, 석세션 및 이동 과정에서 일어나는 니즈를 파악한다.	0	1	2	3	4
3 승진을 위한 준비가 완료된 후보자의 풀을 확대시킨다.	0	1	2	3	4
4 조직의 전략적 비즈니스 계획을 실행하는데 기여한다.	0	1	2	3	4
5 개인으로 하여금 자신의 조직 내 경력 계획은 무엇인지 숙지 하도록 도움을 준다.	0	1	2	3	4
6 조직 내의 지적 자본을 향상시키기 위하여 잠재력을 개발한다.	0	1	2	3	4
7 다양한 집단의 발전을 유도한다.	0	1	2	3	4
8 직원들의 변화하는 환경에 대응하는 역량을 향상시킨다.	0	1	2	3	4
9 직원들의 사기를 진작시킨다.	0	1	2	3	4
10 자발적인 퇴직 프로그램이 조직에 미치는 효과에 대처한다.	0	1	2	3	4
11 기타(직접 작성함):	0	1	2	3	4

목표의 우선순위화

모든 목표를 다 성취할 수 있는 것은 아닙니다. 당신이 생각했을 때, 인재관리 프로그램을 통해 성취해야 할 가장 중요한 목표 세 가지는 무엇인지(위의 표에 나열된 총 11개의 목표 중에서), 그리고 그것이 왜 중요한지 그 이유를 아래에 적어 주시기 바랍니다.

목표(중요한 순서에 따라 적어주십시오.)	중요한 이유
1	
2	
3	

출처: 윌리엄 J 로스웰(William J. Rothwell)

다음으로 '직무 프로파일 도구(예시 11-3)'는 석세션 후보자의 진단 과정과 각 후보자의 직무를 어떻게 구조화시켜서 학습과 성과라는 두 요인을 연계시킬 수 있을지를 보여주고 있다.

링키지(Linkage)와 패트리시아 맥라간(Patricia McLagan)의 공동 작업에 기반을 둔 이 도구는 석세션 프로세스의 조직 수준은 물론, 개인 수준과도 연계되어 있다. 이를 활용함으로써 중요 업무 맥락과 직무 또는 기능에 영향을 미칠 수 있는 고객 이슈에 대해서 체계적으로 고민해 볼 수 있을 것이다. 또한, 직무 프로파일 도구는 필요한 역량을 결정하기에 앞서 예상되는 결과물을 정의하도록 제안하고 있다. 많은 역량 모델들이 실제 결과물과 이를 위해 요구되는 역량 간의 관계를 정의하는 중요한 단계를 생략한 채 개발되고 있는데, 실제 성과와 연계된 직무 프로파일 및 석세션 프로세스를 설계하기 위해서는 먼저 역량과 결과물 간의 관계를 정의하는 것이 필수적일 것이다. 만약 이 단계를 생략해버린다면 아무리 이상적으로 역량이 정의되었다고 하더라도, 이 역량이 실제로 어떠한 결과를 이끌어낼 것인지를 명확히 파악할 수가 없을 것이다. 석세션플래닝은 어떠한 경험과 역량이 미래의 성과를 이끌어낼 것인지에 관해 대략적인 가설을 세우는 과정을 포함한다.

예시 | 직무 프로파일 도구   11-3

어떤 도구인가:

⇨ 직무 프로파일 도구는 팀의 일상적인 업무를 조직의 전략적인 니즈에 연계시키는데 도움을 줄 수 있도록 개발되었다.

⇨ 직무와 관련된 맥락, 고객, 결과물 및 역량을 규명하는데 유용하다.

언제 도구를 사용하는가:

⇨ 팀의 성과 프레임워크를 구축할 필요가 있을 때

⇨ 조직의 전략적 방향성과 연계하여 팀의 기여를 명확히 해야 할 필요가 있을 때

⇨ 특정 팀이 어떤 결과물을 책임지고 생산해야만 하는지(누가, 어디까지, 어느 정도의

품질 수준을 유지하면서)를 확인하고자 할 때

↪ 팀이 요구하는 역량이 무엇인지를 확인하고자 할 때

도구를 어떻게 활용하는가:

- Step 1

그림 11-1의 직무 프로파일 요소들을 점검하고, 각 요인에 대한 설명을 숙지한다.

그림 11-1 직무 프로파일의 요소

업무 맥락	고객
성과를 이끌어내는데 기여하는 내/외부의 주요 요건들을 결정함	업무 성과물의 주요 수혜자가 누구인지를 결정함
성과물	**요구 역량**
고객을 위해 산출되어야 하는 주요 업무 성과물을 결정함	높은 수준의 결과물을 산출하기 위해 요구 되는 주요 역량들을 결정함

각 요인에 대한 설명

박스 1: 업무 맥락 – 팀 업무에 영향을 미치는 몇 가지 조건들(내/외부적인 요인들뿐만 아니라 팀이 달성해야 할 목표 및 결과 또한 포함)을 추려내는 작업임. 장기적 목표를 기반으로 하여 기술, 시장, 업무 조건, 비즈니스 전략, 업무 프로세스 등에서의 변화 및 기타 팀에 영향을 미칠 수 있는 모든 요소를 기재함.

박스 2: 고객 – 상품, 서비스, 정보, 의사결정, 지원, 계획 등 팀의 다음 성과 기간 동안 산출되는 업무 성과물의 수혜자는 누구인가? 직무 프로파일의 고객 박스 안에 내부 고객 및 외부 고객 중 팀에 있어서 중요한 의미를 차지하는 5~7개의 고객군만 열거함. 팀이 실제로 부가가치 상품 또는 서비스를 자기 자신에게 공급하는 것이 아니라면, 자신은 기록하지 않음.

박스 3: 성과물 – "이번 성과 기간 안에 우리의 고객은 무엇을 원할 것인가?"라는 질문에 대한 대답임. 팀의 일상적 성과물뿐만 아니라, 비즈니스 전략 및 계획(새롭게 요구되는 성과물을 정의하기 위해서는 팀의 맥락을 함께 고려해야만 함)을 지원하는 데 필요한 모든 새로운 성과물들을 열거함. 이러한 성과물은 개인 혼자만의 기여가 아닌 팀의 협력을 바탕으로 한 것이어야 함.

박스 4: 요구 역량 – 보다 높은 수준의 결과물을 산출하기 위해 팀 직원들이 어떤 행동을 취해야 하는지를 결정함. 결과물을 이끌어내는 데 필요한 지식, 기술, 몰입 등을 확인함.

도움이 되는 힌트 몇 가지

직무 프로파일은 끊임없이 변화하는 업무 환경의 근본적 속성을 강조함으로써 도구의 사용자 자신 및 그의 팀으로 하여금 미래 지향적인 관점을 유지할 수 있도록 한다. 업무 맥락 박스에 포함되는 두 가지 요인은 다음과 같다:

1 영향 요인: 궁극적으로 팀의 업무에 영향을 미칠 비즈니스 상의 변화를 유발시키는 다양한 영향 요인들

2 달성해야 할 목표 및 결과: 조직의 전반적인 전략 목표의 성취에 기여하는 팀의 성과 목표

위의 두 가지 요인에 대해 곰곰이 생각해 본다면, 업무 맥락상의 변화에 대해 파악할 수 있을 것이고 따라서 적절히 대응할 수도 있을 것이다.

가능하다면, 각각에 대한 주요 이해관계자들과 함께, 아래 그림의 업무 맥락 박스의 내용을 논의할 것을 제안하고 싶다. 팀의 업무 및 전략적 목표에 영향을 미칠 수 있는 영향 요인들에는 무엇이 있는지(현재), 그리고 앞으로는 어떤 것이 있을지(미래) 지속적으로 주시하고, 이에 대한 정보를 확보하는 작업을 게을리하지 말기 바란다. 또한, 전략적 목표와 각 단위의 목표 및 팀의 목표 간 관계를 이해하고 있어야 함을 잊지 말자.

- Step 2

그림 11-2에 제시된 직무 프로파일 프로토타입을 보고, 표 11-1a와 11-1b에 제시된 요구 사항 및 행동 지표를 확인한다.

그림 11-2 직무 프로파일 프로토타입: 미국 전 지역의 Maître D' 레스토랑

업무 맥락	고객
영향 요인 ▫ 메뉴의 다양화 ▫ 가족단위 저녁식사 인구의 증가 ▫ 이익 감소 **목표/결과** ▫ 고객 만족 향상 ▫ 재방문 고객 증가 ▫ 단골 고객 10% 증가	▫ 단골 고객/저녁 식사 고객 ▫ 소유주 ▫ 스텝(웨이터)

성과물	요구 역량
▫ 고객 불만 처리 ▫ 현관 앞 인사태도 ▫ 주방장에 대한 피드백 ▫ 고객 감동 ▫ 제공되는 메뉴 ▫ 분위기 ▫ 예약 리스트 ▫ 착석 고객 ▫ 발레 파킹 서비스 ▫ 대기 명단 ▫ 와인 저장실의 유지	▫ 갈등 관리 기술과 지식 ▫ 조정 역량 ▫ 고객관련 지식 ▫ 판단 역량 ▫ 경청 스킬 ▫ 조직 운영 스킬 ▫ 상품과 서비스 지식 ▫ 언어적인 커뮤니케이션 스킬

표 11-1a Maître D' 직무의 요구 사항

선택된 성과물	요구 사항
예약 리스트	▫ 정확한 이름, 시간, 동반한 사람의 수와 특별한 니즈·요구 사항(정확성) ▫ 예약이 일어난 시간을 예약 노트에 기록(적시성) ▫ 대기자 수가 스텝들이 처리할 수 있는 역량 수준을 넘지 않도록 하고, 예약하고 나타나지 않는 고객이 있을 경우를 적절히 예상하여, 예약 정원 조정
고객에게 제공하는 메뉴	▫ 여성 고객 우선, 침착한 서빙, 품절 메뉴 안내, 특별 주문 사항의 실행 (서비스 질) ▫ 고객이 자리에 앉은 순간을 기록(적시성)
고객 불만 처리	▫ 10분 이내에 상황 인지(적시성) ▫ 고객의 욕구를 충족시킴(서비스 질)

(표 11-1b) **Maître D' 직무의 행동 지표**

선택된 역량	행동 지표
경청	▫ 비언어적으로 고객의 말을 듣고 있음을 표현 ▫ 정확한 이해를 위해 고객의 말을 다른 말로 바꾸어 재확인 ▫ 이해도를 높이기 위해 고객의 말에 모든 주의를 집중
상품 및 서비스 지식	▫ 매일 주방장에게 특별 메뉴 및 한정 메뉴를 점검 ▫ 스텝들에게 단골 고객들이 가장 좋아하는 메뉴를 확인 ▫ 고객이 요청할 시 메뉴에 대한 세부적인 사항을 설명
판단	▫ 자신의 의사결정이 고객과 스텝들에게 미치는 영향을 이해 ▫ 상황별로 적절한 기준을 적용하여 처리

- Step 3

그림 11-3에 제시된 양식을 사용하여 팀원 각자의 직무 프로파일을 작성한다.

(그림 11-3) **직무 프로파일 양식**

팀:

성과 기간:

업무 맥락	고객
영향 요인 목표/결과	

성과물	요구 역량

마지막으로 링키지에서 개발한 '개인 육성 계획 체크리스트'(예시 11-4)에 대해 살펴보도록 하자. 이 체크리스트는 팀원들로 하여금 개인 육성 미팅에서 사용할 수 있도록 목표와 전략을 사전에 규명할 수 있게 도울 뿐만 아니라, 6개월 후에 진행되는 후속 점검 결과를 기록할 수 있는 양식을 제공한다. 또한 개인 육성을 계획하는 과정에서 팀원 각자의 업무를 어떤 방식으로 지원할 수 있을지에 대한 이슈와, 관리자들이 팀원들로 하여금 네트워크를 확장시킬 수 있도록 어떻게 격려해야 하는지에 대한 논의를 시작할 수 있다. '육성 과정'에서는 특정 육성 전략이 비즈니스에 각각 어떤 영향을 미칠지에 대한 고려가 있어야 한다. 그러므로 특정 개인 육성 계획이 비즈니스 성과와 연계되어 있거나, 계획 과정에 포함된 학습 및 역량 육성의 요인들이 비즈니스와 관련되어 있을 수록 해당 계획이 지원을 받을 확률이 높아진다. 이는 제1장 '새로운 방법론' 부분에서 필 하킨스(Phil Harkins)가 석세션 체계를 해당 비즈니스의 비전 및 목표와 강하게 연결하는 도구에 대해 설명하면서 이미 논의된 바가 있다. 어떤 핵심 역량 및 석세션 후보자에게 중점을 두어야 할지 그리고 어떤 육성 방안이 최고의 효과를 가져올 수 있을지에 대해 생각을 정리하고 싶은 독자가 있다면 1장을 참조하길 바란다.

| 예시 | 개인 육성 계획 체크리스트 | 11-4 |

어떤 도구인가:

⇨ 육성 계획 미팅 및 3~6개월 후속 점검을 조직화할 수 있는 일련의 양식이다.

언제 도구를 사용하는가:

⇨ 관리자와 팀원이 개인 육성에 관한 미팅을 하기 전에 사용하는 것이 가장 효과적이다. 차상위 관리자 또는 인사 전문가와 같은 기타 이해관계자들 또한 특정 팀원의 육성을 지원하기 위해 활용할 수 있다.

⇨ '개인 육성 요약 양식'은 3개월 혹은 6개월 등, 특정 기간에 일어난 육성계획의 진척도를 평가하는 데 활용할 수 있다.

어떻게 도구를 활용하는가:

⇨ '개인 육성 계획'은 개인의 학습과 성장을 촉진하기 위하여 다양한 접근법을 사용하도록 권장하고 있다. 따라서 개인 육성 계획은 체계적이어야 하고, 구조화된 강의식 학습 이상의 것을 포함하고 있어야 한다. 육성이 언제 어떻게 일어나고, 이를 위해 어떤 지원이 필요한지에 대한 기존의 사고를 획기적으로 변화시키기 위해 활용될 수 있다.

⇨ 요약 양식은 효과적 육성 프로세스를 유지할 수 있도록 그리고 직원의 발전 수준을 진단할 수 있도록 설계되었다. 후속 점검이 결여된 육성 계획은 효과가 없음을 많은 연구 결과가 공통으로 지지하고 있다.

⇨ 개선 및 향상이 필요한 성공 요인들을 규명한다: 측정 가능하고, 도전적이며, 구체화된 목표를 설정한다.

⇨ 다음을 유념해 두고 개인 육성 계획(그림 11-4)을 완성한다.

- 목표를 구별하고 우선 순위를 매긴다.
- 목표를 어떻게 성취할지 그 방법을 결정한다.
- 추가적인 개선을 위해 필요한 자원을 규명한다.
- 예상되는 장애에는 무엇이 있는지, 이를 어떻게 극복할지 결정한다.
- 건설적인 피드백을 제공할 수 있는 파트너와 접촉한다.
- 진척도와 성공을 평가할 수 있는 척도를 개발한다.
- 향상된 수행 성과가 비즈니스에 미치게 될 구체적인 영향을 판단한다.
- 프로세스의 각 단계를 충실히 실행에 옮긴다.

⇨ 최상의 결과물을 도출할 수 있도록 학습 프로세스를 점검하여 해당 업무 조건에 맞도록 변형시킨다.

⇨ 성공적인 학습을 유도하고 목표의 성취를 고양할 수 있도록 회사 차원에서 적절한 제스처를 취한다.

그림 11-4 개인 육성 계획 워크시트

이 름:
관리자:

개인 육성 계획 시작일:
개인 육성 계획 점검일:
종료일:

육성 목표

자신의 육성 목표를 완결된 하나의 문장으로 작성하시오. (글머리 기호를 사용하여 요약된 문장으로 작성하거나, 함축적인 단어를 나열하지 마시오.) 워크시트 한 장당 하나의 목표를 표기합니다.

자신의 목표를 달성하는 데 필요한 역량을 기술하시오.

이러한 역량 및 당신의 육성 목적과 연관된 비즈니스 목표 및 프로젝트를 기술하시오.

육성 전략

현장 학습 과제/기회	진척도 점검 일자	공식적/구조화된 훈련, 프로그램, 교육	진척도 점검 일자

자원

시간, 사람 등 자신의 육성 목적을 달성하기 위해 필요한 자원을 기술하시오.

기대되는 결과 및 효용

학습 결과와 새로운 역량을 직무에 적용시킴으로써 고객, 동료, 직속상사 및 관리자에게 어떻게 변화된 성과를 제공할 수 있을지, 그 기대되는 결과를 기술하시오.

본인 서명:	제출 일자:
관리자 서명:	승인 일자:

개인 육성 요약 양식(그림 11-5)는 후속 점검 미팅의 결과를 기록하는 데 사용할 수 있다.

그림 11-5 **개인 육성 요약 양식**

개인육성계획 요약 양식				
이름	**선택의 이유**		육성 성공:	
	최고 성과를 이룬 경험:		과제 및 프로젝트	
	다음 승진 단계:		멘토링	
	가장 중요한 프로젝트:		경영자 코칭	
직책/직위	최고의 잠재력(장기적 관점에서)		1:1 코칭	
	기타:		확대된 의사결정/권한위임	
	코멘트		외부 육성 과제	
			프로그램 · 워크숍	
관리자			기타	
			코멘트	
실행되었던 것은?		실행되지 않았던 것은?		
필요한 도움이나 자원:				
코멘트:				

일반적인 토론 주제	
항목	**코멘트, 질문, 기타**
과제 및 프로젝트:	
멘토링:	
경영자 코칭:	

1:1 코칭:	
확대된 의사결정/권한위임:	
외부 육성 과제:	
프로그램/워크숍:	
SVP 개발 프로세스:	
기타: 최고의 육성 사례:	

12

평가 도구
EVALUATION TOOLS

측정 및 학습 단계

석세션 체계는 조직의 상황과 요구 조건의 변화에 따라 지속적으로 검토되고 향상되어야 한다. 또한, 측정과 학습의 전반은 석세션 체계 및 다른 인사관리 시스템과 연계되어 있어야만 한다. 예시 12-1에 제시된 인재 유지 조사는 자가진단용뿐만 아니라 광범위한 용도로 활용될 수 있다. 인재 유지 조사는 효과적인 인재 유지 전략 수립을 위한 6가지 핵심 고려 사항에 초점을 두어 개발된 인재 유지 분석 워크시트(예시 12-2 참조)와 연계되어 있다.

예시 12-3의 효과성 측정 도구는 석세션 프로세스를 평가하기 위한 체크리스트이다. 이 도구는 석세션 체계가 조직에 미치는 전형적인 영향들을 확인하게 해주며 석세션 프로세스가 다양성과 같이 광범위한 인사 목표를 포함시킬 수 있도록 설계되었는지, 선발과 성과 체계와는 어떻게 연계되고 있는지에 대해 생각하게 해 준다.

이 장에서는 석세션 노력의 전반을 점검하기 위해 사용할 수 있는 두 가지 도구를 살펴볼 것이다. 첫 번째는 최고위층 석세션플랜 리뷰라는 도구로, 예시 12-4에 제시되어 있다. 이 도구는 특정 석세션 프로세스를 구성하고 있는 요인들을 밝혀내고, 각 요인에 포함되어야 할 하위요인들을 찾아낼 수 있도록 개발되었다. 놓친 것은 없는지 실무자들이 확인할 수 있도록 이루어져 있기 때문에 석세션 프로세스의 전 단계를 세부적으로 계획할 필요가 있는 실무자라면 유용하게 사용할 수 있을 것이다. 두 번째는 석세션 관리의 모범적 사례와 비교하여 조직을 평가할 수 있도록 윌리암 로스웰 (William Rothwell)이 개발한 도구이다. '자사의 석세션플래닝을 베스트 프렉티스와 비교하여 조직 평가하기(예시 12-5)' 라는 이름의 이 도구는 경영진으로 하여금 조직의 접근법이 선진 사례에 얼마나 근접했는지를 알 수 있게 해 준다.

요약하자면 평가는 석세션 프로세스가 미치는 영향과 그 완결성은 물론이거니와, 육성 경험의 깊이와 질적 수준에 또한 초점을 두고 실행되어야 하며, 개인과 집단 수준을 모두 고려해야 한다.

이러한 도구의 사용이 무조건적인 성공을 보장하지는 않겠지만, 지속적으로 석세션 프로세스를 점검하고 진행 상황을 확인하는 데 많은 도움을 줄 수 있을 것이다.

예시 | 인재 유지 조사 : 자가진단 　　　　　　　　　　　　　　　　　**12-1**

어떤 도구인가:

⇨ 특정 실행 항목이 핵심인재의 유지에 기여하는 방향으로 제대로 진행되고 있는지를 확인할 수 있도록 개발되었다.

언제 도구를 사용하는가:

⇨ 육성 활동을 계획하기 이전에 활용하거나, 석세션 프로세스가 인재 계획 전반 및 인사 관리 체계와 어떻게 연계될 것인지를 계획하기 전에 사용하는 것이 가장 효과적이다.

어떻게 도구를 활용하는가:

⇨ 개별 조직의 니즈에 맞게 재구성하여 사용하는 것도 가능하다. 이 도구는 인재 및 석세션 니즈에 맞게 체계를 계획 및 설계하는 관리팀과 정보를 공유할 수 있도록 체계적인 자료를 제공하고 있다. 그러므로 최고 경영진이나 최소한 최고 경영진 직속의 매니저급 이상이 작성 및 동의하는 절차가 필요하다.

	1 = 동의하지 않음, 4 = 동의함			
전략	1	2	3	4
우리 조직은 비전과 미래상을 명확하게 커뮤니케이션 한다.				
나의 개인적인 업무 목표는 조직의 목표와 연계되어 있다.				
각기 다른 사업부문에서 수립된 전략적인 목표는 조직 전반에 걸쳐 연계되어 있다.				
구조	1	2	3	4
조직은 직원들로 하여금 각자의 리더에게 피드백을 제공할 수 있도록 기회를 제공한다.				
조직은 직원들에게 조직의 목표, 계획 및 전략에 대한 정보를 제공한다.				
사업부문장은 조직 내 다른 기능들과의 협력을 위해 정기적으로 미팅을 가진다.				
업무 프로세스	1	2	3	4
조직은 명확하고 도전적인 업무 목표를 제공한다.				
조직은 측정 가능한 성과 기준을 적용시킨다.				
조직은 직원들로 하여금 일과 삶의 요구를 모두 충족시킬 수 있도록 유연하게 업무 배치를 한다.				
조직은 업무 시간에 개인적인 일을 돌볼 수 있도록 서비스 및 프로그램을 제공한다.				
조직은 효과적인 프로젝트 관리를 위해 명확한 기준을 적용시킨다.				
조직은 지속적인 개선을 위해 정기적으로 주요 프로세스를 점검한다.				
사람	1	2	3	4
조직은 관리자들에게 어떻게 직원을 코칭해야 하는지에 대한 훈련을 제공한다.				

조직은 동료, 상사와 부하 및 관리자들 간의 피드백을 장려할 수 있도록 프로세스를 수립해 놓고 있다.				
조직은 경쟁자와 비슷한 성과를 보이거나 경쟁자를 넘어서는 실적에 대해 적절한 보상과 혜택을 제공한다.				
조직은 인센티브 또는 보너스를 조직 성과와 연계시킨다.				
조직은 관리자들로 하여금 직원들의 높은 수행성과에 즉시 보상할 수 있도록 권한을 위임하고 있다.				
조직은 공식적으로 고성과자들을 지원하고 포상한다.				
문화/브랜드	**1**	**2**	**3**	**4**
조직은 기업 가치에 부합하는 사람만을 채용한다.				
조직은 핵심가치, 신념 및 원칙 등을 명확하게 정의하고 있다.				
조직은 실수로 인해 교훈을 얻을 수만 있다면 실험적 도전과 시행착오 조차도 가치 있게 여기는 환경을 구축하고 있다.				
조직은 부정적이든 긍정적이든 직원들에게 정확한 정보를 제공한다.				
조직은 중요한 의사결정을 내릴 때 직원들을 참여시킨다.				

예시 ┃ 인재 유지 분석 워크시트   12-2

질문	개선 전략
사람들이 무엇 때문에 회사에 남아 있기를 선택하는가?	이 요인을 극대화하기 위해 당신이 할 수 있는 일은 무엇이 있는가?
무엇 때문에 사람들이 회사를 떠났는가?	이 요인들이 현재 재직 중인 직원들에게 미치는 영향을 알아보기 위해 무엇을 할 수 있는가?
무엇이 사람들로 하여금 떠날 생각을 하게 하는가?	잠재적인 이직을 줄이고 업무 공백을 메우기 위해 무엇을 할 수 있는가?

어떤 도구인가:

↬ 조직 내의 잠재력이 높은 인재 풀을 찾아내는 데 활용하기 위해 개발되었다. 이 도구를 사용하여 잠재력과 관련된 육성 활동 및 프로그램을 정기적으로 점검하고, 정기적으로 향상된 정도를 모니터 할 수 있다.

언제 도구를 사용하는가:

↬ 이 도구는 인재 풀의 향상도를 점검하는 데 활용될 수 있다. 또한, 잠재력이 높은 직원들에 대한 책임을 수립하는 데 사용될 수 있을 것이다.

어떻게 도구를 활용하는가:

결과 측정	현재 상태	개선 필요
벤치의 힘: 바로 석세션이 가능하거나, 조만간 석세션이 가능한 잠재적 후계자를 각각 두 명 또는 그 이상 확보하였는지 여부		
인재의 풀에서 여성과 소수자가 차지하는 비율 대비 실제로 이들이 승진하는 비율		
여성과 소수자의 석세션 비율		
후계자 유지율		
내부적으로 충원되는 핵심 직무의 비율		
후계자 승진 비율		
후계자로 지명된 사람들의 성공률		
핵심 역할을 충원하는데 소요되는 비용		

결과 측정	현재 상태	개선 필요
후계자와 그 외 직원들이 지각하는 프로세스의 공정성		
프로세스 및 도구의 사용자 친숙도		
후계자와 다른 인재들이 활용할 수 있는 정보의 질		
육성계획의 질과 성공		

결과 측정	현재 상태	개선 필요
체계를 지원하기 위한 최고 경영진 수준의 관여		
후계자들의 육성 활동 및 학습 수준		
배치 가능성: 당장 석세션이 가능한 잠재적 후계자의 총 인원(여러 직무에 석세션이 가능한 후계자라도 한 명으로 간주, 수적으로 많고 다양한 후계자를 확보하는 것이 바람직함)		
빈자리를 채우는데 소요되는 시간		

예시 | 최고위층 석세션플랜 리뷰 　　　　　　　　　12-4

어떤 도구인가:

⇨ 이 도구는 석세션 관리 프로그램의 개발 및 실행에 필요한 주요 활동을 7개의 단계로 나누어서 단계별로 의사결정 포인트를 제공한다. 조직이 어느 단계를 밟고 있는지, 또 어떤 결정을 내렸는지에 따라 실행되어야 할 세부 사항도 달라질 것이므로 석세션플랜 리뷰 도구는 각 조직에 맞는 실행계획을 수립할 수 있도록 체크리스트의 기능을 한다.

언제 도구를 사용하는가:

⇨ 이 체크리스트는 석세션 프로세스의 초기에 세부 내용을 실행에 옮기는 과정에 도움이 될 수 있다. 또한 특정한 단계가 제대로 완료되었는지 또는 추후에 다시 작업해야 할 필요가 있는지를 평가하는데 활용된다.

어떻게 도구를 활용하는가:

⇨ 석세션 프로젝트를 계획하는 팀으로 하여금 효과적으로 계획 활동을 밟아나갈 수 있도록 돕는 데 목적이 있다. 이 때 경영진이 석세션을 실행하는 데 필요한 시간을 숙지하고 투자할 수 있도록 프로젝트 일정도 함께 고려하여야 한다.

1. 구조 개발 및 설계

□ 척도와 범위

□ 목적, 원칙 및 가치

□ 이해관계자

□ 목표 역할

□ 프로세스, 도구 및 역량

□ 통합

□ 측정치

2. 전반적 실행계획 수립

□ 전체 일정 및 프로젝트 계획(회사, 사업부문 등)

□ 필요 자원

□ 지시사항 및 가이드라인

□ 커뮤니케이션 계획

3. 궁금증을 해소하고 방향성을 제시할 수 있도록 경영진 미팅을 진행한다.

□ 전체 프로세스와 일정 개관

□ 관계 형성

□ 몰입과 관여도 측정

□ 사전 작업 및 협조사항의 질적 향상

□ 필요한 만큼의 측정과 협조가 이루어질 수 있도록 지원

□ 질문에 대한 대답과 잠재적 이슈를 미연에 방지

□ 다음 단계에 대한 점검

4. 벤치의 힘 측정

□ 경영진 수준의 논의

□ 성과 측정

□ 잠재력 측정

□ 핵심 역할을 수행할 수 있을지 준비도를 측정

□ 미래와 현재의 인재 니즈 간 핵심적인 갭 확인

□ 경영진 리뷰를 위한 정보의 취합

5. 정보력 향상

□ 직접 보고

□ 잠재력이 높은 개인과 그의 준비도

□ 강점, 승진 추천

☐ 육성 필요 사항 및 활동 단계

☐ 승진을 위한 후계자와 일정

☐ 다양성/혼합 비율

☐ 국외 파견자/국외 배치

6. 리스크의 확인

☐ 중요 역할을 위한 대체 및 석세션 인력의 부족

☐ 잠재적인 이직

☐ 적합도의 문제

☐ 인재의 성장을 저해시키는 장애 요소들

☐ 경영진의 프로세스 몰입도 부족

7. 기회의 확인

☐ 다양한 역할을 수행할 수 있는 인력

☐ 강력한 벤치의 힘을 확보한 영역들

☐ 핵심 멘토와 인재 육성이자

예시 | 자사의 석세션플래닝을 베스트 프렉티스와 비교하여 조직 평가하기   12-5

어떤 도구인가:

↪ 석세션플래닝은 말 그대로 경영자가 될 인재의 연속성에 대한 계획이다. 따라서 석세션플래닝 프로그램은 은퇴하는 관리자들을 대체할 기회를 직원들에게 제공하기 위해 '사람'을 육성하는데 초점을 둔다. 이 체크시트를 사용하여 조직의 현 수준을 모범 사례들과 비교할 수 있다. 작성에는 10분 정도가 소요될 것이다.

언제 도구를 사용하는가:

↪ 조직의 관리자들이 얼마나 효과적으로 석세션플래닝 프로그램을 관리하고 있는지의 논의를 시작하는 시점

↪ 관리자들에게 체크시트를 작성하고 그룹 토론에 참석하여 석세션플래닝을 향상시킬 수 있도록 요청

어떻게 도구를 활용하는가:

↪ 석세션플래닝과 대체 계획의 차이점을 설명한다.

↪ 체크시트를 이 메일이나 미팅을 통해서 배부하고 관리자들에게 작성하도록 요청한다.

↪ 체크시트를 완료한 사람들에게 '예'와 '아니오'에 표기한 개수를 각각 합산하도록 한다.

⇨ 관리자들에게 조직의 석세션플래닝에 대해 본인들이 어느 정도로 평가하였는지 그 전반적인 결과를 제공한다.

⇨ 관리자들에게 석세션플래닝 프로그램이 성공하기 위해서는 어떤 것들이 향상되어야 하는지를 묻는다.

	지시 사항: 조직이 석세션플래닝 및 관리 프로그램의 목적을 달성하기 위해, 왼쪽에 나열된 각각의 항목을 실천에 옮기고 있는지를 생각해 보고 오른쪽 난에 표시하십시오.	예 ✔	아니오 ✔
	석세션플래닝 및 관리를 위해 우리 조직은~		
1	평가 및 리스크(예, 특정 기간 동안 얼마나 많은 퇴직이 예상되는가?), 비즈니스의 연속성 및 성장과 관련하여, 왜 석세션플래닝과 관리가 필요한지 그 이유를 명확화하였다.		
2	최고경영자와 다른 경영진들의 동의를 얻은 문서화된 석세션플래닝과 관리 프로그램의 목적이 명확하다.		
3	석세션플래닝과 관리 프로그램상에서, 최고경영자가 하고자 하는 역할을 구체적으로 공표하였다. ("전혀 손을 대지 않는다."에서 부터 "완전히 관여한다."까지)		
4	명확한 우선순위와 측정 가능한 프로그램 목표가 있어서, 석세션플래닝과 관리 프로그램이 '모두를 위한' 계획으로 전락하지 않도록 하고 있다.		
5	석세션플래닝과 관리 프로그램의 혜택을 받을 특정 집단 또는 개인을 정의하고, 조직의 최고 성과자로 분류할 인재의 요건을 규명하였다.		
6	각각의 목표 집단에 따라 육성을 위한 역량 모델을 수립해, 미래의 사람들을 위한 청사진을 수립하였다.		
7	목표 집단을 위한 역량 모델은 성과 관리 및 성과 평가와 통합되어 있다.		
8	전체 체계를 실행에 옮기는 과정은 많은 시간과 인내가 필요한 작업임을 염두에 두고, 석세션플래닝과 관리 프로그램의 실행을 안내할 수 있는 유연한 실행계획을 구축해 놓았다.		
9	정기적인 리뷰 일정을 수립하여 석세션플래닝과 관리 프로그램의 결과를 점검한다.		
10	조직 내 인재를 체계적으로 준비시킬 수 있도록 하는 지침으로서, 개인 육성계획 준비 체계를 수립하였다.		

	석세션플래닝 및 관리를 위해 우리 조직은~	예 ✔	아니오 ✔
11	특정 문화에 맞게 개발한 체계적 360도 평가, 평가 센터(assessment center) 등을 통해, 고위급 직책에 요구되는 특정한 역량에 따라서 개인을 측정하는 수단을 마련하였다. 또는 단순히 현직자와 비슷한 사람을 선발하는 것을 피할 수 있는 기타 다른 수단을 마련해 놓았다.		
12	인재들에게 특정 역량을 강화시킬 수 있을 정도로 도전적인 동시에 실제로 업무 성취가 가능한, 적절한 수준의 역량 육성 경험을 제공한다.		
13	임원들의 '인재 육성'에 대한 보상 수단이 마련되어 있어, 개인육성계획의 실행에 대한 책임감을 부여한다.		
14	적절한 소프트웨어/기술적인 지원이 존재하여, 석세션플래닝과 관리 프로그램의 니즈를 지원한다.		

합산 점수 매기기

'예'와 '아니오'에 체크한 개수를 각각 합산한 후 그 개수를 해당 칸에 기입하시오. '예'에 체크된 개수가 많을 수록 석세션플래닝과 관리의 모범 사례에 근접해 있다고 볼 수 있습니다.	'예'에 체크한 개수	'아니오'에 체크한 개수

합산 점수 보는 법

합산 점수: 14~10   축하합니다. 당신은 훌륭히 해내고 있으며 모범 사례의 석세션플래닝 및 관리와 매우 근접한 수준입니다.

합산 점수: 9~6   모범 사례의 석세션플래닝 및 관리에 근접하기 위해서는 석세션 프로그램에 좀 더 많은 관심을 기울어야 합니다.

합산 점수: 5점 이하   경고: 당장 석세션플래닝을 향상시키는데 관심을 집중하십시오!

출처: 윌리엄 J 로스웰(William J. Rothwell)

Part

4

Resource Guide

석세션 관련 자료 가이드

석세션 관련 자료

R E S O U R C E S

석세션 관련 자료는 리더와 경영진의 석세션 체계 개발 아이디어를 촉진하기 위한 목적으로 구성되었으며, 다음과 같은 이유에서 석세션의 계획과 실행에 도움이 될 것이다. 첫째로 주제 및 개념별로 간결하게 조직화하였기 때문에 리더들에게 필요한 리더십 스킬 및 역량과 연계하기 쉬울 것이다. 만약 당신이 석세션 담당 실무자라면 링키지(Linkage)의 CCL(Center for Creative leadership) 또는 PDI를 비롯한 다른 컨설팅 회사들의 석세션 관련 정보를 확인할 수 있는 이번 자료를 활용하여, 강의 및 출판과 같은 공식적인 활동뿐만 아니라 직무를 수행해 나가는 데 필요한 정보를 구축할 수 있기를 바란다. 둘째로 도서를 집대성하는 데에 그치지 않고 소프트웨어 및 콘퍼런스 정보도 함께 제공하고 있어, 다양한 형태의 자료를 찾아보는 데에 유용할 것이다. 독자들이 필요한 자료를 쉽게 찾을 수 있도록 각 자료의 출처뿐만 아니라 주요 내용도 함께 정리해 놓았다.

이번 장은 인사관리 담당에서부터 최고경영자까지 각 층의 비즈니스 프로페셔널들로 하여금 석세션플래닝에 대한 깊이 있는 정보와 세부사항을 효율적으로 활용할 수 있도록 돕는 데 그 목적을 두고 있다. 석세션플래닝을 개발하고, 활용하며, 유지하는 최상의 방법에 관한 다양한 지식을 제공하는 도서, 논문, 웹 사이트, 소프트웨어, 비디오 및 그 밖의 다양한 자료들을 한 눈에 볼 수 있을 것이다.

도서

Grow Your Own Leaders: How to Identify, Develop, and Retain Leadership Talent

William C. Byham, Audrey B. Smith, and Matthew J. Paese
Prentice Hall (2002)

임원 육성과 석세션의 모든 단계를 체계적으로 정리해 놓았으며, 석세션플래닝을 위해 사용할 수 있는 효과적인 다양한 기법들을 소개하고 있다. 앞으로 석세션플래닝 체계를 실행하게 될 기업과 리더를 위해 자세한 설명이 실려 있고, 특히 조직 내 핵심인재를 규명한 모범 사례를 볼 수 있다. 이 책은 리더십 잠재력을 발견하고, 인재를 빠른 시간 안에 육성시키며, 새로운 위치에 배치할 수 있도록 조직 내부를 검토할 때 활용할 수 있는 하나의 체계화된 시스템을 제공할 것이다.

The War for Talent

Ed Michaels, Helen Handfield-Jones, and Beth Axelrod
Harvard Business School Press (2001)

연구 결과를 바탕으로 성공적으로 인재 풀(pool)을 구축하는 데 영향을 미치는 요인을 계량적으로 설명하고 있다. 성공적인 인재관리란 어떻게 이루어지는지 실제적인 사례 연구를 통하여 소개하고 있어서, 장기적으로 채용 전략을 활용해 인재를 구축해 나가는 데 도움이 될 것이다.

Effective Succession Planning: Ensuring Leadership Continuity and Building Talent from Within

William J. Rothwell
AMACOM (2001)

석세션플래닝 및 관리 프로그램을 수립하거나 평가하는 데 활용할 수 있는 다양한 자료를 담고 있다. 사례 연구, 자가 진단, 계획 가이드 등 다양한 정보가 체계적으로 정리되어 있으므로 석세션플래닝에 필요한 조건을 명확히 파악하는 데 도움이 될 것이다. 또한, 특정 조직이 석세션플래닝과 관리를 어떻게 진행하고 있는지를 평가할 수 있도록 가이드를 제공한다.

Talent Management Handbook: Creating Organizational Excellence by Identifying, Developing, and Promoting Your Best People

Lance A. Berger and Dorothy R. Berger
McGraw-Hill (2004)

이 책은 조직 내 핵심인재를 어떻게 발굴, 유지, 육성 및 승진시킬 것인지에 대한 해답을 제공해 준다. 핵심인재가 자신의 가치를 극대화할 수 있도록 적합한 자리에 배치함으로써 조직의 현재 및 미래의 니즈와 직원 역량을 효율적으로 연계시키는 방안에 대해 고찰한다. 또한, 인재 각자가 조직의 성공에 실제 기여한 정도 및 잠재적 기여도를 파악하고, 교육 및 훈련 자원을 각자의 수준에 맞게 배분하는 방안에 대해서도 논의한다.

Career Planning and Succession Management: Developing Your Organization's Talent - For Today and Tomorrow

William J. Rothwell, Robert D. Jackson, Shaun C. Knight, and John E. Lindholm
Praeger(2005)

이 책은 석세션플래닝을 경력개발 프로그램과 어떻게 연결하면 효과적일지, 다양한 진단 양식과 체크리스트를 통해 소개하고 있다. 조직의 인재를 개발하는 데 있어서 바텀업(Bottom-up) 방식과 탑다운(Top-down) 방식을 동시에 적용하는 방법론에 대한 논의도 확인할 수 있다. 조직의 지속적 성장을 위하여 전사적 목표와 개인을 연계시킬 방법을 찾고 있는 리더 및 인사 실무자에게 값진 교훈을 제공한다.

Succession Planning and Management: A Guide to Organizational Systems and Practices

David Berke
Center for Creative Leadership (2005)

석세션플래닝과 개발의 연계에 대해 심층적으로 논의하고 있는 책으로서, 최고경영자 석세션, 핵심인재, 석세션 체계 및 구조에 대한 대표적인 문헌을 소개하고 있다. 효과적인 석세션 체계를 개념화하고 계획하며 실행하는 데 도움을 받을 수 있을 것이다.

Growing Your Company's Leaders: How Great Organizations Use Succession management to Sustain Competitive Advantage

Robert M. Fulmer and Jay Alden Conger
AMACOM (2004)

강력한 석세션플래닝 체계를 보유하고 있는 6개 글로벌 회사에 대한 벤치마킹 연구 결과를 소개하는 책이다. 석세션플래닝 체계에서 경영진 및 인사 관리자의 특별한 역할에 대해 설명하고 있으며, 핵심 포지션에 적합한 인재를 어떻게 정의하고 규명해야 하는지에 대한 논의도 함께 다룬다.

Succession Planning: Take Two

Sandra Hastings

ASTD (2004)

석세션플래닝 모형을 '범위의 수립', '구축', '실행' 및 '계획의 평가' 네 단계로 나누어서 설명하고 있다. 적절한 시기에 적절한 사람을 적합한 자리에 앉힐 수 있도록 계획을 준비하는 과정도 함께 다룬다.

The Leadership Pipeline: How to Build the Leadership Powered Company

Ram Charan, Stephen Drotter, and James Noel
Jossey-Bass (2001)

6단계로 구분된 주요 리더십 경로를 정의하고, 단계별 역량과 성과를 측정하며, 단계별로 고유하게 요구되는 리더십 개발을 계획하여 리더십 파이프라인을 구축하는 검증된 방법론을 제공한다. 관리자와 인사 전문가들로 하여금 각 단계의 리더들이 자신의 잠재력을 최대한 발휘할 수 있도록 하는데 필요한 도구를 제공하고 있다.

ESOP and ESOP Workbook: The Ultimate Instrument in Succession Planning

Robert A. Frisch
John Wiley & Sons (2002)

ESOP(Employee Stock Ownership Plan) 및 석세션플래닝 체계를 도입하고 실행하기 위한 양식, 체크리스트 및 단계별 지침을 제공하고 있다. 특히, 사업 운영을 위해서 ESOP에 대해 필수적으로 알고 있어야 할 재정관련 전문가 및 보험 전문가에게 유용한 정보를 제공하고 있다. 회사 소유주, 재무담당자, 공인회계사 및 변호사로 하여금 특정 회사가 조직의 목표를 충족시키기에 적절한 ESOP를 가지고 있는지, 만약 그렇다면 석세션플래닝 체계를 어떻게 성공적으로 이끌 수 있을지를 판단할 수 있도록 관련 지식을 전달한다.

Business Succession Planning

Paul Winn
Dearborn Financial Publishing (2000)

석세션플래닝 및 오너십 이전의 준비가 필요한 이유에 대해 체계적으로 다루고 있다. 또한, 핵심인재의 이탈에 대응하는 방법과 미래지향적인 관점에서 비즈니스를 재구조화하는 방법에 대해서도 소개한다.

Making a Leadership Change: How to Organizations and Leaders Can Handle Leadership Transitions Successfully

Thomas North Gilmore
Authors Choice Press (2003)

새로운 직책을 맡게 된 임원 및 관리자들과 리더십 변화를 겪는 조직에게 통찰을 제공하는 책으로 리더십 변화 프로세스의 각 단계를 효과적으로 밟아가기 위한 지침 및 최상위층 변화에 수반되는 위험을 회사 차원에서 최소화할 수 있는 방법에 대한 실용적인 정보를 제공한다.

The Executive Director's Survival Guide: Thriving as a Nonprofit Leaders

Mim Carlson and Margaret Donohoe
Jossey-Bass (2002)

이 책은 비영리 조직의 리더가 조직의 변화를 이끌어 나가는 방법에 대해 역설하고 있다. 비영리 조직의 리더는 효과성의 차원에서 조직을 평가해야 하며, 자신의 수행이 성공적인지도 함께 고려해야 한다는 주장이다. 조직 문화를 변화시킴으로써 궁극적으로 조직의 성공을 이루어낼 수 있는 전략에 대해서도 함께 논의한다.

The First 90 Days: Critical Success Strategies for New Leaders at All Levels

Michael Watkins
Harvard Business School Press (2003)

인재가 단기간 내에 효과적으로 직무에 적응할 수 있도록 지원하는 방법에 대하여 다루고 있다. 단계별 리더십 변화에 대한 3년간의 연구 및 우량 기업들의 변화 프로그램 설계에 대한 실제 체험을 기반으로 쓰여졌으며, 리더십 변화의 기간 동안 공과 사의 균형을 어떻게 맞출 것인지 등 중요한 이슈를 소개하고 있다.

Planning Succession: A Toolkit for Board Members and Staff of Nonprofit Arts Organizations

Merianne Liteman
Illinois Arts Alliance Foundation (2003)

임원급 석세션을 계획하고 있거나 고려해야 할 필요가 있는 문화예술 및 그 외의 비영리 조직을 위한 유용한 정보를 가이드라인, 체크리스트, 관련 모범 사례 및 FAQ 등 다양한 도구들을 사용하여 구성한 워크북이다. 문화예술 분야 및 비영리 조직의 리더뿐만 아니라, 리더십 석세션의 개념에 관심이 있는 교육자, 후원자들에게도 가치 있는 자료로 쓰일 것이다.

The Strategic Development of Talent

William J. Rothwell
HRD Press, Inc. (2004)

전략적인 비즈니스 계획 및 인적자원 계획과 연계된 인재개발의 중요성과 그 목적에 대해 다루는 책으로, 실제 보유하고 있는 지식/기술과 요구되는 지식/기술 간 차이를 비교하는 방법, 인재개발을 위한 조직차원의 전략을 도입하고 실행하는 법에 대해 설명하고 있다. 또한, 인재개발에 관련된 이해관계자들의 역량을 측정하는 도구도 함께 제공한다.

Talent Management Systems: Best Practices in Technology Solutions for Recruitment, Retention, and Workforce Planning

Allan Schweyer
John Wiley & Sons (2004)

인재관리 프로세스를 실행시키는 데 있어서 활용할 수 있는 최상의 테크놀로지에 대해 이 방면의 최고 권위자인 알란 슈웨어(Allan Schweyer)가 직접 소개한다.

Keeping the People Who Keep You in Business: 24 Ways to Hang on to Your Most Valuable Talent

Leigh Branham
American Management Association (2000)

핵심인재를 효과적으로 유지하는 법을 소개하는 책으로, 핵심인재 유지 및 저성과자 퇴출이 조직에 혜택을 가져다준다는 흥미로운 주장을 담고 있다. 일하고 싶은 회사로 거듭나기, 처음부터 좋은 인력을 고용하기 등 24가지의 인재 유지 전략을 4개의 주요 요소로 구분하여 설명한다.

Practical Succession Management: How to Future-Proof Your Organization

Andrew Munro
Gower Publishing Company (2005)

최고인사책임자(Chief Human Resource Officer), 인재개발 전문가 및 최고경영자 등 각층의 비즈니스 프로페셔널을 위하여 구성된 책으로서 조직은 어떤 사람을 언제, 어떤 자리에 필요로 하는지, 직원과 관련된 필수적인 질문에 대한 답을 제공하고 있다. 체크리스트 등 다양한 도구도 제공하고 있어서 조직별로 상황에 맞게 변형시켜 사용할 수 있을 것이다.

Succession Management: A Guide for Your Journey to Best-Practice Processes

Darcy Lemons, Nadia Uddin, Wes Vestal, and Rachele Williams
American Productivity and Quality Center (2004)

이 책은 석세션 관리의 도입, 요구 분석의 실행, 인재의 규명 및 그 밖의 다른 석세션 관리의 중요 영역에 대해 다루고 있다. 조직의 모범 사례를 제시함으로써 직원들의 잠재력을 찾아내고 개발시키는 방법뿐만 아니라 이미 확보한 직원을 어떻게 유지할 수 있을지도 심도 있게 논의한다.

논문/기고문 (Articles)

'Ending the CEO Succession Crisis'

Ram Charan
Harvard Business Review (February 2005)

"미국의 최고경영자 석세션은 왜 성과를 내지 못하는가?", "최고 경영진들이 실패하는 이유는 무엇인가?", "리더십 파이프라인에 공백이 발생하는 것은 무엇 때문인가?" 등에 대한 논의를 살펴볼 수 있다. 다양한 실례를 통해 어떤 석세션플래닝이 성공을 거두고 어떤 계획은 실패하는지 그 요인을 다루며, 내부 육성 프로그램, 이사회 감독 및 외부 채용과 같은 최고경영자 석세션의 여러 측면에 대해 통찰력 있는 시각을 제공한다.

'How Strong Is Your Bench'

Jim Bolt
Fast Company (2004)

임원 및 리더십 개발의 트렌드에 대한 연구 결과를 바탕으로 통합적 인재 관리 체계, 워킹 세션 및 개발 프로세스의 점검/정비와 같은 활동에 주목함 으로써 회사의 미래에 투자할 것을 제안하고 있다.

'Matching People and Jobs'

Vivek Agrawal, James M. Manyika and John E. Richards
McKinsey Quarterly (May 2005)

"조직 내 최고의 성과를 내는 인재는 누구인가?", "개인의 생산성을 향상시 키고, 인재들의 가치를 높이는 방법에는 무엇이 있는가?"와 같은 화두에 명 쾌한 해답을 제시하며, 조직 내 미래 인력구조 예측의 중요성에 대해서도 논의한다.

'Nothing Succeeds Like Succession'

Thomas Wailgum
CIO magazine (May 2005)

유나이티드 파슬 서비스(United Parcel Service)에서 사용된 석세션플래닝 프로세 스에 대한 사례 연구이다. 유나이티드 파슬 서비스의 경영 시스템의 통합 적인 부분으로써 활용되는 석세션플래닝과 직원 개발의 개념이 어떻게 정 의되었는지, 유나이티드 파슬 서비스의 공식적인 인재 선발 프로그램은 어 떻게 활용되는 것인지에 대한 자세한 설명이 제공된다.

'Most Major Corporations Unprepared for Potential Succession Needs, According to Global Survey of Recruiters'

PR Newswire (May 2005)

석세션플래닝에 대한 임원 리크루터 인덱스(Executive Recruiter Index)의 설문 결과를 소개하고 있다. 미흡한 준비, 공식적인 평가 프로세스의 부재 및 과도하게 세분화된 직책별 조건 등이 석세션플래닝의 실패 요인으로 언급되었다.

'75% of Companies Disregard CEO Exit Plans'

PR Newswire (July 2005)

대부분의 회사가 제대로 된 석세션플래닝을 가지고 있지 못하고 있는 실정을 지적하면서, 커팅에지인포메이션(Cutting Edge Information)이 작성한 석세션플래닝에 관한 보고서의 결과를 다루고 있다. '석세션플래닝이 운영 성과의 향상에 긍정적인 영향을 미친다.' 와 같은 보고서 결과에 대한 자세한 설명을 확인할 수 있다.

'Workstream Succession Planning Solution Is Selected by IAC/InterActiveCorp to Support HR Planning Processes for Senior Management'

Business Wire (July 2005)

HR 계획 프로세스를 효율적으로 관리하기 위해 워크스트림(Workstream)이 새롭게 고안한 석세션플래닝 솔루션을 소개하고 있다. 리더십 개발 등이 설명된다.

'John Hancock Launches Succession Planning Sales Toolkit'

PR Newswire (June 2005)

핵심인재 보험(key-person insurance) 계획과 더불어 복잡한 개념의 구매-판매 협정에 바탕을 둔 상품 등 고객들에게 석세션관련 상품에 대한 정보를 제공할 수 있도록 활용 가능한 일련의 도구 모음을 제공한다.

'SuccessFactors Media Alert: Advice for HP's Board on Succession Planning'

Business Wire (February 2005)

조직의 인재 기반을 계획하는 작업부터 각 계층에서 석세션플래닝을 실행하는 것까지, 효과적인 석세션플래닝에 대한 5가지 주요 지침을 설명한다.

'Succession Planning... Organizational Evolution'

www.getfeedback.net (2003)

석세션플래닝을 성공적으로 실행시키기 위해서 조직의 HR과 경영진 모두가 협력하는 것이 얼마나 중요한지에 대한 논의를 담고 있다. 또한, 포괄적인 석세션플래닝 프로세스를 실행해야만 하는 네 가지의 이유와, 경영진으로 승진하기에 알맞은 인재를 선별하는 6가지 기준을 제공한다.

'HR Professionals Share Succession Planning Tips'

HRfocus (July 2005)

에이치알 포커스(HRfocus)에서 실행한 설문 결과를 바탕으로 핵심인재를 위해 특화된 평가 및 개발 계획, 360도 피드백과 경영진 코칭 등 석세션플래닝에 대한 다양한 접근법을 소개하고 있다.

'Succession Planning Is Now Too Important for Partners to Put on the Back Burner'

Partenr's Report for Law Firm Owners (March 2005)

이미 설립자들은 고령화되었고, 구조 변화가 일어나고 있으며, 스태핑 관련 이슈로 고민하고 있는 로펌(law firm)에게 석세션플래닝의 유용성에 대한 시사점을 제공한다. 로펌의 성공적인 석세션을 위해서는 경제력 및 타이밍을 포함한 5가지 요소를 갖추어야 한다고 제안하고 있다.

'Top Must-Have for Succession Planning'

Law Office Management and Administration Report (June 2005)

로펌에서의 석세션플래닝의 필요성을 시사해 주는 글로, 조직 내 리더들이 각자 누가 어떤 책임을 져야 하는지를 이해할 수 있도록 재평가를 실시하는 방안 등 석세션플래닝에서 기억해야 할 주요 사항들을 짚어 준다.

'Nitty-Gritty Ideas for Succession Planning'

Accounting Office management and Administration Report (June2005)

회계법인의 석세션플래닝을 보다 쉽게 운영하기 위해 적용시킬 수 아이디어(명확한 전략의 수립 및 석세션 후보자 시장 등)에 대해 다루고 있다. 다즈칼 볼튼(Daszkal Bolton, LLP)에서 실행된 석세션플래닝의 사례 연구도 함께 확인할 수 있다.

'Board Responsibility for CEO Succession Planning'

L. Edward Shaw
Aspen Publishers, Inc. (May 2005)

효과적인 최고경영자 석세션을 위해서는 석세션플래닝을 초기에 활용하는 것이 얼마나 중요한지에 대한 통찰을 제공한다. 부적절한 석세션플래닝 프로세스로 최고경영자 선발에 난항을 겪었던 회사들의 사례를 소개하고 있으며, 석세션플래닝이 사망이나 조기퇴직과 같은 예상치 못한 문제까지 고려하여 구성되어야 한다고 강조하고 있다.

'Strategic Planning: Read This Before You Plan for Succession'

Accounting Office Management and Administration Report (June 2005)

회계법인의 석세션플래닝을 다룬 책(저자: 윌리엄 리드(William Reeb))을 리뷰한 글이다. 리드는 책에서 운영, 지배 수준, 책임 소재, 마케팅 및 직원 훈련과 같이 석세션플래닝을 시작하기 전에 다루어져야 할 주요 영역들을 강조하였다. 이 글은 PCPS 석세션 설문의 주요 내용을 담고 있다.

'Leveraging HR: How to Develop Leaders in 'Real Time''

Linda Sharkey
Human Resource in the 21st Century (2003)

제너럴 일렉트릭의 재무부서 직원들이 내부 코칭을 어떻게 실행하였는지, 그 실제적 경험을 다루는 글로, 행동 코칭 프로세스의 단계별 행동 모델과 제너럴 일렉트릭이 리더십 코치로서 인사전문가들을 어떻게 활용하는지를 다루고 있다.

'Knowledge Transfer: 12 Strategies for Succession Management'

William Rothwell
IPMA-HR News

효과적인 석세션 관리 체계를 개발하는 데 필요한 핵심적인 단계 및 전략들에 대해 개관하며 경영진, 관리자 및 직원 등 각 직급별 직원들이 배워야 할 주요 학습 포인트를 제공한다.

'Introducing Technical (Not Managerial) Succession Planning'

William Rothwell and S. Poduch
Public Personnel Management, 33:4 (2004)

기술적인 석세션플래닝이 경영진 석세션플래닝과 어떻게 다른지 그 차이점을 논의하며, 기술적 석세션 체계를 설계한 정부기관의 실제 사례를 제공해 이해를 돕는다.

'Expanding the Value of Coaching: From the Leaders to the Team to the Company'

Marshall Goldsmith
The Art and Practice of Leadership Coaching (2005)

리더로 하여금 긍정적 행동 변화를 이룩하게 하고 성공적으로 직무를 수행할 수 있도록 하는 중요한 수단인 '코칭'에 대하여 다루고 있다. 경영진 직속 팀원뿐만 아니라 회사의 전 임직원이 혜택을 받을 수 있도록 코칭의 범위를 확장하는 세부적 과정이 사례 연구에서 소개되며, 팀원들과 이해 당사자의 참여 등 코칭을 실행할 때 주의해야 할 몇 가지 학습 포인트를 짚어본다.

'CEO' s Ascent Was Years in the Making'

Linda Wilson
Modern Healthcare (July 2005)

이 글은 포모나 벨리 병원(Pomona Valley Hospital Medical Center)의 성공적인 석세션플래닝을 소개하고 있다. 석세션플래닝의 주요 목적은 상위의 리더십에 공석이 생길 경우를 대비하여 적어도 하나 또는 둘 이상의 후보자를 육성시키는 것이다.

'Florida' s Martin Memorial: Growing Talent Within'

Linda Wilson
Modern Healthcare (2005)

마틴 메모리얼 헬스 시스템(Martin Memorial Health System)의 리더십 개발 프로그램을 소개하고 있으며, 이 프로그램을 통해 내부에서 육성된 인재들의 성공 사례를 담고 있다.

'Best Practices in Career Path Definition and Succession Planning'

Report-Best Practices LLC

모범 사례의 벤치마킹 보고서로서 성공적인 경력 경로 및 석세션플래닝 체계를 설계하고 실행한 기업들이 어떻게 경력 경로를 정의하고, 리더십 개발 프로그램을 실행했는지를 살펴볼 수 있다.

'Succession Planning Demystified'

W. Hirsh
IES Report 372 (2000)

석세션플래닝이 무엇이며, 조직은 어떤 이유에서 석세션플래닝을 구축해야만 하는지, 어떻게 석세션 체계가 만들어지는지에 대한 배경 정보를 제공한다. 또한, 스킬 개발 및 평가 프로세스와 같이 석세션플래닝에 포함되어야 하는 중요한 요소들을 규명하고 있으며, 석세션플래닝이 시대의 흐름에 맞추기 위해 어떻게 변화되어 왔는지에 대해서도 다루고 있다.

'Succession Planning: A Tool for Success'

Jana Ritter
Galt Global Review (April 2003)

이 글은 조직이 핵심인재의 퇴직 및 유지에 대해 계획을 세우는 것이 얼마나 중요한지에 대한 논의를 제공하는 데 목적을 둔다. 최고경영자의 지속적인 몰입 등 석세션플래닝이 성공을 거두는 데 필요한 여섯 가지 기본적인 기준을 제안하며, 사례 연구도 제공하고 있다.

'Successful Succession Planning'

David G. Javitch
www.entrepreneur.com (June 2005)

가족 소유의 회사에서 이루어져야 하는 석세션의 어려움에 대해 다루고 있으며, 이렇게 어려운 결정을 내릴 때 주의해야 할 몇 가지 아이디어를 제공한다. 가족의 외부에서 후보자를 찾는 것을 진지하게 고려해 보도록 제안하고 있으며, 그 이유도 확인할 수 있다.

'Lesson from McDonald's Tragedy: Always Have a Succession Plan'

Carol Hymowitz and Joann S. Lublin
www.careerjourney.com (2005)

최고 경영진의 갑작스런 사망에 대비한 석세션플래닝의 필요성에 대해 강조하고 있는 글이다. 회장 및 최고경영자의 사망에 효과적으로 대처한 맥도날드(McDonald)의 석세션플래닝의 사례가 소개되고 있다.

'Succession Screw-ups'

Business Week (2005)

효과적인 석세션플래닝 체계를 갖춘 맥도날드와 석세션플래닝이 거의 없다고 보아도 무방한 코카콜라(Coca-Cola Co.)와의 비교를 통하여 갑작스러운 최고 경영진의 상실을 극복할 수 있도록 준비된 석세션 후보자를 가지는 것이 얼마나 중요한지에 대해 역설하고 있다.

'Faxon Named Brandier Heir'

Susan Butler and Emmanuel Legrand

Billboard (2005)

이엠아이(EMI) 그룹의 석세션플래닝을 소개하고 있으며, 최고재무관리자가 글로벌 최고운영책임자로 거듭나는 과정을 다루고 있다.

'Succession Planning: It's Not Just for Your Executive Team'

Adam Miller
www.learningcircuits.org (March 2005)

석세션플래닝을 '전 조직에 걸쳐 모든 직원에게 영향을 미치는 일상적인 활동'으로 인식하는 것의 중요성에 대해 역설하고 있다. 또한, 세부적인 스킬 평가 및 체계적인 내부 채용계획 등 석세션플래닝의 몇 가지 주요 요소들에 대해 다루고 있으며, 경력 프로파일링과 팀 빌딩 도구의 중요성에 대해서도 강조한다.

'Choose Tomorrow's Leaders Today'

Robert M. Fulmer
brg.pepperdine.edu

이 글은 대기업 대상으로 석세션 관리를 실행시킨 사례를 선정하기 위해 16개 기업과 아메리칸 프로덕티비티 엔 퀄리티 센터(American productivity and Quality Center)가 진행한 연구 결과를 소개하고 있다. 최고의 석세션플래닝이란 대내외 환경에 따라 역동적으로 변화할 수 있는 체계라고 강조하고 있다.

'Succession Planning When There's No Apparent Heir'

Theodore P. Burbank
www.buysellbiz.com

효과적인 석세션플래닝을 10단계로 나누어서 설명하고 있으며, 특정 비즈니스가 요구하는 조건이 무엇이고 얼마만큼의 가치가 있는 비즈니스인지를 확인하는 과정의 중요성을 역설한다.

'ConAgra Foods Chairman Announces Succession Plan and Search for Successor'

Business Wire (2005)

콘아그라(ConAgra)의 석세션플래닝에 관해 소개하고 있다. 콘아그라의 석세션플래닝은 회장 겸 최고경영자인 브루스 로데(Bruce Rohde)에 의해 시작되었으며, 로데의 권한을 석세션 받을 수 있는 인재를 선정하기 위해 구성된 위원회가 중요한 역할을 담당하였다.

'The Strategy of Succession Planning'

M. Dana Baldwin
www.strategyletter.com (July 2001)

이 글은 석세션플래닝이 조직 전략계획의 중요한 한 부분이라고 역설하고 있다. 회사의 장기적인 방향성의 수립 및 핵심인재들을 위한 경력 경로와 같은 석세션플래닝의 중요한 요소들을 설명하고 있으며 석세션플래닝의 일곱 가지 이점들에 대해 개관한다.

'Succession Planning: A Tool for Success'

Jana Ritter
Galt Global Review (April 2003)

인재에 대한 몰입 및 유지가 시장에서 우위를 선점할 수 있는 리더십을 보장하는 결정적인 미션임을 강조하고 있는 25개 회사의 인사 담당 리더들의 사례를 인용하였다. 석세션플래닝이 성공을 거두기 위해 공통으로 요구되는 기준들에 대해 논의하며 또한 일하고 싶은 25개의 회사 중 하나로 선정된 왓슨 와이어트(Watson Wyatt) 인사 부문 대표와의 인터뷰 내용을 소개한다.

'Succession Planning Not Just for Top Execs'

Robert K. Prescott
Human Resource Management News (June 2000)

조직의 모든 계층을 포괄할 수 있는 석세션플래닝을 가지는 것의 중요성에 대해 강조하고 있으며, 직원 교육 및 석세션플래닝에 대한 투자가 실제로는 어떻게 조직 내 인재를 유지하는 전략으로서의 역할을 할 수 있는지 살펴본다.

'Choosing a Successful Successor'

Carol Matthews
Inc.com (October 2001)

"특정 비즈니스가 어디를 향해 가고 있는가?", "이와 관련된 이해관계자는 누구인가?" 등과 같은 석세션플래닝의 성공적인 실행과 관련한 몇 가지의 주요 질문과 각 질문의 논리적 배경에 대해 다루고 있다.

'To Help Others Develop, Start with Yourself'

Marshall Goldsmith
www.fastcompany.com (March 2004)

훌륭한 리더들이 자신을 개발하고 직접적이고 능동적으로 리더십 개발에 참여함으로써 회사 전반의 리더십 개발을 촉진하는 과정에 대해 논의하고 있다. 좋은 리더가 많은 조직일수록 인재관리에 적극적으로 참여하는 경향이 있다고 한다.

'Bench Strength: Grooming Your Nest CEO'

Jay A. Conger and Robert M. Fulmer

Harvard Business Review (January 2004)

석세션플래닝과 리더십 개발을 결합시키는 것의 중요성을 강조하며, 직원 대상 역량 개발의 기회 제공 등 행동학습 프로그램의 이점을 소개한다.

'The Art and Science of Talent Management'

Rochelle Turoff Mucha

Organization Development (March 2004)

인재별로 차별화된 방법을 사용하여 역량을 강화해야 함을 당부하고 있으며, 차별화된 개발 전략을 통해서만 조직의 성장기 또는 침체기 모두를 극복해나갈 수 있는 동력을 얻을 수 있다고 역설하고 있다.

'Succession Planning: Reflect on All Concerns'

I. Gregg Van Wert

American Printer (July 2004)

가족 소유 회사 내 설립자가 일선에서 물러날 경우를 대비하여 석세션 체계를 계획하고 있어야 함을 강조하고 있으며, 석세션의 과정을 모든 관련자들이 쉽게 받아들일 수 있도록 하는 방법과 일정을 짜는 법에 대해 소개하고 있다.

'Succession Planning: Make Decision Now, Alleviate Headaches'

Marc Weider

Real Estate Weekly (June 2005)

이 글은 부동산 투자자의 석세션플래닝에 관련된 것이다. 특히 가족 직원에게 사업의 권한을 넘겨주는 가장 효과적인 방법에 대해서 설명한다.

'Succession Planning Lags'

최고 경영진에 대한 석세션플래닝 구축 여부가 조직에 미치는 영향에 대해 살펴본다. HR 업무의 최근 동향을 살펴보았을 때 점점 더 많은 회사가 HR 부문에 석세션플래닝을 포함하려는 경향을 보이고 있음을 지적하고 있다.

'Effective Succession Planning'

Matthew Tropiano Jr.
Defense AT&L (May-June 2004)

석세션플래닝의 필수적인 요인들에 대해 설명하고 있으며, 특히 교육훈련을 석세션 체계의 중요한 개념으로 언급하고 있다. 최고경영자 및 리더십 계층의 몰입과 관여, 역량모델 등이 필수적 요인에 포함되며, 다양한 역량모델을 활용해 성공을 거든 기업의 실제 사례도 소개하고 있다.

'Succession Planning for a Private Held Business'

Richard A. Hamm
RMA Journal (April 2004)

좋은 석세션플래닝의 일곱 가지 주요 요소들을 개인 사업 또는 가족단위 비즈니스에 중점을 두어 다루고 있다. 가능한 한 빨리 차기 최고 경영자를 선정하고 알리는 것, 외부 인사를 포함하여 폭 넓은 관리 구조를 유지하는 것이 저자의 핵심 주장이다.

'Succession Planning: Still Broken; Why Many Companies Aren't Getting It Right'

Roger M. Kenny
Chief Executive (January-February 2004)

보잉에서 밀려난 필 콘디트(Phil Condit)의 사례 및 모토롤라의 외부 최고경영자 채용을 석세션플래닝 부재의 예로 제시하고 있으며, 석세션플래닝을 보다 효율적으로 활용할 수 있도록 다양한 방법론을 제시한다.

'Succession Planning and Management'

Teresa Howe, CHRP
www.charityvillage.org (January 2004)

베이비붐 세대의 대거 퇴직 및 외부 채용의 잠재적인 비용 등 오늘날의 인재 풀이 당면하고 있는 현실을 지적한 글이다. 또한, 조직도의 구축, 석세션 관리 프로세스의 구체화 및 효과성 측정의 중요성에 대해 설명한다.

'A Buyer's Job market: In the New War for Talent, Acquirers Want Only the Right People - At the Right Price'

Lori Calabro
CFO: Magazine for Senior Financial Executives (November 2004)

인재를 유지하기 위한 방법으로 보너스 체계를 사용하는 것의 장점과 단점에 대해 고찰하였다. 어떤 직원에게 보너스를 지급할 것인지, 또 얼마나 줄 것인지 등 보너스 체계와 관련한 의사 결정의 중요성에 대해 논의하고 있다.

'Succession Planning Is Planning for Success'

John Beeson
Kansas City Star (2005)

최고경영자 및 경영진들이 흔히 범할 수 있고 또한 석세션플래닝 실패의 주된 요인이기도 한 '빠지기 쉬운 오류(특정 직원의 퇴직을 기다린다거나 외부 채용에 지나치게 의존하는 것 등)'에 대해 짚어 본다. 또한, 선도적 기업들이 더욱 나은 석세션플래닝을 개발하기 위해 어떻게 HR 부서와의 정기적인 미팅을 통해 회사를 끌어가는지 그 예시도 함께 살펴본다.

'Succession Planning Not Just for Big Business'

Kurt Williams
Idaho Business Review (2005)

이 글은 중소규모의 회사와 가족 경영 회사에서 석세션플래닝이 얼마나 중요한지를 역설하고 있으며, 직무 공백과 가용 인재 간의 갭이 왜 발생하는지에 대해 두 가지 주요 이유를 언급하고 있다. (그 중 한 가지 이유는 베이비붐 세대의 대거 퇴직이다.) 제너럴 일렉트릭의 성공적인 석세션플래닝 프로세스를 예시로 제공하여 중소규모의 회사에서 적용할 수 있는 석세션 체계를 제안한다.

'Key Elements of a Business Succession Plan'
Ward. Anderson

Life and Health/Financial Service Edition (2005)

저자는 석세션플래닝의 운영 상에서 불거지는 여러 가지 이슈들의 간과가 조직의 재무적인 리스크로 연결될 것이라고 주장하고 있다. 통제, 가치평가 및 자금조달 등과 같은 석세션플래닝의 공통적인 이슈들에 대하여 설명하고 있다.

'Decision; Succession Planning; Who's Next?'

Financial Director (2005)

더 역동적인 조직을 창조하는데 석세션플래닝이 기여하는 바에 대해 논의하는 글이다. 핵심인재를 발굴하고 승진시키는 것 자체가 직원들에게 긍정적인 메시지를 전달해 높은 직원 유지율 달성에 영향을 끼치며, 인재관리 체계 또한 직원의 이직 확률을 낮춘다고 역설하고 있다.

'Succession management: Filling the Leadership Pipeline; Succession Management Ranks High on CEO's Priority Lists, Yet Many Companies Have No Formal Program in Place. Here's How to Turn Talk into Action-and Competitive Advantage'

Chief Executive

유니버시티 오브 피츠버그 메디컬 헬스 시스템(University of Pittsburgh Medical health System)의 사례를 통하여 조직 내부로부터 혁신을 불러일으켰을 뿐만 아니라 건강보건 산업의 리더들을 육성하는데 새로운 접근법을 제공했다고 평가받고 있는 석세션플래닝에 관해 소개하고 있다. 또한, 경영자들이 이론적으로 석세션에 대해 생각하는 것과 실제 석세션 프로세스 간의 갭에 대해서도 논의한다.

'How to: Here Are 10 Tips on Developing a Successful Succession Program - News You Can Use'

Tracy Burns-Martin
T&D (November 2002)

목표설정, 프로그램 설계 및 평가 등 석세션플래닝에 관한 열 가지 유용한 팁을 제공한다.

'Help Wanted: Superhero; Most Companies Drop the Baton When it Comes to CEO Succession. Here's What a Few Do Right-Succession'

Des Dearlove and Stuart Crainer
Chief Executives (2002)

선발 기준의 목표가 명확히 설정되어 있지 않거나 눈에 띄는 후보자 이외에 잠재적 후보자를 더 찾지 않는 등 석세션플래닝의 5가지 실패 요인에 대해 다루고 있다. 또한, 석세션플래닝 프로그램을 성공적으로 운영한 다양한 회사들의 사례를 확인할 수 있다.

소프트웨어

OrgPlus

www.orgplus.com

OrgPlus는 조직으로 하여금 맞춤형 조직도를 구축하고 업데이트할 수 있도록 프로그램을 제공한다. 조직별로 고유한 변화에 대비해 시나리오를 계획할 수 있도록 도움을 받을 수 있으며, 포천 선정 500 기업 중 400개가 넘는 회사가 본 프로그램을 사용 중이다.

Succession Wizard

www.successionwizard.com

석세션플래닝을 구축하고 조직화시킬 수 있는 프로그램을 제공한다. 회사의 기준에 부합하도록 조정이 가능한 관리 계획 정보관련 보고서를 생성하는 기능이 포함되어 있다.

Sapien.HCM Edition

www.sapiensoftware.com

석세션플래닝, 관리 개발 및 조직도 등 회사의 업무를 보다 효과적으로 처리할 수 있도록 다양한 프로그램을 제공한다.

ETWeb

www.executrack.net

ETWeb은 경력 설계와 석세션플래닝을 위한 웹 기반의 프로그램 패키지를 제공한다. 석세션 시나리오의 후보자 관리는 물론이며, 석세션 관리 지표도 함께 활용할 수 있다.

ProfileXT Assessment

www.assessmentspecialists.com

현 조직 내의 고성과자들의 핵심 역량을 반영할 수 있도록 설계된 소프트웨어로서 역량 차이 분석을 실시할 수 있다.

iCareerManager

www.insala.com

핵심 인력을 개발, 유지, 재배치함으로써 조직의 경쟁적 우위를 확보할 수 있도록 설계된 소프트웨어를 제공한다.

eHR Pulse System

www.pilat-nai.com

조직 내 부서별 석세션 대상자 차트를 작성하고, 직원들의 역량을 기반으로 비교할 수 있는 웹 기반의 ASP 서비스 제공한다.

HRM Connect Executive

www.hrmsoftware.com

HR 계획 전반에 대한 포괄적인 지원을 제공하는 소프트웨어로서 석세션플래닝과 인재의 관리를 보다 효과적으로 할 수 있게 도와준다.

웹 사이트

www.SuccessFactors.com

www.successionplannings.net

www.MyWiseOwl.com

www.hrexecutiveforum.com

영상 자료

Retaining Top Talent

21분

Lynn Ware

Mindleaders.com, Inc. (2000-2001)

이 비디오는 인원 감축의 리스크를 규명하고, 탤런트 모델을 사용하여 조직 내 가장 우수한 인재들을 유지하기 위한 인재 유지 실행 전략을 소개하고 있다. 일선 관리자와 중간 관리자 및 임원에게 유용할 것이다.

Succession Planning

19분

Anne Bruce

MindLeaders.com, Inc. (2000-2001)

채용 시 체계화되지 못한 계획으로 인해 허둥거리는 것을 방지할 수 있도록 석세션플래닝을 수립하고 직원들에게 경력 지침을 제공하는 구체적인 방법을 논의한다. 일선 관리자, 중간 관리자 및 임원들을 대상으로 적용 가능하다.

Motivate to Retain (Interview)

21분

Anne Bruce

MindLeaders.com, Inc. (2000-2001)

앤 브루스(Anne Bruce)가 핵심인재를 어떻게 동기화하고 유지할 수 있는지를 설명한다. 일선 관리자, 중간 관리자 및 임원들을 대상으로 적용 가능하다.

Retention for the Long Haul

6분

Lynn Ware

MindLeaders.com, Inc. (2000-2001)

산업심리학자인 린 웨어(Lynn Ware) 박사가 인재의 유지에 영향을 미치는 트렌드에 대해 살펴보고, 핵심인재를 유지하기 위해 관리자는 어떤 일을 할 수 있을지에 대해 논의한다. 일선 관리자, 중간 관리자 및 임원들을 대상으로 적용 가능하다.

콘퍼런스

Designing and Implementing Succession Management Systems

Linkage, Inc

워크숍 일정 및 장소는 www.linkageinc.com에서 확인할 수 있다.

효과적인 석세션 관리 체계의 실행을 위해 필요한 주요 의사결정과 조건들에 관해 배울 수 있다.